社区书系 助力乡村振兴基层干

U0599744

提高农民收入
的新思路新途径

TIGAO NONGMIN SHOURU DE XINSILU XINTUJING

李锦顺　主编

华龄出版社 HUALING PRESS

图书在版编目(CIP)数据

提高农民收入的新思路新途径 / 李锦顺主编. -- 北京：华龄出版社，2021.12

助力乡村振兴基层干部培训系列图书

ISBN 978－7－5169－2144－9

Ⅰ. ①提…　Ⅱ. ①李…　Ⅲ. ①农民收入－收入增长－中国－干部培训－教材　Ⅳ. ①F323.8

中国版本图书馆 CIP 数据核字(2021)第 271794 号

| 策　　划 | 社区部　善爱社工 | 责任印制 | 李未圻 |
| 责任编辑 | 薛　治　李芳悦 | 装帧设计 | 唐韵设计 |

书　　名	提高农民收入的新思路新途径	作　　者	李锦顺
出　　版	华龄出版社 HUALING PRESS		
发　　行			
社　　址	北京市东城区安定门外大街甲 57 号	邮　　编	100011
发　　行	(010)58122255	传　　真	(010)84049572
承　　印	三河市腾飞印务有限公司		
版　　次	2022 年 3 月第 1 版	印　　次	2022 年 3 月第 1 次印刷
规　　格	710mm×1000mm	开　　本	1/16
印　　张	15.5	字　　数	171 千字
书　　号	ISBN 978－7－5169－2144－9		
定　　价	58.00 元		

本书编委会

顾　　问：谢青梅

主　　编：李锦顺

副主编：田　梦

编　　委：刘惠苑　王　傅　邓莉平　黄俊添

　　　　　张运红　夏　珑　邵　岑　赖新成

　　　　　李　松　张永乐　周　超　李晓莹

为社会基层治理服务，打造社区所需的精品图书
——华龄出版社"社区书系"倾情奉献

"社区书系"是为适应新时代基层社会治理需要，深入贯彻党的十九届四中全会、五中全会关于"构建基层社会治理新格局""社会治理特别是基层治理水平明显提高"的重要部署，落实习近平总书记关于"建立一支素质优良的专业化社区工作者队伍"的指示要求而策划编写的，旨在为社区工作人员提供系统的社区工作理论和方法指导，提高社区工作者的理论素养和工作能力，推进社区治理体系与治理能力现代化。

"社区书系"是一个融图书、视频、服务为一体的新型复合出版工程，内容体系包括三个方面：

纸质图书 通过纸质图书阅读，为社区工作者提供系统的理论和方法指导。

线上课程 通过视频课程、网络直播课程，深化重点知识，解读难点知识。

专家服务 通过线下培训、现场诊断等，解决社区工作中存在的问题症结。

华龄出版社是中国老龄协会主管主办的中央部委出版社，为出版"社区书系"专门成立了"社区部"，全面统筹谋划出版。"社区书系"计划出版图书200种，覆盖社区工作各个方面，现面向全国诚邀熟悉社区工作的专家、学者加盟"社区书系"出版计划，一起为中国社区的发展繁荣出一份力！

社区视频培训讲座

前言

乡村兴则国家兴，乡村衰则国家衰。全面建成小康社会和全面建设社会主义现代化强国，最艰巨最繁重的任务在农村，最广泛最深厚的基础在农村，最大的潜力和后劲也在农村。实施乡村振兴战略，是以习近平同志为核心的党中央着眼于党和国家事业全局，深刻把握现代化建设规律和城乡关系变化特征，顺应亿万农民对美好生活的期待做出的重大决策部署，是决胜全面建设小康社会、全面建设社会主义现代化国家的重大历史任务，是做好新时代"三农"工作的总抓手，也是解决新时代我国社会主要矛盾、实现"两个一百年"奋斗目标和中华民族伟大复兴的中国梦的必然要求，具有重大现实意义和深远历史意义。

近年来，中共中央、国务院连续发布中央一号文件，提出一系列乡村振兴战略的原则，对新发展阶段优先发展农业农村、全面推进乡村振兴作出总体部署，为做好当前和今后一个时期"三农"工作指明了方向。同时，我们也应当清醒地看到，乡村振兴是一项长期而艰巨的战略任务，不可能在短期内完成。近年来，我国的"三农"工作取得了明显的成效，但是也存在着很多困难和问题，距离实现农业农村现代化尚有一定的差距，如各地"三农"发展规划设计缺乏系统性、科学性、可操作性和可持续性，导致力量分散、步调不一、行动盲目、落实难、效果差。尤其是农村基层工作人员，对于如何实施乡村振兴战略并不是十分明晰，不知道从何着手，缺乏科学的工作思路和有效的工作方法，导致某些地方的"三农"工作缺乏成效，乡村治理成效并不显著。

为了响应党的乡村振兴战略，推动乡村振兴战略的实施，解决当前"三农"工作存在的难题，根据党的乡村振兴战略的路线、方针、政策，参照党和国家关于乡村振兴战略的原则，我们进行了深入的市场调研和周密的选题策划，由著名社会科学专家李锦顺博士担任主编，并组织了一批长期活跃在乡村振兴工作一线的专家、学者、优秀工作人员担任编委，编写了"助力乡村振兴基层干部培训系列图书"。"助力乡村振兴基层干部培训系列图书"一共有 10 册，分别是《乡村旅游的开发与运营》《发挥本地优势发展乡村特色产业》《美丽乡村建设 100 例》《乡村治理体系的健全与发展》《农村合作社运营与发展》《休闲农业的开发与运营》《电子商务助力乡村振兴》《乡村生态宜居环境建设》《提高农民收入的新思路新途径》《农业产业化经营与农业技术推广工作创新》。

"助力乡村振兴基层干部培训系列图书"在全面总结提炼全国"三农"发展实践和经验的基础上，深入探究乡村振兴规律，系统提出乡村振兴路径，认真推荐乡村振兴典型，提出了新时代乡村振兴的思路、举措、方法、案例，以全局视角解读乡村振兴战略，以实地案例审视乡村未来发展。在大量的调查研究基础之上，围绕着中国乡村振兴诸问题，分别从乡村旅游、农村电子商务、乡村特色产业、美丽乡村建设、农村合作社、农业产业化经营与农业技术推广、农民增收、休闲农业、乡村治理、乡村生态宜居环境等 10 个方面，对如何实施乡村振兴战略提出了一系列切实可行的工作指导方法和针对性意见，以期从事乡村治理的政务工作人员和广大基层工作者以这套书作为借鉴，从中得到工作启示和方法指导，更好地指导工作实践，为实施乡村振兴战略、实现农业农村现代化做出更大的贡献。

"助力乡村振兴基层干部培训系列图书"有以下几个特点：

1. 专家团队编写，内容权威专业

本书由著名社会科学专家李锦顺博士担任主编，由一批长期从事"三农"问题研究和"三农"工作的专家、学者、优秀"三农"工作者参与编写，从选题策划到内容编写，期间反复讨论、调研，并广泛听取了社科院教授、政府干部、农村基层工作人员的意见进行修改完善，因此，图书内容的专业性、权威性是毋庸置疑的。

2. 图书视角独特，观点清晰鲜明

本书始终遵循"以助力实施乡村振兴战略为抓手，提供切实可行的思路和方法，解决实际问题"的选题和编写思路，精准选择乡村旅游、农村电子商务、乡村特色产业、美丽乡村建设、农村合作社等十个方面作为破解当前"三农"工作瓶颈的突破口，一本书就是一部解决三农问题的专著，就是一种工作思路和方向，针对性强，观点鲜明。

3. 深入实证调研，极具参考价值

作者多年来一直坚持深入农村进行实地调研考察，编写时参考了诸多在乡村进行实地调研得来的案例及一手资料，从而能够从实际情况出发，针对"三农"工作中的诸多问题作出鞭辟入里的分析、论述，提出可行性很强的方法建议。可以说，本系列图书丰富了学界关于乡村振兴战略的理论成果，同时对政策制定部门来说也有着很高的参考价值。

4. 语言深入浅出，内容紧接地气

编写人员充分考虑到乡村振兴的这十个领域学科实践性强的特点，力求理论阐述准确、案例分析清楚，并充分考虑到各个行业快速发展变化的现状，将学界最新的研究成果、数据、资料、案例穿插于理论之中，以提高内容的时效性；在结构编排上，注重结构的层次性和逻辑性，尽力做到脉络清晰、条理分明；在文字表述上，坚持深入浅出和通俗易懂的原

则,语言力求精练、准确,使其符合绝大多数读者的认知能力。

5.既有理论指引,更有方法指导

本书将国家战略和地方实践、学术成果有机结合,高屋建瓴地提出了很多富有见地和独创性的理论,给广大农村基层工作者提供了思想理论指导,同时又针对相关问题,结合典型案例提出了一系列切实可行的操作方法,为实施乡村振兴战略提供了可借鉴、可参考、可推广的样本示范,值得广大读者细读、精读、深读。

总之,本系列图书视角独特,观点鲜明,切中肯綮,发人深省,不仅丰富了乡村振兴战略理论,同时对乡村振兴的政策制定和具体实施也有很高的参考价值。它是一套学习"三农"知识的优秀图书,也是一套有助于提高乡村干部工作能力的权威教材,更是一套新时代学习、贯彻、实施乡村振兴战略的优秀参考读物。

这套书在策划、编写过程中,得到了众多涉农专业的教授、专家、学者和政府干部、农村基层工作人员的宝贵指导,使本书内容更趋专业、科学、严谨,在此对他们表示衷心的感谢!由于时间仓促,编者能力水平有限,书中难免存在不当之处,还请广大读者和行业人士不吝赐教,共同探究和提高。

编 者

目 录

第一章　农民收入概述

第一节　农民收入的历史发展及现状

一、农民收入历史情况

中国 1978 年进行农村经济改革,全国在农村实施家庭联产承包责任制,农民生产经营的自主权得到认可,全民积极投入生产,农村生产力得到极大提高,农民收入实现跨越式增长。1978 年中国农民收入名义值只有 133.6 元,2017 年便已经增长到了 13 432 元,其绝对值在这 40 年间扩大了将近 101 倍,剔除物价因素(采用 1978 年不变价表示)之后的年平均实际增长率达到了 7.52%,甚至略高于同期的城镇居民。根据农业农村部的统计:"十三五"期间,农村居民人均可支配收入提前 1 年实现比 2010 年翻一番目标。2020 年,农民收入达 17 131 元,5 年增加 5790 元。特别是贫困地区农民收入增长较快,2020 年达到 12 588 元,5 年年均增长 7.87%,高于全国农村平均水平。截至 2020 年数据,农村居民收入增速已经连续 11 年跑赢城镇居民,农村居民收入和城镇居民收入差距正在逐渐缩小。中国农民收入今年继续创新高,体现出我国政策上重视农民和注重调整经济结构。

二、新常态下农民收入结构的变化

当前,我国处于新常态下,经济发展的外部环境、内在条件发生了深刻变化,从改革开放到现今的四十多年来我国经济结构发生了重大变化,农民收入来源结构也发生了巨大的变化。农民收入来源可以划分为工资性收入、财产性收入、家庭经营性收入和转移性收入。工资性收入即劳动报酬收入,是农民受雇于单位与个人,依靠出卖自己的劳动而获得的收入,主要包括三个方面:一是农民工在非企业中的从业收入;二是在本地企业中的从业收入;三是本地常住农村人口在外地的从业收入。财产性收入,指通过资本、技术和管理等要素与社会生产和生活活动而获得的收入,即家庭拥有的动产(如银行存款、有价证券)和不动产(如房屋、车辆、收藏品等)获得的收入,包括出让财产使用权获得的利息、租金、专利收入,财产营运获得的红利收入、财产增值收益等。家庭经营性收入是指家庭经营的相关收入,主要指农产品买卖收入。转移性收入主要指政府的各种财政补贴,即国家、单位、社会团体对居民家庭的各种转移支付和居民家庭间的收入转移,包括政府对个人收入转移的离退休金、失业救济金、赔偿等,单位对个人收入转移的辞退金、保险索赔、住房公积金、家庭间的赠送和赡养等。

2015 年中央一号文件提出:中国要富,农民必须富。中国经济的迅速发展,确实直接带动了农民的收入。新常态下农业和农村经济的变化,对农民收入影响按保持平稳、增幅趋缓、面临挑战、潜力较大的先后顺序,具体表现如下:

一是家庭经营性收入保持平稳。一方面,土地流转和新型经营主体的发育,以及节本降耗等技术的应用,将有利于家庭经营性收入的增长,由此带来规模化产生的规模收入、结构调整产生的效益收入、成本降低而增加的收入等;另一方面,随着新常态下经济增速回落到中高速增长区间,农产品市场需求走弱,价格对农民收入的拉动作用有所减弱。受成本"地板"和价格"天花板"的双重挤压,农户务农种粮收益有限,效益较低的问题突出。

二是工资性收入增幅趋缓。新常态下,农民务工数量增长的速度在减缓,工资增长的幅度在下调。从数量增长来看,2011－2014 年,农民工外出数量分别增长了 1055 万、983 万、633 万和 501 万,增幅逐年下降;从工资增幅来看,近几年增幅下降表现明显,2012 年和 2013 年工资性收入名义增长分别为 163％和 168％,2014 年仅增长 9.8％。今后,随着农业剩余劳动力转移速度进一步放缓,在经济增速放缓、结构调整和产业转移等多重因素的影响下,农民工就业和工资水平增长受到一定影响。

三是转移性收入增长面临挑战。2004－2013 年,农村居民获得的转移性收入从 96.8 元增加到 7843 元,占农民收入的比重从 37％上升到88％,对带动人均纯收入增速上升发挥了重要作用。但要看到,在经济新常态下,国民经济增速特别是财政收入增速有所放缓,在这种背景下,继续以直接补贴等形式增加农民的转移性收入面临较大的压力。如何进一步完善对农民收入的直接支持,是重大政策问题。

四是财产性收入增长潜力较大。近年来,受农村土地征收补偿水平提高、农民土地流转和房屋出租增多、参加入股投资分红人数增加等因素影响,农民的财产性收入不断增长,已经成为农民收入特别是局部地区农民收入的重要增长源。从长远来看,随着今后农村产权市场不断完善,农民财产性收入还有很大的增长空间。

三、影响农民收入结构变化的原因

中国农民收入,1978－1982 年工资性收入占比大于家庭经营性收入,1983－1989 年家庭经性营收入远超过工资性收入,1990－2021 年家庭经营性收入与工资收入在农民年收入中占比相差很小。造成这种改变的原因,主要是以下几点:

一是农村产业结构发生变化。中国工业化和信息化进程中,产业结构发生巨大变化,这种变化改变了原来农业在经济产值中占第一的位置,在农村推行退耕还林、招商引资和集体经济等政策,直接改变了许多农村地区家庭收入来源结构。第二产业和第三产业产生的效益,吸引更多的农村劳动力务工,放弃家庭经营,使得工资收入占比提升而家庭经营性营收入占比下降。

二是转移性收入的变化。国家为调整地区经济差异、帮助人民全面达到小康水平和实现中华民族的伟大复兴,在"三农"方面大力扶持。每年的涉农专项转移资金持续对农民扶贫和补助,维护农业的根本性保障、公益性地位和社会文化功能,这直接促使农民收入结构发生变化,农民人均收入中享受到国家和地区的转移性收入福利。

三是工资待遇提高。近几年我国最低工资标准和纳税点提高,个人工资显著得到提高,在部分劳动密集型的产业中农民工工资已经超过普通城市居民收入。国家和地区加大对企业管理的力度,强制性让企业缴纳社保等,落实各种应当享有的补贴,中央更是高度关注保障农民工工资问题,使得农民工资性收入得到提高。

四、农民收入分配差异程度扩大

最低收入组农户家庭的纯收入水平和增长速度越来越慢,而最高收入组农户家庭的纯收入水平和增长速度越来越快,农户间的收入差距越来越大,贫富分化现象严重。

"十三五"期间农民收入持续较快增长,城乡居民收入差距不断缩小。2019 年农村居民人均可支配收入达 16 021 元,提前 1 年实现比 2010 年翻一番的目标。

2020 年面对新冠肺炎疫情冲击,各地各部门着力稳就业、促创业、兴产业,农民收入逐季好转,全年实际增长 3.8%,收入达到 17 131 元,较 2015 年增加 5709 元。特别是贫困地区农民收入增长较快,2020 年达到 12 588 元,"十三五"期间年均增长 7.87%,高于全国农村平均水平 1.87 个百分点。

从家庭经营性收入看,农产品增值空间不断拓展,乡村休闲旅游等新业态蓬勃发展,家庭经营性净收入由 2015 年的 4504 元增加到 2020 年的 6077 元 。从务工收入看,农民工数量稳步增加,工资水平不断提高,工资性收入 2020 年达到 6974 元,5 年间增加 2374 元,对农民增收贡献最大,贡献率达到 41.6%。从财产性收入看,农村改革红利持续释放,带动财产性净收入快速增长,2020 年达到 419 元,比 2015 年增加 66.3%,"十三五"期间年均名义增长 10.7%,成为农民增收的新亮点。从转移性收入看,强农惠农富农政策不断加强,农村居民医疗、养老保障体系进一步健全,转移性收入占比明显提高,2020 年达到 3661 元,占比达到 21.4%,比 2015 年提高 3.3 个百分点。

缩小城乡收入差距是城乡融合发展的核心任务。"十三五"期间农民收入年均实际增长 6%,比城镇居民收入增速高 1.24 个百分点,增速已连续 11 年跑赢城镇居民,城乡居民收入倍差由 2010 年的 2.99∶1 缩小到 2020 年的 2.56∶1。

我国农民收入迅速增长的同时,城乡居民收入差距仍然不能小觑。虽然农民收入在改革开放以来呈现稳定有序的增长趋势,但城镇居民收入也以较高的增长幅度不断增加,这使得在农民收入迅速增长的同时城乡居民收入差距仍然较大。城乡居民收入差距始终是全面建设小康社会要解决的关键问题,当农民收入在不断增加时,不能忽略城乡居民收入差距的变化。从我国城乡居民实际收入比变化趋势可以看出,自 2000 年以来,城乡居民收入差距呈现明显的增长趋势,在 2007～2009 年达到 3.33 倍,此后呈现逐渐下降的趋势,从 2009 年的 3.33 倍下降到 2015 年的 2.95 倍。虽然差距在不断缩小,且最近几年下降趋势明显,基本回到 2001 年的水平,但是城乡居民收入差距仍然较大。因此,农民增收是一个长期工程,仍然需要在建设中国特色新型农业现代化道路中继续努力。

我国农村居民人均纯收入的高低和所在的经济区域具有很强的相关性。东部地区大多数为沿海经济发达省市,是我国改革开放最早的地区,基础设施建设良好,交通便利,较早地享受到我国吸引外商投资等各项产业、税收优惠政策,该区域省市工业化、现代化程度均较高,农村居民人均纯收入遥遥领先于其他区域。东北地区为我国重要的工业基地,坐拥中国最大的平原,资源丰富,有良好的重工业和农业基础,农业现代化水平也较高,农村居民人均纯收入仅次于东部地区,高于中西部地区。中部地区为我国的人口大区和经济发展的腹地,经济实力和工业化现代化水平与东部、东北地区存在一定差异,在农村居民人均纯收入上有一定程度上的反映。西部地区除了个别省市,大多数地区为边疆或者少数民族集聚地,经济和工业基础薄弱,农业现代化水平较低。因此,综合以上分析,可以发现我国农村居民人均纯收入的高低和所在地的经济发展水平、工业化程度、农业现代化程度等因素有很强的相关性。

第二节 阻碍农民收入提高的因素及增收机遇

一、农户自身综合素质因素

2020 年 6 月 2 日,农业农村部办公厅印发《关于做好 2020 年高素质农民培育工作的通知》,部署 2020 年培育高素质农民 100 万人,推进农民技能培训与学历教育有效衔接。农户综合素质提高是其增收的重要前提和潜在条件,包括文化素质、科学技术素质、经营管理素质、法律素质、身体素质、心理素质以及个人意识等多个方面。目前农村居民存在影响收入的自身综合素质主要表现出以下特点:

1. 农村居民就业人员数骤减

自 1997 年以来,农村居民的就业人员数持续减少,1997 年农村居民就业人数为 49 039 万人,2018 年降低至 34 167 万人。第一产业(农林牧渔业等)就业人员所占比重也由 1978 年的 92.4% 降至 2018 年的 59.3%。这一方面是由于随着我国城镇化水平的不断发展,不少农村居民为了改善生活质量而选择去城市就业,大量人才从农村涌入城镇,农村在地就业人口数大大缩减;另一方面是随着科技进步、机械化水平的提升,很多农村所需的岗位已被机械所替代,这减少了农村居民就业的机会。

2.农村居民受教育程度整体偏低

截至 2018 年,农村居民劳动力(户主)的文化分布状况中占比最高的为初中教育水平,据国家统计局住户收支与生活状况调查结果显示,大约为 50.3%。大学专科、本科及以上程度的,仅占 1.9%。未上过学、不识字或识字很少的农村居民劳动力(户主)占比均在逐年递减。随着城镇化进程的不断发展,农村学校生源大大流失,学校数随之减少。2018 年末,农村仅有 9.1 万所小学、1.48 万所初中以及 700 余所高中,专任教师人数有所下滑。

3.农村居民市场意识有待提高

由于历史问题的制约并且农村居民文化素质整体偏低,农户往往市场意识淡薄,接受和掌握市场信息的能力弱。受农村传统经济和地域限制的影响较深。一般条件下农户倾向于投入传统的农林牧渔业,而不愿意相信市场,因此大部分农户的市场意识是出于生存需要,而非发展需要。

二、农村产业结构因素

农村产业结构主要为第一产业、第二产业、第三产业及其产业内部产品在产出总量上的比例和相互关系。农业生产结构的合理化对促进农户收入提高,确保农村产业可持续性稳定发展具有重要意义。2018 年中央一号文件提出产业兴旺是乡村振兴的重要基础。目前我国农业发展具有地区不平衡、体系不健全、保障不完善的特点,农业农村的产业发展滞后同时质量不高,已然成为"四化同步"的短板。

1.三大产业结构发展不协调

随着科技的发展,工业和服务业都已经实现了生产力的大幅提升,而我国农业的现代化水平还不够,机械化生产还没有普及,普通农户没有先进的生产理念和足够的资金实现范围经济生产。同时,我国农村人口基数大,在低效的农业生产活动下创造的社会财富有限,导致群体收入偏低。

与此形成对应的是部分特色农村的第三产业如旅游业发达或者部分农村自然矿产资源丰富,使当地村民收入提高。除此之外,约占农民人数50%的农户选择了进城或者参与乡镇企业作为农民工从事第二产业,显著地提高了农户个体的收入水平。因此,越来越多的农户开始投身于二、三产业,这对农户自身收入的提高是很有作用的。

2.三大产业融合不充分

农村一、二、三产业融合是以第一产业为基础,针对整个产业价值链,将农业从初级农产品生产、农产品加工到农产品外销及对应的服务进行整合,实现农村产业相互联系,最终达成产业范围扩展,产业链延长及一、二、三产业融合性发展的目的。这一过程有助于农户拓展增收渠道,最终实现农民增收。当前,我国农村一、二、三产业融合中存在的问题在于融合过程处于起步阶段,产业主体缺乏培育,产业间未建立联系,产业链存在断点,等等。特别是在一些偏远地区的普通乡村,这些农村没有突出的产业优势,融合难度较大。

3.农林牧渔产业内部发展不均衡

大农业的范畴还分为农、林、牧、渔业,其中的农还包括了种植一般粮食作物和经济作物。因此,从产业结构角度分析发现农户收入的来源存在以下隐藏问题:①从事畜牧等农业活动的农民的高收入掩盖了种植业农户收入更低的事实。②种植鲜花等经济作物的农民收入高同样掩盖了仅从事粮食作物生产的农民收入低的情况。因为基础粮食属于人们生活的必需品,因此国家必需对其价格进行严格调控,保证全国粮食供应,因此其需求价格弹性较小,而肉类和经济作物需求价格弹性大,当农户粮食歉收时,国家可以通过大量的进口外国粮食满足国内需求。截至 2020 年 6 月,中国从国外净进口粮食 3 253.56 亿元,在稳定农产品价格上发挥了重要作用。当农户粮食丰收的时候,由于粮食的供给高于需求,容易出现谷贱伤农的情况。

三、农村政策因素

政策对农户收入的影响是至关重要的,农业政策的发布和实施能有效促进农业现代化,加快农村建设与产业转型。惠农政策的有效实施会进一步促进农民生产的积极性和农产品价格的稳定,惠农补贴的发放会提升农民的转移性支付水平,从而帮助农民达到增收的效果。当前国际形势复杂,疫情对整体经济基本面冲击较大,农户增收形势不容乐观,还需主动作为。

1. 农民就业政策

根据《2019 中国农村统计年鉴》可知,2018 年农村人均可支配收入为 14 617.0 元,其中工资性收入为 5 996.1 元,占比 41.0%,与经营性收入占比 36.7%基本相当,可见工资性收入在农民可支配收入中占据最大比例。因此,做好农民工就业工作对农民增收至关重要。

2. 农业生产政策

农业生产是农民的本业,也是农户的主要收入来源。根据《2019 中国农村统计年鉴》数据显示,2018 年农民人均可支配收入中经营性收入占比 36.7%,而其中有 23.9%来自农、林、牧、渔业等第一产业收入。为此,继续加大对农户进行农业生产活动的政策帮扶力度,充分发挥政策对农业生产的激励引导作用,对提高农民的生产积极性、促进农业的发展和转型以及提高农民收入均具有重要意义。

3. 农村产业政策

产业是决定农民收入结构,造成城乡收入差距的主要因素。产业发展也是促进农民收入的有效途径。目前在我国农民人均可支配收入中,占比较大的经营性收入存在第一产业经营净收入占比逐年降低,第三产业经营净收入占比逐年增加的趋势。为此,促进农村产业同步转型,加大对第三产业扶持的力度,使农村产业多样化、特色化,培育出一批具有农村特点与当地特色的高附加值产业,应是当前农村产业发展政策的重点。

4.农村转移性收入补贴政策

在2018年农民可支配收入中,转移性收入占比为20.0%。近年来,我国对农村转移性补贴占农民可支配收入的比例基本保持小幅上涨的趋势,当前政策主要保持惠农助农富农政策的连续与一贯性,从而保证转移性收入不会减少。基于这一思想,转移性补贴支付政策应重点关注补贴的主体,严格防范补贴浪费与使用不到位的情况,确保补贴政策资金的使用到位,充分发挥转移支付对口农户的扶贫效果。

5.农村金融政策

当前,我国的农业金融发展缓慢,农村金融服务的匮乏成了制约农业发展的重要因素。农业自身的生产及收益特点决定了实现农业的现代化不能仅仅依赖农业自身的资本积累。农村金融服务不完善导致无法充分发挥普惠金融扶贫助困的作用,因此强化农村金融政策对我国"三农"问题尤其是农民增收具有重要意义。

四、增收机遇

从大的历史跨度来看,影响农民收入的内因和外因大致可以划分为三大阶段。改革开放之初到20世纪80年代上半期(1978—1985),这一时期农民收入快速增长,主要源于家庭经营性收入的增加。从增长的动力看,主要是以家庭联产承包责任制为核心的制度改革极大地调动了农民的生产积极性,与此同时,国家大幅提高农产品统购价格,带动了农民收入增长。20世纪80年代后期到21世纪初,是中国工业化进程快速发展的时期,伴随着乡镇企业和东南沿海劳动密集型产业的快速发展,大量农村剩余劳动力实现转移就业,工资性收入在农民收入构成中越来越发挥主导性作用。全球金融危机以来,经济全球化的影响不断加深,农业发展和农民增收日益受到国际国内两种资源、两个市场的影响和制约,农民收入构成中的四大来源都要发挥作用,农民收入增长进入"多轮驱动"的时期。在农民收入的四大构成中,家庭经营性收入对主产区农民增收影响显著;工资性收入是发达地区和中西部劳动力外出省份农民增收的重要支撑;财产性收入寄希望于深化改革,盘活农村土地和集体经营性资产;转移性收入需要强化政府对农民收入的支持,加大政策扶持力度。与此同时,有两个长期趋势值得重视:一是从农民增收趋势看,兼业收入还将长期存在。超小的农业经营规模使农业兼业化经营成为普遍现象。据全国农村观察点调查,1993－2013 年,纯农户比重由49.90％下降到 39.65％,非农户和兼业农户比重已达 60.05％。兼业农户产生兼业收入,随着农业份额在整个经济增长中逐渐下降,农业部分地被农户兼业经营不可避免,这一方面有利于增加农户收入来源渠道、提高收入水平,另一方面对农业资源在各种类型农户之间优化配置、提高农业部门效率提出了长期的挑战。

从农民收入的动力源看,城镇化对农民收入的影响不可忽视。以人为核心的城镇化,具体而言是要解决三个"一亿人"问题,即促进一亿农业转移人口落户城镇,改造约一亿人居住的城镇棚户区和城中村,引导约一亿人在中西部地区就近城镇化。"三个一亿人"直接关系到农民增收。首先,继续转移农村劳动力,增加农民外出务工的数量,可增加农民工资性收入总量;其次,城镇化持续健康发展有利于农民工就业和工资水平提升;最后,通过城乡资源均衡配置、城乡公共服务均等化等方面改革,逐步解决进城农民及其随迁家属的住房、教育、医疗、社保等问题,有利于降低农民在城市生活的成本,间接提高农民收入。总的来看,当前和今后一个时期促进农民收入增长,必须内外结合、多轮驱动,充分释放各方面的积极因素,努力拓展新的动力源和增长源。

1. 抓住农民增收的新机遇

新常态有新机遇,对农民收入而言,机遇表现在外部和内部两个方面：一方面是外部机遇，即不断深化改革开放带来的政策机遇和开放机遇；另一方面是内部机遇，即农业农村发展带来的产业机遇。

一是政策机遇。中央对三农工作高度重视，从三农"强、美、富"到全面建成小康社会的"五新"要求，党的十八大和十八届三中、四中全会精神一脉相承，为做好"三农"工作提供了强大保障。各地把扶持"三农"作为自觉行动，特别是新常态下以GDP为主要考核指标的政绩考核方式逐步转变，为各地政府重农抓粮促增收营造了良好的外部环境。

二是开放机遇。尽管当前我国农业竞争力总体水平仍然不高，但从长期趋势来看，随着需求结构升级、农业技术进步、产业结构优化和经营规模逐步扩大，我国农业竞争力正处于发展提升的长期过程中，这将为农民收入增长提供广阔的空间。

三是产业机遇。现代农业的内涵已经大大拓展，农业既包括农林牧渔等产业，也涵盖生态环境保护、观光旅游休闲、文化传承等多重功能，农业边界的拓展将创造更多的就业机会和收入来源。农业产业链条"接二连三"的趋势日益显现。现代农业的发展将吸引越来越多的工商资本等新型主体投入农业，这是对产业链整合创新实现产业发展的过程，通过产业链条的延伸为农民增收开拓了新的空间。

2.实现农民增收新突破

新时期推动农民收入增长，必须在尊重农民主体地位、发挥市场机制基础作用的前提下，着力强化制度创新和政策创设，建立有利于农民增收的制度环境和内生机制。在制度创新层面，主要是深化农村土地制度、农业经营制度、人力资本创新和农村产权制度等四个方面改革。

一是农村土地制度改革。农村土地制度改革是制度创新和政策创设中的核心问题。农业适度规模经营发展要与城镇化进程和农村劳动力转移规模相适应，与农业科技进步和生产手段改进程度相适应，与农业社会化服务水平提高相适应，只有这样才能让农业成为一个有尊严、有竞争力的产业。农村土地制度改革对增加农民收入意义重大，一个重要前提是做好农村土地确权登记颁证工作。做好这项工作,可以给农民吃上定心丸,让农民放心大胆地流转土地,提高土地资源的配置效率,同时增加来自土地的财产性收入

二是农业经营制度创新。在坚持农户家庭承包的基础上,发展家庭农场、合作社和各种各样的产业化经营组织,这有利于提高农业生产专业化水平,增加务农的主业收入。要坚持农户家庭经营的基础地位。要继续加大扶持力度,帮助小规模农户解决实际困难,引导他们通过共同使用农业机械、开展联合营销等方式发展联户经营,增加技术、资本等生产要素投入,提高经营效益。发展多元化新型农业经营主体。新型农业经营主体是商品性农产品的主要提供者。各类新型经营主体都有独到的功能和比较优势,有各自的适应性和发展空间,需要促进多元主体共同发展,让农民自主选择适合的经营方式。完善不同主体间的利益分配机制,各类新型农业经营主体之间是相互关联、互为补充的关系。各类新型农业经营主体相互交织、良性互动,构建起紧密、平衡的利益联结和分配机制,共同组成立体式复合型新型农业经营体系,通过新型农业经营主体的发育和新型农业经营体系的不断完善,发展现代农业,增加农民收入。

三是人力资本创新。职业化农民的培养,核心是要培养一批有文化、懂科技、会管理的高素质农民,让职业化的农民获得人力资本溢出的收入效应。加强职业农民教育培训,以生产经营类新型职业农民培育为重点,对农业基础经营者、获证农民、农业后继者和农业服务人员实行分层培养。实行职业农民准入制度,积极探索新型职业农民认定管理制度和农业行业准入制度。建立高素质人才回流机制,从政府补贴、项目扶持、金融服务、土地流转、职称评定等方面创新制度和政策,以稳定的收入保障吸引农村有志青年学习农业、投身农业。

四是农村集体产权制度改革。农村集体产权制度改革对增加农民的财产性收入意义重大。改革的目标是边界清晰、权责明确、保护严格、

运转流畅,改革的范围是资产资源、资金,包括经营性资产、公益性资产和资源性资产。通过股份合作发展壮大集体经济,通过农民经营权入股发展壮大集体经济,通过国家对集体的投入发展壮大集体经济,通过重构集体经济积累新机制发展壮大集体经济,增加农民从集体经济发展中获得的收入。

在政策创设层面,主要涉及农业投入、农产品价格、农业补贴、农村金融、农业保险以及城镇化六个方面的政策内容。

一是投入政策。一方面,要提高农业生产效率促增收。重点是加强农田水利、农业科技和设施装备等基础设施建设,大力改善农业生产条件,为技术、信息等先进生产要素进入农业提供基础平台,不断提高农业的产出效率。另一方面,要降低农业生产成本促增收。土地细碎化、地力水平低、水利设施老化失修等问题是制约农业规模化、集约化生产的重要瓶颈,应通过降低农业生产成本实现农民增收。

二是价格政策。在各类政策工具中,价格政策对激励生产、保障农民收入的效果最直接也最有效。当前,价格政策的核心是理顺农产品价格的市场形成机制,为保供给促增收提供有效支撑。应坚持农产品价格形成机制"市场定价、价补分离"的改革方向不动摇,继续执行稻谷、小麦最低收购价政策,完善重要农产品临时收储政策,总结棉花、大豆目标价格改革试点经验,积极开展农产品价格保险试点。

三是补贴政策。要下决心研究出台针对农民收入的专项政策。可借鉴发达国家的有效做法,探索完善农产品价格支持、直接补贴等保障农民收入的政策工具。加大对生态脆弱地区的生态补偿力度,针对贫困地区出台有针对性的政策,加大对贫困地区农民增收的专项扶持措施,解决特殊群体的增收困难问题。

四是金融政策。要推进农村金融的机构创新、产品创新、服务方式创新。推进机构创新,关键是要坚持"严格规范、强化监督"的原则,创设更多面向农民的村镇银行、资金互助组织、社会性金融组织,形成商业性金融、合作金融、政策性金融一体的农村金融体系。推进产品创新,核心是搭建交易平台,创新抵押产品。推进服务创新,鼓励金融机构运用移动互联、云计算等技术,为农户提供便捷高效的金融服务,为增加收入提供保障。

五是保险政策。要加大中央、省级财政对主要粮食作物保险的保费补贴力度,逐步扩大农业保险补贴覆盖范围,稳步提高农业保险风险保障水平,为广大小规模农户提供基本的收入保障。针对新型农业经营主体,探索开展产量保险、价格保险、收入保险等新型保险产品试点,规避风险,为新型经营主体提供收入的"保险包""安全伞"。

六是城镇化政策。要适应新型城镇化背景下农村劳动力非农就业和分工分业的发展趋势,对各类群体的主业收入进行有针对性的政策扶持。对已经转移到非农就业领域的农民,重点是解决好农业转移人口的市民化问题,完善农民工工资增长与保障机制,把农民工的住房、教育、卫生、养老等需求纳入城镇发展规划统筹考虑。对于农业领域的各类从业人员,要在推动生产环节专业化的同时,促进农业"接二连三"与二、三产业深度融合,引导支持农业生产向加工、仓储、物流、营销等环节延伸,不断创造相关就业岗位,在产业提质增效的过程中促进农民增收。

第二章 提高农民收入的创新途径

第一节 通过发展集体经济来提高农民收入

一、国务院对于发展集体经济的相关文件精神

国务院农业农村部在 2019 年 6 月针对农村集体经济发展的问题提到要发展壮大村级集体经济,促进农业增效农民增收。

发展壮大村级集体经济是强农业、美农村、富农民的重要举措,是实现乡村振兴的必由之路。"手中无米,叫鸡不理"是村级集体经济薄弱的真实写照。在发展村级集体经济的这个问题上,只有掌握"精准施策、量体裁衣、靶向发力"的原则,才能做好村级集体经济这块"大蛋糕"。

1. 让农村土地做"嫁衣",探索流转新模式

积极鼓励村集体盘活土地资源,整合连片集中田,注入资本进行集约化农业生产,运用土地流转新模式,把农村分散的资源聚集化、模糊的产权明晰化、集体资源市场化。一是返租倒包型。村集体将土地通过租赁形式集中到集体,进行统一规划和布局,再将土地的使用权承包给农业经营大户或者农业经营公司,获取收益。二是土地股份合作模式。村集体统一对土地进行规范整理、格田成方,规模化作业。按照"群众自愿、集约经营、收益分红、利益保障"的原则,采取土地股份合作的模式对农户进行土地承包使用权的流转,吸纳农户入股,把土地承包权转为股权,股权转为股金,按土地保底和效益分红的方式,在年底按成员股份进

行分红,实现土地"动起来"到村集体"富起来"的转变。三是农村土地入股实现产业化。村集体经济组织的承包户为了发展规模农业,提高农业生产效益,将农村土地承包经营权折算为股权,产权明晰,实现产业化。按照"三权分置"改革试点任务,放活土地经营权,以土地承包权入股组成股份有限公司或者农业生产合作社,实现农业产业化经营。

2.通过村党支部与农民合作社结合,实现借鸡下蛋

农村基层组织是我国社会组织的"神经末梢",发挥村党支部一线战斗堡垒作用,实行村集体产业以"政府引导、村委主导、村集体合作社实施"的方式,村支书带头创办农民专业合作社,建立"一领二办三参与"的利益联结机制,大力支持农村集体领办、创办、入股农民专业合作社、土地股份合作社等新型合作组织。参照聂桥镇博阳葡萄专业合作社及邹桥乡石门村莲藕专业合作社,采取"支部+公司+农户"的形式,产业集中带动,项目集中引领,集体共同富裕,不断完善实体兴村"一条龙"的内部经营模式。在规范合作社发展方面,农业农村局积极开办培育新型经营主体的培训班,向村两委班子提供智力支持和技术指导,科学规范合作社生产运营,增加集体经济收入。

3.唤醒农村的"沉睡"资源,打破经济"冬眠"

江西省九江市德安县清产核资工作是摸清农村集体资产家底的重要前提。翻开陈年账本,开展"三资"清查,充分利用闲置资源发展村集体经济。一是开发"四荒地"资源。在政策法规允许范围内,利用未承包到户的荒山、荒坡、荒滩、荒沟等资源,集中开发或者采用公开招投标等方式发展现代农业项目。二是承包租赁闲置资产。村集体将闲置的村办公用房、校舍、老旧厂房等房产设施和集体建设用地,以自主开发、合资合作等形式将资产承包租赁给业主经营,签订租赁合同协议,村集体收取相应的租金或承包费。三是水面资源综合开发。利用水库、河流、山塘等水面资源,采用自主经营、合作经营、村民集资等方式,发展特色水产养殖、漂流旅游、乡村农家乐等新业态。

4.扎紧财务制度的"笼子",完善集体经济管理办法

制定《村级财务管理若干规定》,拟出台《组级财务管理办法》,加强对现有资产的管理,确保集体资产不流失、不浪费,管好用好,稳定增值。充分发挥村监督小组的作用,杜绝不合理支出,并规定每年必须参加半年、全年财务审计。继续加强农村基建招投标合同管理,促进农村经济发展,对各村机动地、鱼塘、砂场等基建项目的承包,必须以公正、公平的原则,召开村民大会,采取招投标的标准程序进行发包并签订规范的承包合同。

发展壮大村级集体经济是一个渐进的过程,需要逐步积累,多措并举。要想方设法打破"穷家难当""巧妇难为无米之炊"这类制约农村经济发展的瓶颈,走"以资源换资金、以存量换增量"之路,依靠农村生产力的自我发展和外部资源的综合利用,变"输血"为"造血",变"大水漫灌"为"精准滴管"。

二、通过发展集体经济实现提高农民收入的相关典型案例

1.资源开发型——开化县长虹乡霞川村大石龙水电站增效扩容技改项目

凭借土地、山水、田园等特色自然资源,开发增收项目,实现村级集体经济稳定增长。

霞川村由原霞坞、河滩村调整新设,地处开化县西部边陲,毗邻江西省婺源县江湾镇东头村。由于位置偏远、交通不便、地寡林茂,霞川村村集体无经营性收入,全村70%以上的青壮年外出务工,是十里八乡有名的经济薄弱村。

为增强村级集体经济的"造血"功能,近年来,霞川村积极探索实践多元化发展村级集体经济的有效途径,将目光瞄准了村里现有资源——大石龙水电站。水电站建于20世纪70年代,前几年因为机器老化故障、承包到期无人维护而关停,2017年大石龙水电站增效扩容技改项目列入

省级扶持村集体经济发展试点，总投资近 300 万元。经过规范化、专业化的设计建设，大石龙水电站发电机顺利完成改造，发电能力可达 320 千瓦，于 2018 年正式投入运行并成功并网发电。

大石龙水电站通过增效扩容技改，每年为村集体带来 40 万～60 万元的稳定收入，使霞川村一举摘掉了集体经济薄弱村的"帽子"。同时，霞川村的水能资源得到充分有效利用，有力改善了当地生态环境和村民生产生活条件，实现了农村水电持续健康发展。

2. 物业经营型——缙云县溶江乡洪坑桥村农贸市场迁建工程

引导扶持村集体利用集体所有的非农建设用地或村留用地，兴建标准厂房、专业市场、仓储设施、职工生活服务设施等，通过物业租赁经营等方式，增加村集体收入。

洪坑桥村位于缙云县东部，距县城 16 公里，是溶江乡政府所在地。按照当地习俗，每逢农历"一""六"是溶江乡的集市时间，由于无固定经营场所，所以集市时商贩只能在马路沿边摆满摊位，被称为"马路市场"。至今，"马路市场"已存在 30 多年，交通安全、环境污染问题日益突出，每年需花费维护成本近 10 万元。

为彻底取缔以路代市、占道经营的"马路市场"，溶江乡政府、村两委积极谋划洪坑桥村农贸市场迁建工程，按照缙云县南乡最大农贸市场、茶叶交易中心的目标定位，安排建设用地 8 亩，新建一个停车场、摊位、公厕、水电设施等基础设施完备的农贸市场。项目总投资 180 万元，其中省级扶持村级集体经济试点资金 128 万元，地方财政资金 10 万元，村级自筹 42 万元。

经过溶江乡政府、村两委和当地村民的共同努力，2018 年，历时 5 个月的新农贸市场顺利建成并投入使用，共有 200 余名摊位业主入驻新农贸市场，实现村集体经营性收入近 28 万元。此外，通过收取集市临时摊位租金、茶叶交易场地租金、夜宵摊租金等方式，新农贸市场为洪坑桥村村集体经济输入源源不断的"新鲜血液"。

3.资产盘活型——东阳市六石街道张麻车小区文化创客项目

对村集体闲置的会堂、厂房、祠堂和废弃学校等设施,通过公开拍卖、租赁、承包经营、股份合作等多种方式进行盘活,增加村集体收入。

六石街道张麻车小区现有村民165户586人,多次获得"东阳市五好(示范)农村党支部""六石街道招商引资先进村"等荣誉称号。

六石街道张麻车小区文化创客项目总投资425万元,其中财政补助200万元,村级自筹225万元。项目利用小区及周边闲置房屋、厂房、老电影院等资源,委托公司统一管理、统一设计、统一施工,以美化提升村居环境为基础,着力打造独具特色的休闲文化旅游街区。小区按照"修旧如旧"理念对原有建筑进行修整加固,并在此基础上融入虚实互动3D视觉墙绘,将泥墙、赤膊墙和水泥墙装扮成一道道靓丽的风景线,显著提升道路两侧及周边的村居环境和商业品位,提高街区房屋总体租金水平。同时,小区引进专业文创公司,策划打造青年创客社区,发展集娱乐、休闲、办公于一体的轻奢众创社区,助力青年创业创新,实现居民小区和创客社区辐射互动。

项目建成后,张麻车小区从一个老旧街区蜕变成为集文化、休闲、创业于一体的优选之地。通过游客观光、餐饮、商铺出租、承接影视剧拍摄等方式,实现年营业收入30多万元,有力带动第三产业发展,帮助村民就业、增收。

4.资本运营型——金华市婺城区集体经济发展小微企业创业园项目

将村集体历年积累的资金、土地补偿费等货币资产,通过参股经营等方式转为经营资本,获取股金、利息和资产增值等资本运营收入。

婺城区西南山区是省内典型的饮用水源涵养功能区,有5座中型水库,是百万市民的"大水缸"。为更好保护饮用水源,关停了周边的民宿、农家乐、乡村旅游等经营项目,导致部分村集体"返薄"。

饮用水源涵养功能区行政村以"飞地"形式参与婺城区村级集体经济产业园项目,推进饮用水源涵养功能区村级集体抱团致富。项目总投资 1.28 亿元,其中,国有资本 6000 万元,村级入股 6800 万元,涉及参股村 85 个。为降低经济薄弱村参与项目的融资成本,村级入股的资金中包含省级试点资金 1350 万元和区财政配套补助 1350 万元。同时,婺城区政府与当地农商银行联合推出金融产品——"乡村振兴·富村贷",经济薄弱村可按 3.625‰ 的月息享受基准贷款利率,额度最高可达 50 万元;此外,对参与集体经济发展项目的经济薄弱村,给予 70% 的贷款贴息。产业园重点发展汽摩配产业,委托第三方运营团队开展厂房出租、小微企业入驻、基础设施维护、消防安全等日常经营管理。

"飞地抱团"项目形式,打破了地域、资源限制,让更多行政村得以参与。园区建成后,可供 10 个左右汽摩配小微企业入驻,每年产生租赁收入约 1000 万元,减除税费、运营成本等必要开支后,85 个参股村平均每村每年可获得经营性收入 5 万元以上。

5. 基金运作型——三门县基金式扶持为消除集体经济薄弱村添砖加瓦

利用各级财政扶持资金和村级自筹资金组建发展集体经济基金池,由政府国资公司负责运作,营利收入返还给纳入扶持范围的经济薄弱村。

三门县的经济薄弱村数量多、资源匮乏,主要通过异地建造或购置物业来发展村级集体经济。为加快经济薄弱村脱困转化,发展壮大村级集体经济,三门县探索推行基金式扶持村级集体经济发展模式,确保村集体获得稳定收益。

通过省以上财政补助资金 1500 万元、县级配套资金 200 万元、村集体自筹资金设立基金,由三门县农村综合改革领导小组管理,用于扶持经相关部门确认的经济薄弱村。基金运作主要有两种模式:一是对于目前无自主发展项目的经济薄弱村,经有关部门确定列入三门县村级经济发展有限公司股东的,基金暂存该公司,公司再将资金委贷给县国投公司,国投公司给付的利息收入每年以股东红利方式拨付给股东,作为经济薄弱村的经营收入;二是对于列入基金式扶持的经济薄弱村,有较为成熟的发展村集体经济项目的,经有关部门审核同意,可退回其投资款,专项用于项目建设。

基金设立 6 年以来,共取得利息收入近 1100 万元,支付扶持村分红 1025 万元,消除了 38 个无区位优势、无资源优势发展村级集体经济的薄弱村,村集体每年至少有 5 万元的稳定收入。

6. 村庄经营型——桐庐县莪山畲族乡新丰村"空心村"二次创业试点项目

充分利用美丽乡村建设成果,大力发展美丽经济,拓展集体经济发展空间,打造村域景区、农家乐、民宿经济等,把绿水青山变成"金山银山"。

桐庐县莪山畲族乡是杭州市唯一的少数民族乡,新丰村戴家山自然村是位于海拔 600 米高山上的一个偏远畲族小山村。由于地处偏远,村级集体经济薄弱,戴家山自然村的青壮年基本外出务工,常住人口多为空巢老人,一度陷入"空心村"困境。

新丰村戴家山自然村环境幽静,大气负氧离子充沛,有千年古树群、万亩竹海和畲族风情,非常适合发展休闲旅游业。为盘活村集体闲置资源,发展村级集体经济,戴家山自然村通过统一收储、统一招商的方式经营开发特色民宿,以 1.5 亩集体留用地入股,由企业出资新建 4 幢民宿,村集体固定分红 30 年、保底 300 万元,每年可直接增加村级集体收入 10 万元。为增强企业投资的热情和积极性,村集体与企业签订了 500 万元风险共担协议,明确对不可抗力致使企业遭受损失的,由村企共担风险。

此外,村集体投资建成了村旅游集散中心、民宿住宿服务中心、会议活动场所、停车场等功能区,有偿为戴家山民宿提供配套服务,助力其可持续健康发展。

目前,除集体留用地入股每年可保底分红 10 万元以外,村旅游集散中心、民宿住宿服务中心、会议活动场所等每年可创收 50 万元左右,为戴家山自然村集体经济注入了新鲜"血液",使这个沉寂的小山村迸发出全新的生命力和朝气。

7. 产业发展型——台州市黄岩区高桥街道下浦郑村米面产业发展项目

把加快村级集体经济发展与推进农业两区建设、提升现代农业发展水平相结合，与块状经济发展相结合，在促进产业发展中增加村级集体经济收入。

高桥街道下浦郑村位于高桥街道东北面，全村共有 393 户、1265 名村民。下浦郑村制作米面已有 100 多年历史，米面口感爽滑、米香浓郁，销售量占台州市米面市场份额的 60% 以上。下浦郑村的米面产业以低、小、散加工作坊为主，整体加工程度不高，生产设备及技术落后，品牌、质量效益不强，环境污染问题日益突出。

为助推下浦郑村米面产业转型升级，高桥街道借助省级扶持村级集体经济发展项目，通过资源整合、产研结合、农旅融合三股合力打造集生产加工、参观体验与三产融合于一体的特色农副产品加工示范高地。项目按照一堂一坊一园一区一馆（文化礼堂、制作工坊、米面公园、体验区、展示馆）的规划，兴建占地 1500 多平方米的特色米面产业园区，内设 10 个生产车间，统一配置米面加工设备，建造废水处理设施，全面杜绝米面加工废水入河，保护村庄环境。

园区顺利建成后，先后有十余家米面加工作坊入驻，通过共享厂房、设备、水电等，实现米面产业规模化、集约化发展。同时，通过塑造米面生产基地、米面文化展示馆、米面文化节等米面主题文化，推动农旅深度融合，以米面产业发展带动村级集体经济增收。

随着下浦郑村米面产业规模化进一步成型，米面文化节等活动吸引游客 1.3 万人次，新增经济效益 400 万元，实现了米面产业和村级集体经济的发展振兴。

8. 生产服务型——桐乡市梧桐街道安乐村劳务专业合作社及建造配套设施项目

围绕村域产业化经营，创办多种形式的村级经营性服务实体，为农户提供生产资料、农业机械、病虫害防治、技术咨询等服务,或开展联结龙头企业和农户的中介服务,或兴办农产品等专业批发市场,通过开展购销服务增加村集体收入。

桐乡市梧桐街道安乐村位于城郊结合部,区域面积5.5平方公里,现有农户808户,户籍人口3000余人,新居民约2.3万人。村内房产出租现象普遍,大量新居民涌入村中,环境卫生脏、乱、差问题突出。

为了从根本上解决环境卫生和管理问题,安乐村以省财政扶持村级集体经济发展试点工作为契机,成立劳务专业合作社,提供卫生保洁、绿化养护等服务。劳务专业合作社注册资金359万元,村合作社投资71.8万元,占股20%。

项目总投资702.8万元,由村合作社建造一幢四层楼八间的生产管理用房,占地面积约600平方米,建筑面积约1800平方米,同时购买相应机械设备,建造配套设施。劳务专业合作社采用企业化管理模式,实行"路长制"与"河长制"包干,明确每位保洁员的责任区域和工作要求,实现村内自我保洁、自我管理。

自2018年起,村合作社按市场价格将建好的管理用房租赁给劳务专业合作社,累计收益116.48万元;劳务专业合作社通过承接物业管理、小区道路保洁、绿化养护等服务,实现年创收200万元。如今的安乐村,村居环境干净、整洁、优美,村级集体经济健康持续发展,取得了民生效益和经济效益的双赢。

9.村落建设型——庆元县淤上乡长砻村扶持集体经济试点项目

以历史文化村落、中心村建设为载体,通过保护开发、宅基地整理复垦等途径,增加村级集体经济收入。

庆元县淤上乡长砻村,东接五里根生态自然保护区,四季分明、气候适宜,生态环境优越,入选省历史文化保护村落重点村。

为增加村集体经济收入,长砻村充分利用闲置农房、闲置土地等资源,通过土地民宿入股、保底分红、集体提成等方式,引导和组织村民合理流转土地、联办产业基地。

省财政安排 200 万元专项补助扶持长砻村村集体经济发展。长砻村将其中的 150 万元用于修缮民宿,按古村落标准重新规划管理,再承租给公司经营,每年收取 15 万元租金。剩余的 50 万元用于向村民流转 25 亩土地,承租给长砻农业开发有限公司。该公司共流转全村 1000 多亩土地,与村集体合作发展乡村旅游、现代农业和其他产业,头三年村民按每亩 300 元收取土地租金,随后每年递增。此外,村民在该公司从事蓝莓种植、管理与采摘等工作,最多每年可获得 4 万余元收入。

据统计,项目实施第一年,长砻村村集体经济收入达 26.5 万元,村民人均可支配收入达 1.46 万元,较试点前分别增长 137%、8%。目前,长砻村共有 3 幢古村落民宿、床位 15 张;1 个大型蓝莓基地,年产量达 3 万多斤,可为村里创收约 15 万元。

10. 土地股份合作型——衢州市衢江区莲花镇扶持村级集体经济试点项目

通过村集体领办土地股份合作社,推动农业适度规模经营,着力提高劳动生产率和土地产出率,实现土地经营收益最大化。

莲花镇为省级农业特色优势产业强镇,是衢江区的主要粮食生产区之一,下辖 23 个行政村,全镇农作物播种面积 6.8 万亩,土地流转率达 50% 以上。莲花镇扶持村级集体经济试点项目惠及下辖的 10 个行政村 1.92 万人。

为实现土地经营收益最大化,村集体成立土地股份合作社,负责土地流转、承包合同签订、股金分配等事宜,农户或村民小组以 1 亩地为 1 股入股合作社,保底价为 500 斤稻谷/股/年。合作社获得的土地实际面积超出承包面积部分和整理后溢出面积租金收入、竞标发包的溢价收入除预留 40% 作为保底基金外,其余 60% 作为年底股份分红。目前,莲花镇 7 个村已流转土地 3500 亩以上,村集体根据本村产业发展规划把连片流转的土地承包给本地家庭农场主打造家庭农场集聚村,或承包给外来客商发展现代农业。

项目实施后,带动了农业产业发展,有效促进农民增收、集体增收。比如,莲东村将 300 余亩土地外包给玉环市的客商种植白枇杷,村集体年增收 8 万余元,带动 4 户农户种植白枇杷 80 余亩,帮助 80 余名村民在家门口拿"薪金"。

第二节　通过招商引资来提高农民收入

一、曲靖市:绿色食品招商增强发展新动能

曲靖市按照省委、省政府打造世界一流"绿色食品牌"的战略部署,紧盯重点产业项目,创新体制机制,坚持"一盘棋"推动精准招商、一条链促进产业发展,一批批优秀企业加速入滇、一个个优质项目加速上马,"绿色食品牌"打造取得阶段性成效。

2018 年以来,曲靖市共新签约"绿色食品牌"项目 101 个,协议总投资 365.11 亿元。其中,1 亿元至 10 亿元项目 51 个,协议投资 115.96 亿元;10 亿元以上项目 10 个,协议投资 236 亿元;新开工项目 98 个,实际到位并纳入固定资产投资 45.15 亿元;有中国 500 强企业 2 户,中国民营 500 强企业 1 户,农业龙头企业 5 户。

曲靖是云南省重要的烟叶、粮食、生猪、魔芋等生产基地。为打造世界一流"绿色食品牌",曲靖市以"大产业＋新主体＋新平台"为发展思路,以"抓有机、创品牌、育龙头、占市场、建平台、解难题"为重心,科学谋划统筹,制定打造"绿色食品牌"三年行动计划,并策划包装了多个重点产业招商项目,精准绘制绿色产业发展路线图;组建了马铃薯、水果、蔬

菜、中药材等 8 个重点产业专家组,为规划编制、项目策划、精准招商"把脉问诊";先后与中国食品加工协会、全国工商联农业产业商会等建立合作关系,通过协会、商会捕捉项目线索,并组建"绿色食品牌"招商小分队,开展"一对一、点对点"精准招商;建立了重点项目领导分级包保推进制度,对项目服务一抓到底,同时,市级重大招商引资项目由市"狠抓落实年"包保组和市政府分管领导协调推进。

在引进、培育龙头企业过程中,曲靖市始终坚持"一二三产业融合发展"思路,围绕产业融合模式、主体培育、政策创新和投融资机制,积极引导龙头企业参与农村产业融合发展试点示范,促进农村产业融合发展。通过招商引资,一批行业领先的农业龙头企业和食品加工企业纷纷落户曲靖:引进联想佳沃集团建设蓝莓全产业链项目,已建成 5000 亩蓝莓示范基地和 200 万株优质种苗基地、3 万吨冷链物流中心和蓝莓工程技术研发中心,带动种植蓝莓 8000 亩;温氏集团计划建设西南"一二三产"融合发展项目,投资 85 亿元打造现代牧业百亿产业集群,二期温氏西南总部暨现代牧业全产业链项目已开工建设;蒙牛集团将打造西部最大百亿乳制品产业集群,打造一二三产融合发展的蒙牛特色小镇,项目总投资 16.5 亿元,力争一年内投产;今麦郎、浙江李子园、卫龙等食品加工企业将打造绿色食品产业园。通过产业集群带动,中德未来食品国际论坛在曲靖举办。

随着"绿色食品牌"战略的实施,曲靖市实现现代农业理念、技术、人才"三创新"和经济、产业、扶贫效益"三显现"。联想佳沃集团建设蓝莓工程技术研发中心,相继申请发明专利、制订地方及企业标准、培养科技特派员,提高了曲靖蓝莓产业品牌的知名度和竞争力;依托温氏集团,大批懂技术、会管理的现代家庭农场主不断涌现,自我发展能力持续增强,通过温氏集团在曲靖首创的"党总支+龙头企业+合作社+贫困户+项目支撑"资产收益扶贫模式,带动了一大批贫困户脱贫,温氏项目全部建成投产后,预计可带动 9000 余人就业,3.8 万贫困人口脱贫增收。

打造"绿色食品牌",曲靖市走出了一条企业、农户、政府三方共赢的特色之路。下一步,曲靖市将继续以招商引资为抓手,不断强优势、破难题、补短板,做好精准招商、平台招商准备,为云南省农业产业转型升级贡献力量。

二、高淳:螃蟹搭台唱响招商引资大戏

2020年10月20日,高淳在上海举办了一场农业招商引资推介会,吸引了近百名企业高管参与。现场重点介绍了高淳的优良生态、农业发展和营商环境,以及高淳区招商引资政策及配套保障措施,还发布了9个农业招商项目,包括项目投资额5亿元的潦田坝片区水乡田园、总投资20亿元的马埂圩片区项目、实施面积2.1万亩的永胜圩生态渔业养殖示范区项目、小茅山田园综合体项目以及固城蒋山霍夫曼轮窑文化乡村风情民宿项目等。

不远千里赴外地招商引资,源于高淳对重大项目、优质项目的渴求,更体现了高淳招商引资招才引智的诚意和决心。

"项目招商过去曾一直是高淳区的短板,也是全区近年重点努力的方向。"高淳区相关负责人表示,高淳有两个重要招商节点,上半年是金花旅游节,下半年就是螃蟹节。螃蟹节时值金秋,搭上中国南京金秋经贸洽谈会,各地客商云集,招商引资机会众多。高淳以节会友促招商,通过螃蟹搭台,实现经济、文旅、商贸、科技制造等共唱"一台大戏"。

为了确保招商引资更加精准、高效,高淳区建立区领导带头招商制度,落实"一把手"招商机制,大力开展招商引资两个"百日竞赛"活动,将招商引资任务分解到8个镇街、两大园区和67个区级部门,确保每一项指标都明确到区领导;落实到板块和部门、细化到个人。此外,高淳将招商引资工作纳入全区绩效管理考核,不断提高招商引资工作考核比重,将园区、镇街和区级部门的考核权重分别提高到50%、40%和20%,权重位居全市前列,有效营造了"全员招商、人人参与"的浓厚氛围。

在高度重视项目引进的同时,高淳区加大项目推动服务力度,全力构建亲商重商的新生态,确保项目引得进、落得下,力促招商引资成果实实在在落地转化。

面对疫情造成的不利影响,高淳在全市率先出台"四新"行动"1+2"政策,包括企业与产业12条、医疗器械11条、科技创新13条等,有针对性地对自身薄弱的产业体系进行定向完善,健全企业、产业发展体系,预计全年将支持企业4亿元。加上年初制订的招商引资、建筑业和人才引进培育等专项政策,预计全年将支持企业和人才4.5亿元;落实"24小时办结""一门一次一窗一网"等改革措施,无差别受理市场准入、社会事业、综合民生三大领域19个行业396个事项,实现项目审批一次进窗、一库共享、一网审批、一号通办,有力擦亮了营商环境"高淳品牌"。

与此同时,全区大力推行"永不走的驻厂员"企业服务专员制度,梳理"四上"企业、重点项目、农业龙头企业、"小升规"培育企业等7个类型在地实体重点企业445家,实现了全区131名服务专员的"点对点"挂钩全覆盖。

"通过该制度,实现了企业提出的诉求由驻场专员'首问负责'联系解决的服务方式。驻场专员能在第一时间掌握企业生产经营状况,了解企业发展和项目建设中存在的困难和问题,第一时间对企业的诉求做出响应,既减少企业行政管理成本,又实现了政企沟通的'面对面''零距离'。"高淳区工信局相关负责人介绍,截至目前,驻厂"首问负责"已解决人才、市场、土地、配套等方面问题94个。

得益于全区上下的共同努力,今年以来,在内外压力之下,高淳区招商引资不仅没有落下,还取得更好的成效。数据统计显示:1—9月,高淳区共签约亿元以上项目111个、总投资453.1亿元,同比分别增长44.2%、10.7%,为全区高质量发展注入了新动能。

第三节　发展特色产业来提高农民收入

一、养殖小龙虾致富

在四川乐至县佛星镇店子湾村,我们见到了正在虾田和大家一起捕捞小龙虾的退伍老兵肖华光。几年前,他瞅准市场商机,来到邛崃与人合伙搞起了水产养殖,整日与泥鳅、黄鳝、小龙虾为伴,生意做得风生水起。

2016 年,他带着返乡创业的梦想,回到了家乡佛星镇,流转土地念"虾经",带着乡亲们在虾田"捞金"。

对水产养殖感兴趣的他,经常与水产托运商闲谈。在交谈中肖华光得知,水产市场的前景可观。于是,一个创业搞水产养殖的念想便在肖华光的心里萌发。

肖华光打听到当时在成都邛崃有一个水产养殖基地,2010 年年初,经过考虑之后,肖华光辞去在物流公司的工作,来到邛崃与人合伙搞起了水产养殖。

信心满满的肖华光和合伙人,一边试养着泥鳅、黄鳝,一边向当地的养殖大户请教。

创业的道路并不是那么一帆风顺。由于技术欠缺,肖华光所养的泥鳅、黄鳝屡遭失败,前期投入打了水漂。

冷静下来的肖华光这才意识到,没有技术,光有激情,创业的道路充满风险。为了学到真正的养殖技术,肖华光辗转江苏、浙江等地拜师学艺,参加各种技术培训,潜心钻研养殖技术。学成之后的肖华光再次回到邛崃,带着家人一起承包了 70 余亩田养殖小龙虾,一时间生意做得风生水起。

2016 年春节期间,肖华光回到家乡乐至县佛星镇店子湾村。他发现,村子里条件好了,路也通了,但由于没有支柱产业,全村经济落后的情况依然没有得到根本的改变。

经过多方考察,肖华光发现,全村进行了田土整治,水源条件较好,很适合发展小龙虾养殖。有了这样的条件,何不把养殖场地迁回老家?一方面可以继续自己的事业,另一方面,也可以带动乡亲们发展养殖。

2016年6月,肖华光回到老家佛星镇,积极和镇、村协商,并得到村"两委"和该村群众的大力支持,先期投入近50万元流转下114亩水田,发展小龙虾养殖,注册成立了肖飞家庭农场。

目前,肖华光的小龙虾销售毛收入已达50万元,一年就收回了成本。看着肖华光的产业慢慢发展起来,周边有许多乡亲也跃跃欲试。肖华光毫无保留地给大家传授技术,提供虾苗,帮助大家发展养殖。

到现在,肖华光已成功带动周边三个农户跟着他发展稻田养虾,经济效益初步显现。

店子湾村由于条件限制,经济一度发展缓慢。对于养殖小龙虾,村"两委"看好这个"钱景",并计划通过肖华光的带动,让全村发展稻田养虾,借此带动村域经济发展。这个计划正是肖华光返乡创业的初衷。下一步,肖华光打算成立一个小龙虾养殖的专业合作社,除了为乡亲们提供养殖技术和虾苗外,他负责回收成品虾,帮助乡亲们将小龙虾外销,为大家解决后顾之忧。

为了搞活经济,肖华光有一个想法,待到全村的小龙虾产业规模化发展之后,他计划开办一个集垂钓、餐饮、休闲娱乐于一体的农家乐,进一步带活村域经济,让更多的乡亲过上养虾致富的生活。

二、甲鱼养殖致富

甲鱼不仅是餐桌上的美味佳肴,更是用途广泛的滋补药品。近年来,新兴县东成镇云河村的90后青年叶树泉通过养殖甲鱼,走出了一条水产养殖的生态"致富路"。

叶树泉,在乡村振兴战略大潮流中把握机遇,投身甲鱼养殖行列,创办经营40多亩甲鱼养殖场。经过多年努力创业奋斗,如今,他逐步实现奔康致富、安居乐业。

早在2011年,叶树泉返乡开始养殖甲鱼,刚开始时只是利用自家鱼塘小养小卖。他说,刚创业时,因为欠缺养殖经验和技术,碰过不少钉子,养殖场不但赚不到钱,反而亏损了不少。

"刚刚入这个行业,什么都不会,刚进鱼苗时鱼苗出现问题,有很多养殖方法不懂,开始几年亏了40万元。"叶树泉说。

遇到挫折后的叶树泉并没放弃心中梦想,他立即找出受挫原因,并通过不断学习来提高自身养殖技术,同时于2016年租下隔壁余良村5个共40亩闲置的集体鱼塘用来扩大甲鱼养殖。此外,在国家乡村振兴战略实施后,各种农业优惠扶持政策使叶树泉创业信心倍增,很快他的养殖场开始扭亏为盈。

叶树泉说,跟同村兄弟一起探讨,慢慢摸索,了解甲鱼的习惯,后来养殖的甲鱼都很好,慢慢开始盈利。

目前,叶树泉的养殖场年产甲鱼约14万斤,按平均市价20元一斤计算,年收入近300万元,年利润有几十万元。荷包鼓了,生活好了,叶树泉现在不仅购置了新房,还添置了两台汽车。他表示,能够在家乡安居乐业实现奔小康,全得益于国家乡村振兴战略的实施。

"现在实施的乡村振兴战略很好,让我有机会在家乡创业。"叶树泉表示,在自己家乡创业总比在外面打拼好,现在父母也上年纪了,回家乡创业是最佳选择,既能做自己喜欢做的事情,又能陪伴家人。

三、柚子种植致富

2021年中央一号文件提出全面推进乡村振兴,举全社会之力加快农业农村现代化建设。2月24日,四川农业大学果肥守护者团队来到重庆美亨柚子种植专业合作社,探索由合作社引领乡村脱贫致富,推进农业农村现代化的新路径。

　　实践团队的成员们来到重庆市巴南区接龙镇,采访了重庆美亨柚子种植专业合作社社长陈开容(化名)。陈社长告诉实践团队成员,她2010年退休,回到家乡,看到原本生活贫困的村民将挂满柚子的树当柴火,很是心痛。她说:"村民当时很无奈,因为他们的柚子卖又卖不出去,村民自家也吃不了这么多。"后来她发现当地的土壤为中性肥沃紫色土,并且气候条件也利于柚子生长,是种植蜜柚的好地方。"当时就想,何不成立一个合作社来组织村民一起种植柚子致富呢?"于是在2011年,在陈社长的组织下,重庆市美亨柚子种植专业合作社在接龙镇正式成立。

　　实践团队的成员们了解到,合作社的发展并非一帆风顺。起初,合作社面临着柚子树挂果少、果实良莠不齐,甚至绝收的困境。村民张大爷说:"当时合作社刚迈出一步就被绊住脚了,许多柚户的信心被打击了。"为了解决柚子果实的问题,陈社长专门聘请了中国农业科学院相关研究所王成秋教授,并组建专业技术团队,对柚子种植实行统一指导管理。

　　据了解,在专家的指导下,陈社长的合作社逐渐实现了配方施肥、农资农具、修枝、病虫防治、收购、销售等统一化管理。"我们还组织专家为农户开展技术培训,提高他们的种植水平,同时提高蜜柚的质量。"2015年,合作社注册了自己的品牌"接龙蜜柚",投资建立了自己的蜜柚电商销售平台,销售渠道拓宽,村民们增收的途径增加了。

　　"柚子树就是我的摇钱树,今后再也不愁吃穿了。"合作社的社员余大娘骄傲地说。看着余大娘脸上洋溢着的幸福的笑容,实践团队的成员们感受到当地柚子合作社的发展是真真切切地惠及当地的村民们。

　　农产品深加工有助于实现农产品效益最大化,提高蜜柚的附加值才是发展硬道理。陈社长告诉实践团队的成员们:"柚子深加工可以将一个柚子价值提升30倍以上。"因此,合作社在当地筹建了蜜柚果汁加工厂,通过延长产业链,提高蜜柚的附加值来增强接龙蜜柚的市场竞争力,进而提高蜜柚的经济效益,推动接龙镇蜜柚产业的可持续发展。

实践团队步行了大致 20 分钟,便来到了蜜柚加工厂。队员们看到工人们正有条不紊地工作。在成品区,一箱箱加工好的柚子汁正在装载,准备运出仓库。接龙镇大部分黄澄澄的柚子最终被加工成柚子茶、柚子蜜饯、柚子酒等系列产品。

农产品增产不增收、生产效益低是阻碍农村经济发展的难题。而延长产业链带来的高附加值,除了体现在终端产品上以外,也破解了农产品增产不增收的难题。"农户都会有外形不完美的柚子,农户要么将其廉价处理、要么就是扔了。但只要质量好,我们就仍比照市场价收购。"加工厂的负责人李叔说。

蜜柚加工厂的发展与壮大为周边村民提供了就业岗位。61 岁的秦大爷是接力镇自力村村民。此前,他常年靠在重庆主城区打零工为生,家里的地也荒了。"我也加入了合作社,今年不打算出去打工了,就在家种柚子,然后去当地的果汁加工厂,能赚不少钱呢!"看到附近村民种的柚子卖了好价钱,秦大爷有了回家种柚子、加工柚子的念头。

第三章　提高农民家庭经营性收入

第一节　农业家庭经营性收入的概述

一、农业家庭经营性收入的含义

家庭经营性收入是农民收入的主要构成部分之一。

农业家庭经营是指以农民家庭为相对独立的生产经营单位,以家庭劳动力为主所从事的农业生产经营活动,又称为农户经营或家庭农场经营。农业家庭经营性收入就是指农村住户以家庭为生产经营单位进行生产经营活动而获得的收入,包括出售产品部分和未出售产品部分。凡是出售部分,按实际出售价格计算;未出售部分(包括自用的和结存的)按出售该产品的市场综合平均价计算。但是并不包括借贷性质和暂收性质的收入及从乡村集体经济组织外获得的转移性收入,如亲友馈赠、财政补贴、救灾救济、退休金和意外所得等。与家庭经营性收入相关的概念有家庭经营性总收入和家庭经营性纯收入。家庭经营性总收入是指农村住户以家庭为生产经营单位进行生产筹划和管理而获得的收入,它主要用来反映以家庭为生产单位的收入水平、生产规模和经济效益情况。家庭经营性纯收入指的是家庭经营性总收入相应地扣除从事各项生产经营活动的支出后的收入总和,它是农民人均纯收入的一个组成部分,与工资性收入、财产性收入和转移性收入共同构成农民人均纯收入的来源渠道。

由于家庭是经济社会中最基本的经济组织单位,农业家庭经营贯穿了从原始社会到封建社会再到资本主义及社会主义社会的农业经济发展历史。因此农业家庭经营可与不同的所有制、不同的物质技术条件、不同的生产力水平相适应,它是一种弹性很大的经营方式,其具体表现形式有欧美的家庭农场、苏联的集体农庄、以及我国的人民公社和家庭联产承包责任制。

二、家庭经营性收入的类型及来源

家庭经营性收入的构成,按照目前的统计口径,具体包括源于种植业、林业、畜牧业、渔业的农业收入,源于工业、建筑业的第二产业收入和源于交通运输邮电业、批发和零售贸易餐饮业、社会服务业、文教卫生业和其他行业的第三产业收入。其中,源自第二、三产业的收入总称为家庭经营性收入中的非农产业收入。出售农产品现金收入,是指出售农业产品收入、林业产品收入、牧业产品收入、渔业产品收入的总和,它们是家庭经营性收入的一个部分。

家庭经营性收入包括现金收入和实物收入。其中现金收入包括以上所述十个行业及其他行业现金收入。可见,出售农产品现金收入仅是出售产品收入的一个部分,而出售产品收入又是农民现金收入的一个部分,农民现金收入与实物收入总和才构成家庭经营性收入。

三、当前农业家庭经营性收入现状

进入 21 世纪,在经济发展的新常态下,影响农民收入的外部环境和内生机制都发生了重大变化,农民收入越来越受到宏观经济环境和国际市场环境的影响,而农业家庭经营性收入水平与国民经济发展水平的联系日趋紧密。21 世纪初的 20 年里,我国的国民经济水平稳步发展,同样的我国农民家庭经营性收入的发展趋势也保持着平稳态势。农业家庭经营性收入主要取决于农产品数量和价格两个方面。因此一方面,新型经营主体的培育加上农业新技术的广泛普及应用，使得农业发展规模和农产品的生产数量得到进一步的扩大与增长；另一方面，随着新常态下政府对于农产品市场的有效合理管控，使得农产品价格始终处于一个合理的区间内，"谷贱伤农"的现象不至于普遍存在，让农业家庭经营有一个稳定可持续的发展环境，从而使得新常态下的农业家庭经营性收入长期能够保持平稳发展。

相对于工资性收入，经营性收入增长速度尽管最慢，对于农民收入来说却是最稳定的，也是最可靠的来源。"十三五"期间，农民经营性收入的增长，主要依靠农业供给侧结构性改革给农民的生产经营活动提供宽松的环境，加强新型农业社会化服务体系建设，鼓励农民组织联合起来共同闯市场，促进新型经营主体发育和一、二、三产业融合发展，也要给农民返乡创业提供良好的制度环境，放水养鱼，促进本土化农业企业发展。

而如今，农村劳动力向城市不断转移，农村劳动力的不断老龄化、妇女在劳动力中占比偏大以及农业技术和资金缺乏足够的支持，都让农村家庭经营的发展出现较大的困难。

第二节　有关提高农民家庭经营性收入的相关政策内容及政策指导

一、近年中央一号文件对提高家庭经营性收入的相关内容

1. 2020 年中央一号文件（《中共中央国务院关于抓好"三农"领域重点工作　确保如期实现全面小康的意见》）中关于提高家庭经营性收入

的政策内容

党的十九大以来，党中央围绕打赢脱贫攻坚战、实施乡村振兴战略作出一系列重大部署，出台一系列政策举措。农业农村改革发展的实践证明，党中央制定的方针政策是完全正确的，今后一个时期要继续贯彻执行。

发展富民乡村产业。支持各地立足资源优势打造各具特色的农业全产业链，建立健全农民分享产业链增值收益机制，形成有竞争力的产业集群，推动农村一、二、三产业融合发展。加快建设国家、省、市、县现代农业产业园，支持农村产业融合发展示范园建设，办好农村"双创"基地。重点培育家庭农场、农民合作社等新型农业经营主体，培育农业产业化联合体，通过订单农业、入股分红、托管服务等方式，将小农户融入农业产业链。继续调整优化农业结构，加强绿色食品、有机农产品、地理标志农产品认证和管理，打造地方知名农产品品牌，增加优质绿色农产品供给。有效开发农村市场，扩大电子商务进农村覆盖面，支持供销合作社、邮政快递企业等延伸乡村物流服务网络，加强村级电商服务站点建设，推动农产品进城、工业品下乡双向流通。强化全过程农产品质量安全和食品安全监管，建立健全追溯体系，确保人民群众"舌尖上的安全"。引导和鼓励工商资本下乡，切实保护好企业家合法权益。制订农业及相关产业统计分类并加强统计核算，全面准确反映农业生产、加工、物流、营销、服务等全产业链价值。

推动人才下乡。培养更多知农爱农、扎根乡村的人才，推动更多科技成果应用到田间地头。畅通各类人才下乡渠道，支持大学生、退役军人、企业家等到农村干事创业。整合利用农业广播学校、农业科研院所、涉农院校、农业龙头企业等各类资源，加快构建高素质农民教育培训体系。落实县域内人才统筹培养使用制度。有组织地动员城市科研人员、工程师、规划师、建筑师、教师、医生下乡服务。城市中小学教师、医生晋升高级职称前，原则上要有1年以上农村基层工作服务经历。优化涉农学科专业设置,探索对急需紧缺涉农专业实行"提前批次"录取。抓紧出台推进乡村人才振兴的意见。

2021 年中央一号文件(《中共中央国务院关于全面推进乡村振兴加快农业农村现代化的意见》)中关于提高家庭经营性收入的政策内容

党的十九届五中全会审议通过的《中共中央关于制定国民经济和社会发展第十四个五年规划和二○三五年远景目标的建议》,对新发展阶段优先发展农业农村、全面推进乡村振兴作出总体部署,为做好当前和今后一个时期"三农"工作指明了方向。

强化现代农业科技和物质装备支撑。实施大中型灌区续建配套和现代化改造。到 2025 年全部完成现有病险水库除险加固。坚持农业科技自立自强,完善农业科技领域基础研究稳定支持机制,深化体制改革,布局建设一批创新基地平台。深入开展乡村振兴科技支撑行动。支持高校为乡村振兴提供智力服务。加强农业科技社会化服务体系建设,深入推行科技特派员制度。打造国家热带农业科学中心。提高农机装备自主研制能力,支持高端智能、丘陵山区农机装备研发制造,加大购置补贴力度,开展农机作业补贴。强化动物防疫和农作物病虫害防治体系建设,提升防控能力。

构建现代乡村产业体系。依托乡村特色优势资源,打造农业全产业链,把产业链主体留在县城,让农民更多分享产业增值收益。加快健全现代农业全产业链标准体系,推动新型农业经营主体按标生产,培育农业龙头企业标准"领跑者"。立足县域布局特色农产品产地初加工和精深加工,建设现代农业产业园、农业产业强镇、优势特色产业集群。推进公益性农产品市场和农产品流通骨干网络建设。开发休闲农业和乡村旅游精品线路,完善配套设施。推进农村一二三产业融合发展示范园和科技示范园区建设。把农业现代化示范区作为推进农业现代化的重要抓手,围绕提高农业产业体系、生产体系、经营体系现代化水平,建立指标体系,加强资源整合、政策集成,以县(市、区)为单位开展创建,到 2025

年创建500个左右示范区,形成梯次推进农业现代化的格局。创建现代林业产业示范区。组织开展"万企兴万村"行动。稳步推进反映全产业链价值的农业及相关产业统计核算。

推进现代农业经营体系建设。突出抓好家庭农场和农民合作社两类经营主体,鼓励发展多种形式适度规模经营。实施家庭农场培育计划,把农业规模经营户培育成有活力的家庭农场。推进农民合作社质量提升,加大对运行规范的农民合作社扶持力度。发展壮大农业专业化社会化服务组织,将先进适用的品种、投入品、技术、装备导入小农户。支持市场主体建设区域性农业全产业链综合服务中心。支持农业产业化龙头企业创新发展、做大做强。深化供销合作社综合改革,开展生产、供销、信用"三位一体"综合合作试点,健全服务农民生产生活综合平台。培育高素质农民,组织参加技能评价、学历教育,设立专门面向农民的技能大赛。吸引城市各方面人才到农村创业创新,参与乡村振兴和现代农业建设。

二、培育发展家庭农场

党中央、国务院高度重视家庭农场发展。习近平总书记明确提出,要突出抓好家庭农场和农民合作社两类农业经营主体发展。在中央及各地一系列扶持政策的支持下,我国家庭农场发展取得了初步成效,在保障重要农产品有效供给、提高农业综合效益、促进现代农业发展等方面发挥着越来越重要的作用。

1.深刻认识培育发展家庭农场的重大意义

近年来,全国家庭农场快速发展,生产经营规模化、标准化、集约化程度不断提高,经营效益稳步提升。截至2020年,全国家庭农场名录系统填报数量超过300万家,越来越多的家庭农场在保障重要农产品有效供给、提高农业综合效益、促进现代农业发展、推进乡村振兴等方面发挥重要作用。

　　培育发展家庭农场是巩固和完善农村基本经营制度、构建现代农业经营体系的必然要求。以家庭承包经营为基础、统分结合的双层经营体制是我国农村基本经营制度，是党在农村的政策基石，必须毫不动摇地予以坚持。加快构建以农户家庭经营为基础、合作与联合为纽带、社会化服务为支撑的立体式复合型现代农业经营体系，是当前巩固和完善农村基本经营制度的重要方向。家庭农场作为家庭经营的形式之一，在农村基本经营制度和现代农业经营体系中处于基础性地位。实施乡村振兴战略，巩固和完善农村基本经营制度，构建现代农业经营体系，必须充分发挥家庭农场的基础性作用。

　　培育发展家庭农场是保障重要农产品有效供给、夯实农业发展基础的必然要求。未来谁来种地、谁来从事农业生产，已经成为当前迫切需要解决的问题。正是在此背景下，家庭农场等各类新型农业经营主体应运而生、快速发展。但创新农业经营体系，不能忽视了普通农户。在承包农户基础上孕育出来的家庭农场，既保留了农户家庭经营的内核，能发挥家庭经营的独特优势，又能克服承包农户"小而全"的不足，具有旺盛的生命力。同时，家庭农场具有较高的专业化生产水平和商品农产品生产能力，是今后商品农产品特别是大宗农产品的主要提供者，能为重要农产品的有效供给提供坚强保障。

　　培育发展家庭农场是提高农业综合效益、推动农业供给侧结构性改革的必然要求。当前，我国农产品供给是充分的，国家粮食安全是有保障的。同时，人民群众对农产品消费的需求从吃饱向吃好、吃得安全转变，这对我国农业高质量发展提出了更高要求。与传统农户相比，家庭农场具备专业务农、集约生产、规模适度等特征，能够具有较高的土地产出率、资源利用率和劳动生产率，能够实现资源要素的最优配置，有利于实行统一生产资料供应、技术服务、质量标准和营销运作，有利于对农业投入品进行监管、推进农业标准化和品牌化建设，有利于提高农业综合效益、推动农业供给侧结构性改革。

培育发展家庭农场是促进现代农业发展、推动一、二、三产业融合的必然要求。针对当前农业兼业化、农村空心化、农民老龄化等现实问题，迫切需要加快培育家庭农场等新型农业经营主体，推进农村一、二、三产业融合，促进农业全产业链发展。家庭农场对市场反应灵敏，对新品种新技术新装备采用能力强，愿意践行绿色化生产、集约化经营，勇于从事新产业新业态新模式，是为农业农村注入新动能、保持新活力的重要源泉，是破解小农经济瓶颈、增强现代农业发展后劲的有效途径，是推动一、二、三产业融合发展、促进农业增效和农民增收的重要渠道。

2. 准确把握培育发展家庭农场的要求和原则

培育发展家庭农场，要以习近平新时代中国特色社会主义思想为指导，全面贯彻党的十九大和十九届二中、三中、四中全会精神，紧紧围绕统筹推进"五位一体"总体布局和协调推进"四个全面"战略布局，落实新发展理念，坚持高质量发展，以开展家庭农场示范创建为抓手，以建立健全指导服务机制为支撑，以完善政策支持体系为保障，实施家庭农场培育计划，按照"发展一批、规范一批、提升一批、推介一批"的思路，加快培育出一大批规模适度、生产集约、管理先进、效益明显的家庭农场，为促进乡村全面振兴、实现农业农村现代化夯实基础。

家庭农场有明显区别于其他主体的科学内涵，其鲜明的特征是在要素投入、生产作业、产品销售、成本核算、收益分配等环节，都以家庭为基本单元，继承和体现家庭经营的诸多优势，主要依靠家庭成员劳动力而不是依靠雇工，从事农业规模化、标准化、集约化生产经营。培育发展家庭农场，需要把握好以下基本原则：

(1)坚持农户主体

培育发展家庭农场要以农户为主体，在此基础上，积极探索家庭农场的多种发展模式。巩固和完善农村基本经营制度，首先就是要坚持家庭经营的基础性地位。在当前我国新型城镇化深入发展的大背景下，要鼓励那些有长期稳定务农意愿的农户适度扩大经营规模，发展多种类型的家庭农场,开展多种形式合作与联合。

(2)坚持规模适度

要引导家庭农场根据产业特点和自身经营管理能力,实现最佳规模效益。特别要防止片面追求土地等生产资料过度集中,防止"垒大户"。实践中,家庭农场经营的规模多大最适合,标准就是看效益。只要是实现了最佳规模效益,规模可以大点,也可以小一点。未来,要引导家庭农场以效益论英雄,而不是以规模论英雄。

(3)坚持市场导向

要遵循家庭农场发展规律,充分发挥市场在推动家庭农场发展中的决定性作用,加强政府对家庭农场的引导和支持。要提高家庭农场的市场竞争力,在市场竞争中实现发展壮大。政府的作用就是保驾护航,做好引导和支持,切忌行政干预,搞强迫命令。

(4)坚持因地制宜

要鼓励各地立足当地实际,确定发展重点,创新家庭农场发展思路,务求实效,不搞"一刀切"。要根据本地资源禀赋、经济社会发展等条件,因地制宜、因时制宜培育发展家庭农场,要多模式培育、多元化发展,形成百花齐放的局面。

(5)坚持示范引领

要发挥典型示范作用,以点带面,以示范促发展,总结推广不同类型家庭农场的示范典型,提升家庭农场发展质量。同时,要树立一批一批的典型,总结好的经验,推广成功做法,从而促进全国家庭农场快速发展,稳步提升家庭农场发展质量。

3.多措并举促进全国家庭农场高质量发展

加快培育发展家庭农场,要深入贯彻落实党中央、国务院决策部署,按照促进家庭农场和农民合作社高质量发展工作推进会以及中央农办、农业农村部等11部门和单位《关于实施家庭农场培育计划的指导意见》要求,进一步提高思想认识,强化指导服务,健全支持体系,促进全国家庭农场高质量发展。

(1)应对新冠肺炎疫情影响加强对家庭农场的扶持

疫情发生以来,各地家庭农场积极应对,在抗击疫情的同时努力抓好生产经营。但仍有不少家庭农场正常生产经营活动受疫情影响较大,特别是产品销售、用工、资金周转等面临困难。针对这些困难,要采取针对性措施。有条件的地方可支持建设农产品仓储保鲜冷链物流等设施和出台鲜活农产品应急收储补助政策,对用电、用水、用气实施费用缓缴或阶段性减免。推动将符合条件的家庭农场纳入近期国家出台的一系列信贷税收优惠政策支持范围。实施"互联网+"农产品出村进城工程,支持拓宽线上销售渠道。鼓励各地组建劳务合作社,加快推进线上培训、网络指导,帮助家庭农场解决实际困难。

(2)提升家庭农场工作重视程度

深入领会贯彻习近平总书记突出抓好家庭农场和农民合作社两类农业经营主体发展的重要指示精神,真正将促进家庭农场发展列入重要议事日程,科学制定本地区家庭农场培育计划并部署实施。县级以上地方政府要建立促进家庭农场发展的综合协调工作机制,加强部门配合,形成合力。县、乡政府要积极采取措施,加强工作力量,及时解决家庭农场发展面临的困难和问题,确保各项政策落到实处。

(3)强化家庭农场管理指导服务

将家庭农场认定管理调整为名录管理,以县(市、区)为重点抓紧建立健全家庭农场名录管理制度,完善纳入名录的条件和程序,实行名录动态管理,确保质量。重点抓好把符合条件的种养大户、专业大户等规模农业经营户纳入家庭农场名录管理工作,让广大符合条件的规模农业经营户享受到家庭农场扶持政策。健全家庭农场名录系统,开展家庭农场抽样调查。合理确定示范家庭农场评定标准和程序,加大示范家庭农场创建力度。支持有条件的地方开展家庭农场示范县创建,探索系统推进家庭农场发展的政策体系和工作机制。组织开展家庭农场典型案例征集活动,宣传推介一批家庭农场典型案例,树立一批可看可学的家庭农场发展标杆和榜样。

(4)加大家庭农场政策扶持力度

重点在节本增效、绿色生态、改善设施、提高能力等方面探索一套符合家庭农场特点的支持政策,重点推动建立针对家庭农场的财政补助、信贷支持、保险保障等政策。实施好中央财政支持家庭农场资金,支持家庭农场提升技术应用和生产经营能力。推动出台金融支持家庭农场等新型农业经营主体的政策文件,进一步破解融资难、融资贵难题。鼓励金融机构开展家庭农场信用等级评价工作,对资信良好、资金周转量大的家庭农场发放信用贷款。推动实施农业大灾保险、三大粮食作物完全成本保险和收入保险试点,探索开展中央财政对地方特色优势农产品保险以奖代补政策试点,有效满足家庭农场的风险保障需求。支持家庭农场参与高标准农田建设,促进集中连片经营。

(5)加强家庭农场发展宣传引导

充分运用各类新闻媒体,加大力度宣传好发展家庭农场的重要意义和任务要求。密切跟踪家庭农场发展状况,宣传好家庭农场发展中出现的好典型、好案例以及各地发展家庭农场的好经验、好做法,为家庭农场发展营造良好社会舆论氛围。积极引导家庭农场与合作社、龙头企业、农业社会化服务组织开展联合与合作。鼓励组建家庭农场协会或联盟,逐步构建家庭农场协会或联盟体系。

三、大力推进农民教育培训为主体高质量发展提供人才和智力支持

新型农业经营主体和服务主体是推进农业农村现代化建设的骨干力量。农业农村部印发《新型农业经营主体和服务主体高质量发展规划(2020—2022年)》(以下简称《规划》),这对于解决"未来谁来种地""如何种好地"问题,促进农业全面升级,加快农民全面发展,助力乡村全面振兴意义重大。《规划》立足当前农业从业者,面向未来后继者,全面规划

了普及培训、职业培训和职业教育,梯次提升主体经营者素质的框架和路径。

（一）高度重视农民教育培训释放两个信号

知识能力决定新型农业经营主体和服务主体发展的质量。主体发源于农民特别是高素质农民。发展农民教育培训,培育高素质农民,提升经营者素质能力,才能为主体发展提供持久动力。连续六届"全国十佳农民"中,专科以上学历层次的占61.7%。据统计,美国家庭农场主90%具有高中及以上文化程度,荷兰90%的农民受过中等教育,法国农民一般具有高中或大专文化,日韩农民普遍高中毕业。这说明农业从业者的底色决定了农业效益的成色。农业的竞争,归根结底是经营者素质的竞争。

全方位构建农民教育培训格局势在必行。农民教育培训要兼顾效率和公平,既要突出家庭农场经营者、农民合作社骨干、农业社会化服务组织负责人等重点人群,又要兼顾广大普通农民。要建立从培训到中职、高职甚至应用型本科相互贯通的人才培养通道。要为广大农民知识更新和技能提升提供持续不断的教育培训供给。

（二）突出三大群体分类开展人才培养

1.聚焦重点人群,加大主体带头人培训力度

带头人是主体高质量发展的核心骨干。《规划》坚持人才本土化培养和吸收引进相结合,坚持产业中育人、实践中育人,实施新型农业经营主体带头人轮训计划、农村实用人才带头人示范培训等专项,精准聚焦提升主体带头人能力素质,引导返乡下乡人员创新创业者,补齐农业产业知识短板,不断发展壮大主体队伍,让更多农业从业者成长成才。

2.聚焦青年接班人,大力发展农业职业教育

青年接班人问题极为关键,要高起点高素质。《规划》突出强调农业后继者的职业教育,并同步考虑务农农民的学历提升,实施高素质农民学历提升行动计划,量身定制培养方案,探索灵活多样培养形式,让更多

愿意学、能够学的主体经营者就地就近就便接受中高等职业教育,促进农业职业教育与产业发展有机融合。推进农业职业教育供给侧改革,鼓励支持学生学农务农,引导农业院校办农教农,培养更多具有较高学历层次的农村青年和新农人。

3.兼顾小农户发展,全面提升综合素质

大国小农是我国基本国情,以小农户为主的家庭经营是我国农业经营长期存在的主要形式,各类主体大多发源于优秀的小农户,小农户综合素质越高,主体整体发展就越优。《规划》抓住主体高质量发展源头,组织冬春农民培训、实用技术培训以及现代传媒等多形式教育普及,全面提升农民综合素质和自我发展能力,促进小农户与主体带头人形成"跟得上、带得动"的良性互动,推动小农户与现代农业有机衔接。

(三)打好组合拳强化基础服务支撑

1.强化政策支持

继续加大高素质农民培育计划和学历提升行动计划实施力度,扩大覆盖面,加强政策配套,切实落实农民接受高职教育的生均拨款经费,有条件的地区要将农民接受中高职教育一并纳入免学费资助政策范围,逐步建立从培训到中职、高职甚至更高层次教育的系统配套扶持政策体系。

2.加快体系建设

贯彻中央一号文件,加快构建政府主导、多元力量参与的高素质农民教育培训体系。农业推广学校作为农民教育培训专门机构,要发挥体系覆盖全国、农民影响力大的优势,进一步强化组织服务职能。实施"双百"工程引导涉农院校更多承担高素质农民和农村专业人才培养。农业科研院所、农业龙头企业等社会力量要发挥各自特长,推进科技成果承接转化,提供实习实践、创业孵化、跟踪指导等支持服务。要加快形成各类资源在机构间和区域间协调对接、共建共享、优势互补、高效协作的高素质农民教育培训体系。

3. 狠抓提质增效

坚持需求导向,关键是精准,要选对人选准人,科学确定培养目标和规格标准,有的放矢。要分层分类分级开展培育,选好师资、用好基地、配好教材,促进人才培养与供给匹配,突出针对性、有效性。要加强师资建设,优化队伍结构,打造一批"懂农业、爱农村、爱农民"的优秀师资队伍,促进共享共用。要完善质量监督与考核机制,及时发现问题、及时反馈、及时解决,形成良性循环。

4. 全程指导服务

知识能力转化为具体经营实践是一次巨大的飞跃,极为困难、风险很高。要突出高素质农民培育与创业兴业、生产经营实践紧密结合,整合各类资源,通过结对帮扶、交流考察、技术指导,实现知识和技术的高效转化应用。建立教育培训、成果转化、技术推广、经营服务、创业支持一体化的全程跟踪服务机制,特别要在产业发展、用地政策、信贷担保和金融保险方面进一步加大支持力度,提升创业成功率,提升生产经营效益。

四、引导和促进农民合作社健康发展

自 2007 年《农民专业合作社法》施行以来,我国新型农民合作社已走过了十年历程,逐渐成为新型农业经营主体和现代农业建设的中坚力量。党中央、国务院高度重视农民合作社发展,出台了促发展、重规范、强服务等一系列强农惠社政策,农业部会同有关部门综合施策,强化落实,制定了一批规章制度,创新和完善工作机制,农民合作社呈现方兴未艾的良好态势。合作社适应市场需求,组织绿色优质农产品生产,提高农产品质量,8 万多家合作社实施标准化生产,7 万多家合作社注册商标,超过 4 万家合作社通过"三品一标"农产品质量认证;把促进规模经营与带动农民增收脱贫致富相结合,合作社成员普遍比生产同类产品的农户增收 20% 以上,位于 520 个国家级贫困县的 1421 家国家示范社成员户均分红 5049 元,提高了贫困农户自我发展能力。

依法建章立制增进主体活力。为配合法律顺利实施,国务院出台了农民专业合作社登记管理条例,农业部、财政部、国家工商总局等先后下发了合作社示范章程、财务会计、注册登记、年度报告公示等配套制度,19 个省份出台合作社地方法规,细化实化法律精神。全国农民合作社发展部际联席会议各成员单位等多部门协同合力支持合作社发展。农民合作社覆盖面稳步扩大,截至 2016 年 11 月底,全国依法登记的农民合作社达 177.4 万家,是 2007 年底的 68 倍,年均增长 60%,入社农户占全国农户总数的 44%。

引导多元联合提升合作层次。主动适应农民群众不断提升的合作需求,在坚持合作社原则和宗旨基础上,鼓励合作社创新产业业态、组织形式和运行机制,在全国范围内探索开展联合社登记管理,引导合作社规范开展内部信用合作试点,推进适度规模经营。14 个省(区、市)通过地方立法分别对联合社和合作社内部信用合作作出具体规定。各地合作社采取共同出资、共创品牌、共享利益等方式,组建联合社 7200 多家,安徽、甘肃等一批省级合作社联合社应运而生。经国务院同意,山东省以农民专业合作社为平台规范开展信用互助业务试点。2015 年,全国有 8.52 万家土地股份合作社,入股土地面积 3157 万亩,家庭承包耕地流转入合作社的面积占流转总面积的 21.8%。2 万多家合作社创办加工实体,2 万多家合作社开设社区直销店搞"农社对接",还有的开展直销配送、会员制消费、认购式销售。

强化示范创建推动规范建设。全国农民合作社发展部际联席会议成员单位齐心协力抓巩固抓发展抓规范,联合下发了引导和促进农民合作社规范发展的意见、国家示范社评定监测办法,把示范社作为政策扶持重点。国家、省、市、县四级联创示范社 13.5 万家,国家示范社近 8000家。有 30 个省份制定了合作社发展规范性文件,更加精准有效地推动合作社按章办社、以制管社。强化合作社人才培养,农业部会同有关部门,把合作社作为返乡农民工、退伍军人等农村"双创"平台,大规模开展合作社辅导员培训和带头人轮训,"六五"普法期间,各级农业部门培训各类合作社人才120多万人次。

创新财政支持壮大发展实力。允许财政项目资金直接投向符合条件的合作社,允许财政补助形成资产转交合作社持有管护,支持合作社发展农产品加工流通和直供直销。农业部在8省(市)开展合作社贷款担保保费补助试点,发挥财政资金"四两拨千斤"的引领作用,为探索政策性农业信贷担保体系的新路子奠定了基础。2014年以来,共为合作社提供贷款担保340笔,总担保金额6.83亿元,平均每笔贷款200万元,担保贷款放大比例高达1:38.2;试点地区合作社缴纳担保费率普遍下降约2个百分点,部分试点地区合作社综合融资成本降低25.9%。

放眼世界,国际合作社历经170多年经久不衰,发展重点逐步转向集团化、国际化,整体实力和市场竞争力不断提升,成为国民经济的重要组成部分,并助力农业成为国家强势产业。中国要强,农业必须强。建设与我国大国地位相称的强势农业,需要提高农民组织化程度,离不开农民合作社的组织支撑。合作社集传统农户和新型主体于一身,融生产与服务为一体,能够把分散的经营主体组织起来对接国内外市场、提高议价能力、增加农民收入,成为建设强势农业的强力纽带和重要依托。

2017年,农民合作社发展进入规范提质的关键阶段。紧紧围绕中央部署和要求,全面贯彻落实党的十八大和十八届三中、四中、五中、六中全会以及中央经济工作会议、中央农村工作会议和全国农业工作会议精神,充分发挥农民合作社在现代农业经营体系中的纽带作用,在深入推进农业供给侧结构性改革中的引领和示范带动作用,以创新、协调、绿色、开放、共享的新发展理念引领合作社新发展,加强指导服务,突出依法规范,强化绿色发展,大力开展标准化生产、品牌创建,大力加强农产品质量安全,促进产业融合发展,保障农民成员物质利益和民主权利,提升合作社综合效益和市场竞争能力。重点要加快构建培育新型农业经营主体的政策体系,协同发挥政府和市场"两只手"的作用,尊重合作社市场主体地位,发挥好政策"指挥棒"的引导作用,为新型农业经营主体持续健康发展提供坚强保障;深入推进示范社创建,加强各级农民合作社示范社评定和动态监测,及时总结地方促进合作社规范发展的好经验好典型,树立发展标杆,引导扶持同行业合作社建立一批跨区域联合社;加快推进农民专业合作社法修改,坚持问题导向,增强法律条款的针对性、有效性和操作性,坚持示范引导,切忌强迫命令、强行推进、急于求成。

五、让农业社会化服务组织尽显身手

广袤的农村地区是新冠肺炎疫情防控的薄弱环节。在当前各地严防严控疫情的"战场"上,近年发展起来的农业社会化服务组织正积极发挥着作用。事实表明,他们不仅是现代农业建设的生力军,还是一支有素质、有技术、有责任、有担当的惠农服务队。

助力政府,打赢疫情防控阻击战。目前农村地区使用的消毒设备普遍是人工喷雾器,效率低、损耗大、喷洒面积小。而各类农业社会化服务组织拥有先进的农机设备和技术人员,能高效率使用各式植保机、无人机,与政府携手进行大面积联防联控工作,第一时间对城乡重点区域进行消毒防控。与传统方式相比,先进农机设备节省人力物力,防范响应快、面积广、效率高。如山西省长治市屯留区15家农业生产托管服务组织,自愿参加疫情防控,对周边6个乡镇(区)的大街小巷、公共场所等进行义务消毒。河南省郏县红伟农机专业合作社,利用臂展式植保机,每天给周边乡镇及村庄定时消毒。

储货备资,合力迎接春耕。疫情防控任务艰巨,但同时要注意到,全国春耕春播工作开始,如何保障各地农资、农机供应需引起重视。有的农民担心因为疫情选不到好农资,也有的担心疫情过后出现农资短缺、价格大幅上涨等情况。在这方面,有些农业社会化服务组织已经开始行

动。为保障农民春耕期间健康安全,确保不误农时,黑龙江鑫之谷农业集团调整服务布局,提前进行农机设备检修、联系农资供货商备货,大幅降低服务成本,保障农民丰产丰收。为解决柑橘、茶叶等劳动密集型作物采摘问题,四川省蒲江县农业农村局联合服务组织组建"采果队""包装队"等,为农民解决疫情期间一家一户干不了、干不好、干着不划算等问题。

抗击疫情不容懈怠,备耕生产迫在眉睫。在这种情况下,各地政府充分发挥农业社会化服务组织的优势。

一是鼓励各地农业社会化服务组织发挥农机植保优势,协助政府抗击疫情,共渡难关。充分利用服务组织的技术和人员优势,在消毒杀菌、提高农民防范意识等方面,协助政府共同建立联防联控机制。

二是鼓励服务组织发挥农业生产托管服务的规模优势,配合小农户开展春耕春播工作,确保国家粮食安全和重要农产品有效供给。通过专业化服务队,提供统一标准的机械化生产或服务,在抗击疫情的同时,帮助农民完成农业生产任务。建议政府协调服务组织与小农户的对接,合力迎接春耕。

三是给予服务组织这样一支高素质专业化"服务队"更多关注与支持。作为防疫抗疫的一支重要社会力量,政府鼓励他们利用先进技术和水平帮助农民防范风险,从更快、更好、更健康发展角度对服务组织投以更多关注与支持。

第三节　案例展示与分析

一、广东珠海市斗门区禾菜园家庭农场

（一）案例导读

禾菜园家庭农场通过不断引入现代农业科学技术、实行适度规模精细化管理、推动家庭农场一二三产融合发展，走出了一条经济发达地区"向农业科技要效益，抓产业融合促发展"的现代农业发展之路。这个案例表明，经济发达地区家庭农场要想经营效益好、有优势，一是农业情怀要浓，鼓励喜欢的人做喜欢的事。禾菜园家庭农场经历多次台风灾害和市场价格下跌，部分年份甚至"颗粒无收"，但是出于喜欢，坚持逆境求生。二是经营规模要稳，追求适度规模实现最佳效益。禾菜园家庭农场始终保持适度的经营规模，实现精细化管理，减少外聘用工，达到了节约成本、增产增效的目的。三是农业科技要新，让农业插上科技的翅膀。禾菜园家庭农场通过合作共建平台引入新技术，在农场试验示范农业新品种和"稻鸭共作"新技术，增产增收明显。四是三产融合要深，向一、二、三产业融合发展要效益。禾菜园家庭农场以农业生产为基础，融入农产品加工、农事体验、农业科普等元素，农场综合收益显著提升。

（二）案例

禾菜园家庭农场位于广东省珠海市斗门区斗门镇大赤坎村，2015 年 5 月在工商部门登记成立，是斗门区首批成立的家庭农场，并于 2018 年被评定为首批区级示范性家庭农场。农场创办人廖伟平，是珠海市农业技术推广科技示范户，曾获得 2007 年全国科普惠农兴村带头人、2011 年珠海市农村党员科技示范户先进个人等多个荣誉称号。禾菜园家庭农场经营面积 56 亩，主要经营粮食、果蔬、农产品初加工及销售，总投资额 50 万元。禾菜园家庭农场注重创新管理模式，选择走精品化、品牌化路

线,利用主体职业化、规模适度化、管理规范化、生产标准化、经营市场化的样板效应,带动周边农户的发展,促进农业增效、农民增收。2018 年,农场生产稻谷 5 万斤,蔬菜 12 万斤,全年总收入 30 万元,利润 12 万余元。

1. 家庭合理分工,走科学化管理道路

家庭成员共 4 人参与经营管理。农场主廖伟平是土生土长的斗门人,作为禾菜园家庭农场的"大脑",承担起了农场管理和技术指导的工作。针对人手短缺问题,廖伟平通过明确每个人的角色功能,做到合理分工、人尽其才,从"一手包办"的管理模式转为"明确分工"。平时他和妻子负责田里的农活;从事会计工作的女儿主要承担营销、市场、物流环节工作,如生产物资选购、比价等"专业对口"的工作;儿子从事销售工作,平时兼职农场送货发货业务。通过合理化分工,家庭成员在农场经营中的角色从模糊逐渐趋向清晰,从过去的一手包办向细分、专业化的分工发展。

2. 注重技术应用,发挥引领示范作用

禾菜园家庭农场与市、区、镇农业技术人员合作共建平台,农业新品种、农业物联网技术等一批农业新技术在家庭农场迅速"生根开花"。农场尝试"稻鸭共作"生态种植,运用稻菜轮作与秸秆还田等生态种养技术进行生产,集约化经营,提高了粮食产量。农场坚持优选优育,先后引进种植象牙香占、美香占、广香丝苗、美雪丝苗等优质高产水稻新品种,专门开辟了水稻新品种的试验田,不断探索,生产更优质的产品。农场设立了农田小气候监测点,对水稻进行实时监测,以便掌握第一手农作物生产数据。通过技术手段的探索,生产出品质更佳的农产品。禾菜园家庭农场通过种植创新,辐射带动周边农户种植晚稻总计达 5000 亩,亩产量达 700 斤,增产增收明显。禾菜园家庭农场还为同村及周边 50 余户农户提供产品销售渠道,使产品的价格比在传统销售渠道高出 20%,增加了农民收入,实现了家庭农场与周边农户的共赢。

3. 购置农机装备,机械化助推效率倍增

禾菜园家庭农场围绕农业产前、产中和产后各环节购置农业机械设备,依托农机补贴政策,先后配备了抽水机、喷药机、真空包装机、旋耕机、大米色选机、半自动大米真空包装机、虫情测报灯、农田小气候测报站等设备,基本能满足农场机械化种植需要。在政府的扶持下,禾菜园引进一台稻谷低温烘干机,使用该机器1小时能完成1吨稻谷烘干任务,每天能完成40亩稻谷的烘干任务,大大减少晒谷的劳动成本,降低稻谷在阴雨天的发霉发芽风险,提高稻米的加工质量和品质。同时,农场对周边农户提供非营利烘干服务,一律只收取燃料与电费,产生了积极的社会效益。

4. 保障产品质量,走农业绿色发展道路

农场始终坚守农产品质量安全底线,建立了严格的生产管理制度、农业投入品管理制度、田间档案管理制度、农场环境保护制度和示范性家庭农场农产品质量安全承诺等五项制度。实施痕迹化管理,规范农场生产行为,如肥料、农药的入库出库,什么时间用在何处、用量多少,都有详细记录,让安全生产的过程有迹可循,责任也更加明确。因地制宜地采用适宜的生态种养技术和绿色防控技术,应用"稻鸭共作"、杀虫灯杀虫及其他绿色防控技术开展水稻种植。平时生产以使用有机肥料为主,尽量减少化肥的施用,减少农药的使用量,一季水稻只喷1至2次低毒农药,做到种地和养地结合。生产的稻鸭米软硬适中、饭味甘香,得到了消费者的高度认可,农场专门注册了"禾菜园"品牌稻米,获得了无公害产地和无公害农产品认证。

5. 拓宽销售渠道,提高销售收入

农场坚持线上、线下销售并举,到了收割季,接受消费者现场观摩、现场采购。同时,农场充分利用网络平台,积极与各供应商合作,实现订单式种植模式。农场在大赤坎基地建有农产品超市。此外,农场生产的农产品,如"稻鸭米""稻田鸭"通过农场直销、邮政局、"扫就购"、电商平台"GO珠海"等多种形式拓宽了销路。2018年共销售大米1万多公斤,

实现一亩地产出 100 斤肉、1000 斤米,亩收近 6 千元的预期目标。

6.推进一二三产业融合发展,打造产业融合示范基地

廖伟平对家庭农场进行了科学规划,设有水稻种植区、蔬菜种植区、果树种植区和农业科普体验区。在注重生产的同时,融入旅游休闲的元素,走多元化经营道路。还举办了亲子收割、科技下乡、农耕知识普及等多项活动。2018 年开展了家庭乐、农家乐、农耕科普体验等,共接待学生30 多批次。2019 年春节期间利用冬闲田种植 20 亩格桑花及油菜花,接待游客近万人次。

二、吉林永吉县张全家庭农场

(一)案例导读

吉林省吉林市张全家庭农场探索和践行了一条粮食产销管理为一体的发展道路,取得了良好的经济和社会效益。本案例阐释了稻米生产与销售为一体的家庭农场如何通过高效管理,逐渐提高市场竞争力。一是注重品牌化建设,提高市场影响力。张全家庭农场实行机械化、规模化、标准化生产,充分利用本地稻米生产的优势,坚持品牌化经营,现已注册"星星哨""昌都"等多个品牌,其中"星星哨"被评为吉林市知名商标,深受消费者信赖。二是实行绿色化生产,保证粮食品质。张全家庭农场积极向当地农技人员学习,掌握粮食生产的科技应用能力,坚持绿色生产和优质优价,实现农场经济效益与生态效益双丰收。三是提供社会化服务,增加农场收入。农场为周边村屯农户提供水稻植保、收割等机械化服务,不仅增加了农场收入,还为周边农户解决了水稻生产中面临的耕种收难题。四是创新经营模式,确保产品质量。农场逐步流转周边土地,通过构建"公司+农场""种植+加工+销售"全产业链生产经营模式,确保产品质量,实现优质优价。

(二)案例介绍

张全家庭农场位于吉林省吉林市永吉县万昌镇施家村 2 社,农场主

张全出生于1967年,是当地有名的能人,1989年从海拉尔空军某部退伍后,多次返乡创业,从事过修车、种苗圃、冷饮批发、打井等,2004年开始从事粮食加工,2014年延伸到粮食种植,注册登记"张全家庭农场",逐渐成为当地有名的农场主。家庭人口5人,包括他和父母、妻子和女儿,家庭劳动力3人。近年来,农场通过构建"公司＋农场"全产业链经营模式,实现种植、加工、销售一体化发展,在生产经营过程中坚持"机械化、标准化"生产,推动"规模化、集约化"经营,重视"绿色化、品牌化"发展,"六化"持续焕发活力,农场生产经营和服务水平日益提升,经营收入不断增加。

1.坚持机械化、标准化生产,打造农场核心竞争力

农场种植规模扩大后,不能再单纯依靠人力畜力耕种,需在机械化上想办法、谋出路。张全早年在部队从事空军地勤工作,掌握了修理机械的本领,对农机修理具有一定研究。在学习国家惠农政策后,农场依靠财政项目补助和自身积累,先后购置了育苗土烘干机1台、钵盘全自动播种机械1套、钵盘插秧机2台、筑埂机3台、大型联合收割机4台、拖拉机7台、旋耕机2台、植保无人机8架、水稻烘干机9台,建成自动控温智能大棚26栋。家庭农场水稻生产实现了育秧、整地、插秧到田间管理、收获等环节的全程机械化,水稻耕种收综合机械化率达到100%。据当地农村经管部门负责同志介绍,张全家庭农场水稻全程机械化后每公顷能节约成本3000~4000元。同时,农场主动向农技专家、高校教授学习,在育苗、种植、管理、收获、病虫害防治等方面均制定了相应的标准,确保生产出来的稻谷质量和口感均高于当地平均水平。张全家庭农场坚持机械化、标准化生产,有效降低了生产成本,提升了产品质量,增强了农场市场竞争力。

2.坚持规模化、集约化经营,增强农场可持续发展能力

农场所在的永吉县万昌镇,朝鲜族人口比例高,近些年去韩国务工、经商的人较多,土地连片流转具备得天独厚的条件。张全夫妇跟农户签

订合同时定的租金比当地平均租金每公顷高出 2000 元。且租金支付及时。因此,很多农户主动上门来流转,农场流转土地没有"插花地",为规模化经营奠定了基础。农场流转土地的规模由 2014 年 450 亩、2015 年的 2325 亩,逐渐增加到 2018 年的 4275 亩,这两年流转规模保持稳定。农场现有的机械和人员完全能够把地种好,并能在周边开展一些社会化服务。同时,农场注重降成本,每台机车都定有生产、费用、油耗等指标,责任落实到每个农机手,农机具的保养维修也都由自己完成。农场在规模化、集约化方面有了很大的进步,并仍在不断探索中,增强了农场可持续发展能力。

3. 重视绿色化、品牌化发展,提升产品品质和影响力

在规模化、集约化生产的基础上,农场高度重视绿色化发展和品牌化经营。在种植方面,农场积极申报绿色认证,认证面积达 2000 亩。在种植过程中严格按照绿色生产标准,采用生态种植方式,肥料使用以有机肥料为主,精准施药减少农药使用量,实现了种地和养地相结合,农业生产与环境保护相协调。同时,农场创新发展模式,2015 年与吉林市可视农业科技开发有限公司合作,投入 30 万元建成可视化生产管理模式,在 3000 亩绿色水稻生产基地、育秧大棚和稻米加工车间,都安装了摄像头,开发了 APP,让客户在手机上观看生产、加工全过程,实现种植和加工全程可追溯。在营销方面,农场坚持品牌化经营,现已注册"星星哨""昌都"等多个品牌,其中"星星哨"被评为吉林市知名商标,深受消费者信赖。2017 年,农场先后申请注册了微店和公众号,借助网络的优势,采取线上线下相结合的销售方式,拓宽销售范围,营销网络覆盖了国内十多个省区市,农场优质稻米的市场认知度和影响力日益增强。

4. 构建全产业链经营模式,有效分散风险确保效益

在成立家庭农场之前,创业屡屡受挫的张全获得人生第一桶金后,创办了一家小型大米加工厂,本着诚信经营、质量为上的经营理念,工厂规模逐年扩大,目前水稻加工能力达到 3 万吨。据张全夫妇介绍,公司

发展到 2014 年时,他们发现,普通农户种植稻谷多追求产量和收益,种植品种多为超级稻,产量虽高但质量参差不齐,加工出来的大米口感也较差;随着消费需求的升级,通过收购普通农户稻谷加工出来的大米越来越满足不了客户对优质大米需求的增长。2014 年开始,张全夫妇流转周边土地,通过销售、加工倒逼建立种植基地,构建起"公司＋农场""种植＋加工＋销售"全产业链生产经营模式。这种模式,一方面能够通过机械化、标准化、集约化生产,确保产品质量;另一方面能让优质产品卖出优质价格,实现优质优价。

5.开展农业社会化服务,提升农机利用率增加收入

在实际生产过程中,张全家庭农场结合当地实际,积累了诸多生产优质水稻的种植技术,如水稻钵盘育苗技术、水稻低温催芽技术等。同时为了保证大米品质和口感,采取提前收割的方式,比一般农户收割要早 10 天左右。利用这一时间差和拥有大量农业机械的优势,农场积极为周边村屯农户提供水稻植保、收割等机械化服务,其中植保作业费每亩 7 元,收割每亩 100 元。2018 年,农场靠提供机耕服务增加收入 30 多万元。通过提供农业社会化服务,不仅为农场增加了收入,还为周边农户解决了水稻生产中面临的耕种收难题,推动了小农户和现代农业发展的有机衔接。

6.培养农场接班人,拓展农场发展空间

令张全夫妇感到欣慰的是女承父业,农场后继有人。夫妇二人的女儿张楠楠大学毕业后,于 2014 年放弃了珠海的工作,回乡和父母一起创业。张楠楠现在很喜欢农场的工作,感觉与在珠海打工相比更自由、更有意义。这些年她先后获得了永吉县十佳青年、永吉县三八红旗手等荣誉称号,多次参加农业农村部门组织的青年农场主培训。她通过培训和考察结识了许多志同道合的人,拓展了视野,加强了交流,彼此共享种植经验、农场管理和农产品营销模式等。目前,张楠楠已经全面接管农场,主动谋划、积极思考,农场发展未来可期。

三、青海大通县宝丰家庭农场

（一）案例导读

如何实现小农户的提档升级，实现小农户与现代农业的有机衔接，是我国农业发展面临的重大问题。这个案例表明：有能力有意愿的小农户，完全可以在市场引导、政府扶持下，稳步扩大经营规模，发展为家庭农场，并取得良好的经济效益和生态效益。具体如下：一是探索适度规模，不搞盲目扩张。家庭农场的培育和发展，应当坚持市场机制的引导作用，切忌人为"垒大户"。农场主鲁宝文一直从事农业生产，2010年开始流转土地，根据经营效益，逐年扩大经营规模。二是因地制宜发展，注重生态保护。以蚕豆作为规模种植的突破口，坚持了当地的传统；引进陵西一寸蚕豆品种、蚕豆覆膜栽培技术等，提高了蚕豆的产量；实施麦豆倒茬轮作，既实现了生态的保护，又提升了产品的品质。三是政府市场结合，激发内生力量。政府部门组织的培训在新品种、新技术的成功引进中发挥了关键作用。订单农业的发展则展现了市场的引领作用。政府扶持和市场引导的有机结合，激发了宝丰家庭农场的内生力量，促进其由小农户发展为青海省示范家庭农场。

（二）案例介绍

宝丰家庭农场位于青海省西宁市大通县城关镇柳树庄村，2013年9月登记注册，注册登记类型为个体工商户，是大通县第一个家庭农场。家庭农场主要种植蚕豆、小麦等，种植面积达450亩。农场主鲁宝文，高中文化，一直从事农业生产。家庭农场主要劳动力是鲁宝文夫妇二人，除了季节性雇工外，没有常年雇工。经过5年多的发展，宝丰家庭农场现拥有各类农机具14台，其中拖拉机4台、播种机5台、筛选机1台、微耕机2台、机动喷雾器1台、电动喷雾器1台，基本实现了机械化作业。

宝丰家庭农场自成立以来，按照科学的生产规范和种植技术规范，调整产业结构，实行倒茬轮作，注重机械化耕作和新品种引进，认真履行订单约定,逐步实现集约化生产和适度规模经营,取得了显著的经济效益和生态效益。

1. 流转土地,稳步扩大规模

鲁宝文自家承包地有 8.5 亩。2010 年,鲁宝文流转本村土地 25 亩,试种蚕豆、碗豆,当年获利一万余元。2013 年 9 月正式登记注册了大通县宝丰家庭农场。自 2013 年至今,农场根据自身经营收益情况,逐年扩大经营规模。为方便生产,便于机械化作业,农场主鲁宝文努力从本村及周边村农户中流转土地。所流转的土地相对集中连片,2018 年连片种植面积达到了 265 亩。目前,农场流转 70 多户农户的承包地,平均流转价格为 600 元/亩,种植规模达 450 亩。

2. 更新品种,提升产品品质

家庭农场应当进行何种农业经营,成为多年来困扰家庭农场培育和发展的难题。大通县城关镇本地有种植蚕豆的传统,当地蚕豆品种虽然亩产较高,约为 500 斤/亩,但是品质一般、价格便宜,约为 2.2 元/斤。2014 年,农场主鲁宝文参加了在甘肃省张掖市举办的为期一周的培训学习,了解到陵西一寸蚕豆品质好、售价高。当年,在县农业科技部门的指导下,从青海省农林科院引进了陵西一寸蚕豆,从而解决了当地老品种蚕豆品质差、价格低的问题。陵西一寸蚕豆的销售价格是当地品种价格的 2.3 倍,为 5 元/斤。2017 年,通过大通县科技局组织,农场主鲁宝文参加了在陕西省杨凌区举办的为期十天的培训,掌握了黑大麦种植的基本情况,成功引进种植。两次新品种的引进,极大提高了家庭农场的产品品质。

3. 革新技术,提高生产效率

2014 年,在引进陵西一寸蚕豆新品种的同时,农场从新疆引进蚕豆覆膜穴播栽培技术。新品种与新技术的结合,产生了明显的经济效益,当年试种 150.5 亩,亩均产量达到 370 斤。为了进一步提高产量,农场加大机械设备的购置力度,在实行机械化耕地、机械化收割后,2017 年又投资 2.24 万元购进 2 台蚕豆覆膜点播机。点播机的利用不仅使播种工序省工省时,还不需要田间除草,减轻了田间管理的劳动强度,实现了半精量播种,亩播种量保持在 20 公斤左右,比常规播种节约蚕豆种子 5～8 公斤。另外,点播机播种均匀,深浅一致,出苗整齐,特别是覆膜后有效提高了地温,促进蚕豆提前发芽生长,蚕豆花期提前,可以躲开当地暑天高温干旱天气,减少蚕豆植株开花后的落花落荚,可有效增加蚕豆产量,2018 年蚕豆亩产达 600 斤,超过了当地品种的亩产量。同时,新技术比人工播种亩均节省成本 85 元,大幅降低了成本。

4. 订单销售,保障经营收入

从 2016 年开始,家庭农场积极发展订单农业生产,种植的陵西一寸蚕豆与青海省农林科学院签订回收合同,生产的蚕豆按每斤 5 元全部回收;在种植黑大麦后,与西北高原生物研究所签订回收合同,黑大麦作为研究所制作保健口服液的优质原料,在生产当期即被全部回收,实现了100% 的产销量。订单农业的发展,促进了农业集约化生产、规模化经营,推动产业向市场化、商品化生产方向发展,保证了家庭农场在激烈的市场竞争中保持长期稳定经营,极大提高了农场的经营收入。2017 年宝丰家庭农场纯收入为 26 万余元,2018 年提高至 43 万余元。

5. 倒茬轮作,注重生态效益

为保护土壤生态环境,提高作物产量,农场安排禾本科的小麦、黑大麦和豆科的蚕豆、豌豆进行轮作倒茬,在提升作物品质的同时,保持、恢复、提高土壤肥力,改变杂草生态环境,抑制病菌生长,有效防止了作物病虫草害,维护了生态环境。2018 年,农场种植蚕豆、豌豆、黑大麦等作物 450 亩,其中种植豆类作物 310 亩,麦类作物 140 亩,基本实现麦豆作物轮作。农场真正实现了经济效益和生态效益双丰收。一方面积极探索农业专业化经营,注重新品种新技术引进,运用绿色科技,做到化肥、农药零增长,有效落实了青海省提出的化肥农药减量化直至零使用行动;另一方面生产绿色产品,通过不断提升农产品品质及附加值,实现了农场产品质量和效益双提升,走出了一条绿色种植的新路子。

6.示范效应,带动周边农户

由小农户稳步发展而来的农户家庭农场,对小农户而言是更好的学习榜样,因此示范效应极强。2014 年,陵西一寸蚕豆和蚕豆覆膜穴播栽培技术的成功引进,打破了柳树庄村及周边群众种植蚕豆只认当地老品种的观念和传统的无膜撒播种植模式,周围的小农户纷纷跟进。自 2015 年开始,柳树庄村及周边村的农户开始采用新品种、新技术。同时,农场采取"家庭农场＋小农户"的模式,进一步加强与小农户的合作,通过一户带多户、多户带一村来发展农业产业化,带动周边农户致富。通过产前预先提供蚕豆良种、产中提供技术指导、产后实行蚕豆品质的严格筛选以及农场农户的联合订单销售,农场带动周边 40 多户农户从事蚕豆产业生产,种植规模达 105 亩,提高了农户收入,户均增收 2000 余元。"家庭农场＋小农户"模式,一方面解决了农场经营规模受限的问题,进一步促进了农地的适度规模经营;另一方面促进了小农户与现代农业的有机衔接,提高了小农户的收入。

四、安徽天长市稼农家庭农场

(一)案例导读

稼农家庭农场通过引进良种良法、实行精细化管理、开展多方协作,走出了一条绿色种植的新路子。这个案例表明,以种粮为主的农户家庭农场要想经营效益好,应当具备以下几个要素:一是广辟途径,做细"节本增效"文章。稼农家庭农场345 亩的经营规模较好地容纳了全套农机设备,既节省成本,又适当对外提供农机服务增加收入。农场引进的稻谷新品种实现了优质优价,每亩净增效益 200 多元。农场还在农业防治、生产记录等多处着力,达到了节约成本、增产增效的目的。二是重视科技,成为绿色种植"新农达人"。家庭农场要取得持续收益必须用现代科技来武装,走绿色种植的发展道路。稼农家庭农场在经营过程中,坚持绿色种植理念,采用轮休模式,精选新品种,开展农业防治,实施节水增温等栽培管理技术,既环保又增收。三是多方联合,发展新型"订单农业"。以稼农家庭农场为例,农场与龙头企业之间不再是传统"依附"关系,而是共同利益缔造者。基于订单与合约,家庭农场不但可以与企业构成紧密的利益共同体,还能带动种田大户、小农户等参与产业化经营,并有机会成为产业链的利益整合者。

(二)案例介绍

稼农家庭农场位于安徽省天长市冶山镇高巷村,创办于2012年,现流转土地345亩,主要从事小麦、水稻种植及稻米加工与销售,先后被评为"天长市十强家庭农场""滁州市示范家庭农场""安徽省示范家庭农场"。稼农家庭农场主陈宏平是种田的"老把式"。2011年春,陈宏平在高巷村流转100多亩土地种植小麦、水稻。凭着扎实的农技功底和精细化管理,当年小麦、水稻年亩均单产达到2200斤,亩均收入达到700元。2012年,尝到规模化种田甜头的陈宏平,在高巷村又流转150多亩土地,并到工商部门登记注册了天长市稼农家庭农场。2018年陈宏平被天长市农业广播电视学校聘为兼职教师。

稼农家庭农场秉承科技引领、良种引进、生态种植、规模增效的理念,大力发展订单农业,取得了显著成效。

1. 规模经营,节本增效

流转土地后,农场配齐了旋耕机、开沟机、插秧机、收割机、机动喷雾器等农机具,开展规模经营。以种水稻为例,如果租用别人的机械耕耙、插秧、收割、烘干,一套流程下来一亩地至少要花费210元,而用自己的机械所需费用还不到90元,不仅节约了成本,还能在农忙期间接活,增加农场收入10多万元。

2. 绿色种植,培养地力

农场始终秉持种地与养地相结合的绿色种植理念,从不对土地进行掠夺式种植。每年,农场都要在不同的地块里取土,送市农委土肥站检测,根据土壤肥力,结合产量预期,建立配方施肥台账。同时,农场采取

"秸秆全量还田＋绿肥种植"模式对田块进行分片轮休,减少化肥使用量,有效培养地力,提高粮食品质和市场竞争力。此外,在种植过程中,农场推广春季小麦镇压、土壤深松、秸秆速腐还田、机插秧等农业新技术,为提高粮食产量奠定了基础。

3.精选品种,示范推广

针对当地小麦品种抗病性差、品质不佳、产量不稳、市场销路不好的情况,农场种植了从江苏农科院引进的优质高效品种"宁麦13",通过两年试种,该品种表现出了优异的抗病性和稳产高产等特点,而且市场销路平稳走高。种植期间,农场多次邀请种植大户、小农户前来观摩评议,并按商品粮的价格提供给大户和小农户作为良种。截至目前,该品种已在全市推广50多万亩,占到全市小麦种植面积的"半壁江山",亩均增产70公斤,增收150元。2016年,农场又引进优质香糯性粳稻"南粳9108"和香味型杂交稻"丰两优香一号"。这两个品种不仅口感好,而且全部符合国家A级绿色食品标准,当年每亩水稻净增效益200多元。

4.巧施肥料,力促稳产

氮肥"一炮轰"是当地普通农户通常的做法。一次性施氮肥量太多,庄稼长势过旺易倒伏,结实率低,直接影响产量。农场根据天长市土肥站的地力检测数据,摸索总结出麦、稻均衡施肥"三法",即长效肥与短效肥配比用、氮磷钾肥对症用、有机肥与无机肥混合用。确定"四步走"施肥方案:麦茬田旋耕前,施氮、磷、钾三元素复合肥;水稻秧苗移栽时,施氯化氨或碳酸氢氨速效肥,做到早返青、早活棵、早分蘖;水稻秧田烤田后增施钾肥;灌浆时巧施微量元素肥,提高水稻抗倒伏能力,同时增加千粒重。水稻后期控制氮肥,干湿交替,避免后期因氮肥过多,叶色浓绿而导致病虫害发生。通过科学施肥,达到了稳产增效的目的。

5.浅水活棵,盘活水源

农场地处高岗,水源缺乏,如遇干旱,插秧灌溉要经过5级提水。从源头到田头,加上40里沿途跑冒滴漏,真正到田的只有七分水。于是农场一改过去插秧大水漫灌的做法,采取薄水插秧,寸水活棵,干湿交替,适期烤田,后期灌"跑马水",既盘活了水资源,节省用水成本,又缩短了秧苗返青期,增强了秧苗根系活力,对提高产量也有极大帮助。年均节约用水 3 万多立方米,节约水费上万元。

6.农业防治,控制用药

综合利用"农业防治",尽量减少农药使用次数,努力营造农作物抗病虫害的田间小气候。近年来,农场投资 2 万多元在田间设置了 300 多个螟蛾性诱剂捕蛾器,诱捕雄性螟蛾,阻断螟虫繁殖链,降低螟虫繁殖基数。同时注意保护病虫天敌,坚决不用对益虫有害的农药,达到虫吃虫的效果。适期防治、达标防治病虫害,不盲目用药,是陈宏平多年总结出的防治经验。天长市植保站发布的病虫测报,陈宏平总是每期必看,认真研判。2016 年 7 月上旬,市植保站发布"四二代稻纵卷叶螟预报",陈宏平立刻下田观察,发现田里发蛾量、虫卵量较少,低于防治指标,决定不用药。邻近的家庭农场机声隆隆,忙着喷药治虫,而该农场没花一分钱。结果证明,陈宏平判断准确,少打一遍药不但节约成本 1 万多元,而且降低了农药污染。2018 年 8 月初,市植保站发布"五三代稻纵卷叶螟暴发情报",他及时下地观测,田间发蛾量及虫卵量已经超过防治指标,他意识到有可能大面积暴发,于是在幼虫孵化期果断用药,结果许多农户田里一片白叶,而农场的几百亩水稻一片青绿。2017 年皖东地区水稻生长后期雨水较多,容易发生水稻纹枯病、稻曲病,许多农户及种粮大户都未能幸免,出现卖粮难,而陈宏平由于注重"农业防治",稻谷无病害、出糙率高,一上市便被粮商抢购一空。

7.订单农业,解决卖难

农场从 2013 年开始与安徽保保米业公司合作,严格按照保保米业指定的品种种植,公司包销,收购价比同期市场价每斤上浮 0.10～0.20元。农场资金遇到困难时,公司及时给予支持,生产中,公司还定期派农技员到现场指导培训。通过把优质水稻加工成大米,每亩净增效益 600

多元。农场还引导种田大户、小农户同安徽牧马湖农业开发集团公司签订订单合同,每斤加价 0.08～0.10 元,带动了 20 多位种田大户与 200 多位小农户的 2 万多亩优质水稻每亩增收 100 多元。"订单农业"使农场不仅不为卖粮发愁,还卖出了好价钱。

8.科学记账,查找漏洞

俗话说:"好记性不抵烂笔头。"稼农家庭农场是天长市第一家规范建立台账和生产记录的农场。农场主陈宏平每天兜里总是装着一支笔、一个小笔记本,为的是方便把每天的农事安排、生产资料进出、气温、风力、天气、土壤墒情都详细记录下来,晚上回来再记到台账上、储存到电脑里。通过定期收支比对,研究增收节支方案。2016 年年底,通过收支明细表,陈宏平发现,麦田除草和秧田除草成本每年每亩都呈 20 元左右上升。于是,农场决定在小麦播种镇压和机插秧整地后进行封闭处理,通过试验筛选出了适合岗区沙土田封闭用的除草药剂。从 2017 年开始进行小麦、水稻除草剂"一封""二杀"后,田间杂草总基数明显下降,除草成本降低,基本不用雇人拔草,仅此一项每年节省 4 万多元。

9.重视科技,创新发展

多年来,陈宏平带领家人学习农业科技知识,每年订阅农技类报刊书籍费用近千元。同时,他积极参加各类农技培训,向市农业科技推广中心的专家们请教,在理论知识上潜心学习,并在实践中灵活运用,不断提高农技水平,成为天长市唯一拥有"助理农艺师"专业技术职称的农民。陈宏平结合丘陵地区特点,实施节水增温技术,如水稻栽培前期勤灌水,促进根系早扎根、早分蘖,提高有效分蘖数,后期灌浆时遇低温,灌深水,提高积温,全程控制水资源运用,提高有限水资源利用。2013 年水稻遇到高温热害,大部分农户水稻每亩单产只有 350～400 公斤,有的甚至绝收,而稼农家庭农场由于科学选种、适期种植、适龄移栽、合理密植、平衡施肥、病虫害适期防治、抗旱及时,所种植的水稻实际收成不减反增,每亩比 2012 年增产 100 多公斤,杂交水稻亩均单产达到 624 公斤,实现岗区麦稻亩产"吨子"粮。近两年,农场通过科学选种、植保,小麦亩产达到 1000 斤、粳稻亩产高达 1415 斤。

稼农家庭农场不断探索农业生产经营专业化、绿色标准化技术,运用良种良法,努力挖掘高岗地区粮食增产潜力。近年来积极探索延伸种植产业链,提高附加值,注册了"天长稼农"商标。通过规范化、精细化管理,走绿色农业发展模式,农场实现了产量和效益双提升,创造了丘陵高岗地区创高产的奇迹,带动天长市 20 多个家庭农场和周边 100 多个小农户增产增收。

五、生产品质原粮 助力农户成长

(一)案例导读

湖南省隆平现代农业科技服务有限公司坚持"服务小农户、提高小农户、富裕小农户"的理念,依托种业龙头企业隆平高科的农业科研和资源信息优势,以组建基层粮社作为组织联结小农户的纽带,以建设产后服务中心、开展粮食烘干服务作为重点突破口,搭建了以优质粮种植服务为核心,以产后服务、交易服务、信息和培训服务为有益补充的品质原粮生产社会化服务平台,带领小农户走标准化生产、品牌化管理、产业化经营之路,为现代农业发展提供了一条符合国情农情的可复制路径。

(二)案例分析

针对农业产业种植结构不合理、种植效益低、组织化程度不高、产后处理不到位、产销对接不畅等问题,袁隆平农业高科技股份有限公司(简称"隆平高科")于 2015 年全资成立隆平现代农业科技服务有限公司,专注运营农业服务。公司以粮食烘干服务为切入点,搭建了以优质粮种植服务为核心,以产后服务、交易服务、信息和培训服务为有益补充的品质原粮生产社会化服务平台,通过基层粮社带动小农户、合作社等各类农业生产主体实现规模化种植,迈入现代农业发展轨道。经过几年运营,品质原粮生产社会化服务模式已日渐成熟,形成了一个隆平粮社、一个产后服务中心、一个培训平台、一套增益系统的"四个一"体系,并向全国主要粮食种植区域推广。截至 2018 年年底,已在黄淮海区域、湖北省、湖南省三大区域建成并运营了 23 个隆平粮社和产后服务中心,服务面积近 40 万亩,服务农户近 5 万户,年生产品质原粮近 20 万吨。

1.以组建隆平粮社为纽带,广泛组织联结种粮农民

公司组建隆平粮社,以"多种粮、多产粮、产好粮、促增收"为办社宗旨,不断打造隆平好粮品牌。充分发挥隆平高科的品牌和资源优势,依托各地粮食种植合作社、种粮大户等发展基层隆平粮社,广泛吸引小农户入社,共享资源,共享信息,共同发展。通过"小农户+隆平粮社+公司"的新型联合模式,把隆平粮社打造成一个服务小农户、组织小农户、促进小农户发展的公共服务平台,促进传统小农户向现代小农户转变。

一是精准设计技术方案。每个隆平粮社专门留置 10 亩示范基地,开展优质品种的对比实验,对产量、品质、抗病性等综合指标进行评价。实行"一个品种一套种植方案"的方式,根据每个品种的特征特性,针对性地设计种植技术方案,构建精准种植模型,推动技术服务更加精细落地。

二是集中采购生产物资。依托隆平高科商业化育种体系、丰富的优质种子资源、强大的品牌优势及行业资源整合能力,隆平粮社聚合小农户,统一集中采购种子、农药、肥料、秧盘、薄膜等生产物资,有效降低种植成本。

三是统一开展生产服务。通过组织联合,促进原本分散的田块集中连片,便于集中采购农机作业、飞防作业等生产服务,有效降低服务成本、提高作业效果,利于节本增效。

四是组织订单生产收购。隆平粮社承诺所有联合农户,以不低于市场价回收种植的粮食,解决农户"卖粮难"问题,避免农户直面市场风险。

2.以开展烘干仓储为突破,大力延伸产后服务链条

长期以来,粮食的烘干仓储一直是小农户在粮食生产中面临的难

题。为此,公司探索通过隆平粮社就地就近配套建设产后服务中心,为农民提供粮食清理、干燥、储存、销售等服务。产后服务中心占地面积约10亩,投资约450万元/个,主要包括过磅区、烘干区、仓储区、办公区等重要功能区,仓储能力1000吨,年烘干粮食能力1万吨,每个产后服务中心可直接服务2万亩种植面积,辐射周边20千米范围内的小农户。产后服务中心有效解决了小农户的产后粮食处理和保存问题,保证粮食品质的统一化、标准化、优质化。

3. 以建设培训平台为依托,引导农民提升科技素质

隆平高科与中央农业广播电视学校、农业农村部农民科技教育培训中心共同建设了线上培训平台——云上智农,将小农户等经营主体作为重点培训对象,提供"教育＋产业＋生活"的全天候、全流程、全功能服务。截至2018年年底,用户规模965 956人,月活跃用户10万人,上线农业技术培训课程达4000多个。

4. 以开发信息系统为支撑,帮助农民解决种粮难题

为帮助农民解决粮食种植和销售难题,公司投资开发了农户增益系统。农户增益系统是包括365益农、品质原粮交易平台、隆平粮社工作端在内的互联网网络服务平台的总称。365益农是农户端,农户可在此客户端实现精准种植技术查看、专家技术答疑、技能在线培训、技能认证、专业技术课程学习、卖粮信息发布等功能。品质原粮交易平台是粮食需求企业端,可查看样品照片、库存情况、虚拟库存、需求发布、买粮下单。隆平粮社工作端可实现过磅数据、烘干数据、库存数据、农资数据、粮食交易数据的管理。

经过四年的不懈努力,品质原粮生产社会化服务模式已在湖南、湖北、安徽等一些粮食生产区域蓬勃发展,有效提升了小农户的生产经营组织化程度,解决了小农户与市场信息不对称问题,降低了农业生产经营风险,促进了小农户与现代农业有机衔接。

一是规模生产效益得到体现,帮助小农户增产增效。以湖南水稻为

例,通过隆平粮社聚合小农户,进行联合集中采购,可有效降低种植成本20%,通过科学化种植管理还可提高产量5%,品质粮溢价提高产出值15%以上。与单个农户普通种植相比,每亩可增加收益超过300元。根据2018年的运营情况,单个隆平粮社按服务2万亩面积计算,农户自行购买农资的话需要840万元,粮社统一采购只需680万元,节约160万元;农户自行种植产出值为2400万元,粮社统一运营后可达2876万元,增加476万元。按单个隆平粮社平均联结2000个农户计算,可为每个农户节本增收3180元。

二是生产资源要素得到整合,促进农业现代化进程。以隆平粮社为平台,重新整合生产要素,实现农机、飞防等设备的充分利用和人力资源的充分调配,打通产、销、用、服务等各环节的信息链,实现了粮食生产环节各要素的组合效应,提高了农业综合效益,有效推动了农业现代化进程。

三是信息互联互通得到推广,提升农民专业化素质。通过利用信息化工具,应用互联网、物联网、大数据等先进技术,隆平粮社让小农户搭上了"互联网+"快车,掌握了更多科技知识和市场信息,提升了专业技能素质,为组织标准化生产、提升粮食产业品质奠定了良好基础。

六、黑龙江省甘南县霁朗玉米种植专业合作社

(一)案例导读

甘南县霁朗玉米种植专业合作社集种植、收购、烘干、存储、加工、销售于一体,与农民建立利益联结机制,"握指成拳、规模经营",适时调整产业结构和经营方式,通过发展加工业延伸产业链条,通过开创品牌、建立电商销售平台拓宽销售渠道,有力增加了农民收入。

(二)案例分析

黑龙江甘南县霁朗玉米种植专业合作社组建于2010年11月,位于甘南县兴隆乡东兴村。合作社成员出资总额400万元,农业示范基地

3.4万亩,是集种植、收购、烘干、存储、加工、销售于一体的综合型合作社。在做好玉米产业的同时,合作社积极响应脱贫攻坚号召,2017年以来共带动贫困户1066户,分红资金总额180余万元。2019年,合作社资助贫困学生20名,每人1000元。

1. 创新模式,注重联贫带贫

合作社采取"带地入社、年底分红、优先用工、合作经营"的方式,引导农民参与合作社生产经营。建立科学的盈余分配机制,合作社将可分配盈余的60%按交易量比例进行一次分配,40%按成员出资额比例进行二次分配,订单农户产品按高于市场价5%收购。2016年,合作社吸纳152户贫困户入社,实行土地折资入社,年末采用兑付保底加分红的方式为贫困户进行盈余分配。带地入社的贫困户,由合作社统一管理土地,年底兑付保底金,每年每户分红1000元,连续分红3年;未带地入社的贫困户,合作社帮助统一销售农产品,按交易量比例享受一次盈余分配。

2017年,合作社同扶贫部门签订了10年期扶贫协议,承接笨榨豆油农副产品加工项目,年加工、仓储大豆各1.5万吨。合作社与农户签订高油大豆种植订单,协议收购价格每千克高于市场价0.04元,订单面积近20万亩,带动全县8000多户农户种植高油大豆,帮助农户解决了产品销售难的问题,实现了农产品就地增值。

2. 做大做强,提品质延链条

一是绿色生产经营,提升产品品质。合作社致力于绿色食品生产,按绿色食品标准化要求,在种子、农药、化肥等各环节,严格操作程序。合作社建有农产品质量安全可追溯平台,在基地内安装农田作业视频监控系统、农业环境监控系统、病虫害在线监控系统、农产品质量追溯系统,收获的粮食以及生产的产品均有二维码,通过互联网,消费者可以看到所购产品全程绿色的生长环境、生产加工过程,让消费者吃上放心粮。合作社建立绿色食品玉米基地3万亩、杂粮杂豆基地0.4万亩。合作社产品全部获得绿色食品认证,拥有绿色食品标志11个。

二是扩大粮食仓储，延迟销售促增值。合作社在获得国家储备粮指标后，自筹资金，利用 3 年时间建成 7.5 万吨玉米仓储库，既完成了中储粮临储任务，又实现了自储玉米延迟销售。2019 年 11 月，合作社与大庆伊品科技公司签订代收代储玉米合同 1.5 万吨，每吨利润 100 元，收益 150 万元。

三是开展大豆深加工，延长产业链条。合作社及时调整玉米种植结构，除种植口粮需求面积的玉米、杂粮杂豆外，改种高油大豆，建成年加工能力 1.5 万吨的大豆油加工厂，所需高油大豆种植面积超 10 万亩。合作社年加工大豆 7500 吨，生产豆油 900 吨，按 1 万元/吨均价计算，豆油产值 900 万元；生产饼 6375 吨，按 3300 元/吨均价计算，豆饼收入 2103.75 万元。合作社年销售额 6378.75 万元，盈余约 350 万元，带动 400 余人贫困人口，人均年增收 1000 元以上。

四是实施玉米深加工，提高附加值。为生产玉米高附加值产品，获取玉米产业更大的利润空间，合作社建成大煎饼加工厂，生产具有本地特色的风味大煎饼，每千克市场价高达 20 元，远高于玉米碴、玉米面每千克 3.2 元的市场价格，提高了玉米产品附加值，带动了本村剩余劳动力就业。

3.广开销路，带动成员增收

一是玉米烘干销售。合作社与河南、扎兰屯等地大型企业建立了稳定的客户关系。根据市场行情、地域之间玉米生产周期的不同，合作社错时选取玉米收购地。本地玉米未收获时，合作社在吉林省白城市镇赉县租用当地场地及设备收购、烘干当地玉米，销往河南，总计收购烘干玉米 1 万吨，每吨利润可达 80 元。本地玉米收获时，返回本地收购、储存，根据市场行情适时销售，总计收购 3.5 万吨，每吨利润达 100 元。合作社还从讷河收购玉米，烘干后销往龙江中储粮直属库，总计 5 万吨，每吨获纯利润 10 元。

二是打造品牌销售。合作社先后推出"五彩霁朗""六合同春""黄金八宝""五谷养生"等10多个系列礼品盒产品,打入家乐福超市,积极参加北京农博会、南京推介会、哈洽会、齐齐哈尔绿色食品博览会等展会,逐步打响品牌。合作社的"霁朗牌"商标荣获省级著名商标。

三是电子商务销售。合作社顺应"互联网十"时代发展,更新经营理念,搭建霁朗食品天猫旗舰店、霁朗食品拼多多专营店,开展线上营销。

第四章　提高农民工资性收入

第一节　农民工资性收入的概述

一、农民工资性收入的含义及来源

农民工资性收入是农村劳动力受雇于单位或个人,通过劳动而得到的货币收入,它是相对于家庭经营性收入而言的动态概念。首先是农民在农村集体经济组织等非企业组织中劳动得到的收入;其次是农民在以乡镇企业为主的农村工业及服务业的本地企业中,"离土不离乡"出卖劳动力获得的工资报酬;最后是农村常住人口外出从业,"离土又离乡"出卖劳动力获得的工资报酬,即农民工工资,农民工工资是农民工资性收入的主要组成部分。

二、农民工资性收入的重要地位

农民收入主要是由工资性收入、家庭经营性收入、转移性收入及财产性收入构成。因为农户农业经营规模小,农业科技创新和推广不适应发展要求,农业国际竞争力较弱,加上农村人口基数大、人均土地少、农民增收的资源性限制很大等因素的影响,农民靠农业来增加农民收入的空间越来越小。同时,农村劳动力转移使家庭经营纯收入所占的比重不断减少。由于家庭经营性收入下降的速度低于工资性收入增长的速度,才有效遏制了因家庭经营性收入下降而导致的农民收入下滑的势头,从而使农民收入止跌上扬,缓慢增长。

农民的财产性和转移性收入目前在农民收入中所占的比重很小,增长的空间也不大。财产性收入增长主要包括银行存款利息收入和出售财产的收入,这类收入增长的可能性很小。转移性收入主要来源于国家救济、征用土地补偿、亲友的馈赠等方面,也不可能解决农民增收问题。

近年来,在农民各种收入来源中,工资性收入在农民纯收入中所占的比重越来越高,成为农民收入结构变化的最大特点,增长势头最好,极大地促进了农民收入水平的提高,成为农民增收的最大亮点,为农民日益增长的物质文化生活提供了保障。工资性收入的较快增长能极大促进农民收入的提高,带动家庭经营性收入、转移性收入及财产性收入的同步增长。农民工资性收入的重要地位是通过它的作用表现出来的。

(一)有利于农民增收和新农村建设

农村劳动力向非农产业转移,转移出来的农业人口从农产品的生产者变成农产品的需求者,从而农产品价格相应提高,解决了农产品的销售问题,也解决了农产品收入弹性低和价格弹性低对农民增产增收的先天制约,同时农业生产者人均耕地增加,可发展适度规模经营,增加农业收入。

农民工资性收入增长为新农村建设提供了资金支持。国家对欠发达地区的财政转移支付远远比不了农民跨区域就业这条劳力外流、资金回流的收入转移渠道,同时外出打工的农民返回家乡,带动资金、技术、经营意识、市场信息等综合因素的流动和扩散,为当地注入了发展市场经济、非农产业以及城镇建设的新生力量,推动农村社会从封闭型向开放型转变。

(二)有利于输入地经济发展

农村劳动力主要流向东部沿海地区和大中城市,这些劳动力还成为城市经济所有制结构、产业结构调整的催化剂。他们适应城市经济建设规模扩张和结构调整的需要,除了进入传统产业和劳动密集的工业外,主要是弥补了城市人口在建筑、服务、环保等行业的劳动力缺失,化解了城市劳动力结构性短缺的矛盾,成为城市经济建设和市民生活正常运转中不可缺少的一部分。同时这些劳动力在该地区的工资水平低于当地同等劳动力劳动消耗的工资水平,为该地区产业提供了超额性利润。

(三)有利于国民经济增长和社会的稳定

数以亿计的农村劳动力进入非农产业,创造了广阔的市场需求,边际生产率为零的农业剩余劳动力与非农产业的生产资料相结合形成新的生产力,有利于国民经济的发展。实现转移就业的农村剩余劳动力都是农村中的致富能手,是提前跨入中等收入者阶层的带头人。中等收入人群对于主流价值与现存秩序有较强的认同感,对社会对立与社会矛盾能起到缓解作用,是稳定社会秩序的重要力量,是社会长治久安的基础。

(四)造就了广大新型农民

农民流动就业,增加了收入的同时提高了劳动力素质和培养了经营管理人才。农民离别家园来到与原来环境有很大反差的现代文明城市和现代化发展的先导地区,在非农产业竞争中出于生存和发展的内在需要,为了改变原来受小农经济影响的生活方式、价值观念、目标取向,必须学文化、学科学、学习各种新知识和新技术,提高了各方面的素质,成为适应现代社会的新型劳动者。

三、当前农民工资性收入现状分析

改革开放以来,农民非农化进程不断加快,农民工资性收入不断提高,极大地推动了我国工业化、城市化和现代化进程。但是,进城打工的农民只是部分实现了职业变更,并没实现身份变更,受身份限制,遇到一系列制约农民工资性收入增长的因素。

农民工受到城市社会的歧视,首先是在户籍上的歧视,城乡分割的户籍制度仍然存在。农民工在城市生存过程中要交纳名目繁多的不合理收费,如外地务工经商人员管理服务费、外地建筑企业管理费、计划生育管理费、暂住人口管理费等等,大大增加了农民工进城务工的成本。同时,农民工在幼托、教育、婚嫁、住房等方面存在很大困难,户籍制度使农民工形成漂泊不定的流动人口。其次,农民工在就业上受到歧视。许多城市人为地对农民工进行职业分割,农民工不仅从事仅属劳工力市场的职业,干又脏又累的活,还受到先城后乡的就业控制,甚至在总量、工种、职业方面也有限制。农民工收入低、待遇差、工作环境差、福利低劣,而且随时面临被解雇的命运。在工资方面更是同工不同酬,克扣、拖欠农民工工资现象严重。再次,在社会保障和教育培训方面存在歧视。我国社会保障体制不完善,农民工被排除在社会保障体制之外。同时,教育方面农民工子女在城市求学,从最初的被排斥,到后来的自行解决,直到现在的有限接纳阶段,仍然存在缺陷。农民工文化素质偏低,但用人单位很少对其提供就业和再就业培训。最后,在社会观念方面存在歧视。受长期以来传统文化和体制等因素的影响,城市社会对农民工排斥仍然存在,主要是在公共场所和就业单位受到的歧视。

农民工的权利保障缺失问题严重。政治上,有的农民工的民主权利难以实现。经济上,有的农民工和正式工人同工不同酬,同工不能同时,同工不能同权。社会方面,有的农民工在一个城市打工多年,却始终是这个城市的边缘群体。

农民工还面对农村土地流转不畅问题和城乡劳动力分割问题。农村土地流转存在一些问题和缺陷。土地分配中的平均主义、农地产权模糊、主体缺位、市场机制不完善等问题,使农村土地流转不畅。同时,我国劳动力市场的不完善使农民工就业自主权难以实现,使其合法权益难以得到保护,加大农民工失业风险。农民工在与城市劳动力竞争中处于劣势地位。

上述影响农民工资性收入增长的障碍主要源于制度障碍,制度障碍是其他障碍产生的根本。

第二节 有关提高农民工资性收入的
相关政策内容及政策指导

一、近年中央一号文件对提高农民工资性收入的相关内容

（一）2020年中央一号文件（《中共中央国务院关于抓好"三农"领域重点工作 确保如期实现全面小康的意见》）中关于提高农民工资性收入的政策内容

党的十九大以来，党中央围绕打赢脱贫攻坚战、实施乡村振兴战略作出一系列重大部署，出台一系列政策举措。农业农村改革发展的实践证明，党中央制定的方针政策是完全正确的，今后一个时期要继续贯彻执行。

提高农村教育质量。加强乡镇寄宿制学校建设，统筹乡村小规模学校布局，改善办学条件，提高教学质量。加强乡村教师队伍建设，全面推行义务教育阶段教师"县管校聘"，有计划安排县城学校教师到乡村支教。落实中小学教师平均工资收入水平不低于或高于当地公务员平均工资收入水平政策，教师职称评聘向乡村学校教师倾斜，符合条件的乡村学校教师纳入当地政府住房保障体系。持续推进农村义务教育控辍保学专项行动，巩固义务教育普及成果。增加学位供给，有效解决农民工随迁子女上学问题。重视农村学前教育，多渠道增加普惠性学前教育资源供给。加强农村特殊教育。大力提升中西部地区乡村教师国家通用语言文字能力，加强贫困地区学前儿童普通话教育。扩大职业教育学校在农村招生规模，提高职业教育质量。

加强农村社会保障。适当提高城乡居民基本医疗保险财政补助和个人缴费标准。提高城乡居民基本医保、大病保险、医疗救助经办服务水平，地级市域范围内实现"一站式服务、一窗口办理、一单制结算"。加

强农村低保对象动态精准管理,合理提高低保等社会救助水平。完善农村留守儿童和妇女、老年人关爱服务体系。发展农村互助式养老,多形式建设日间照料中心,改善失能老年人和重度残疾人护理服务。

稳定农民工就业。落实涉企减税降费等支持政策,加大援企稳岗工作力度,放宽失业保险稳岗返还申领条件,提高农民工技能提升补贴标准。农民工失业后,可在常住地进行失业登记,享受均等化公共就业服务。出台并落实保障农民工工资支付条例。以政府投资项目和工程建设领域为重点,开展农民工工资支付情况排查整顿,执行拖欠农民工工资"黑名单"制度,落实根治欠薪各项举措。实施家政服务、养老护理、医院看护、餐饮烹饪、电子商务等技能培训,打造区域性劳务品牌。鼓励地方设立乡村保洁员、水管员、护路员、生态护林员等公益性岗位。开展新业态从业人员职业伤害保障试点。深入实施农村创新创业带头人培育行动,将符合条件的返乡创业农民工纳入一次性创业补贴范围。

(二)2021年中央一号文件(《中共中央国务院关于全面推进乡村振兴 加快农业农村现代化的意见》)中关于提高农民工资性收入的政策内容

党的十九届五中全会审议通过的《中共中央关于制定国民经济和社会发展第十四个五年规划和二〇三五年远景目标的建议》,对新发展阶段优先发展农业农村、全面推进乡村振兴作出总体部署,为做好当前和今后一个时期"三农"工作指明了方向。

接续推进脱贫地区乡村振兴。实施脱贫地区特色种养业提升行动,广泛开展农产品产销对接活动,深化拓展消费帮扶。持续做好有组织劳务输出工作。统筹用好公益岗位,对符合条件的就业困难人员进行就业援助。在农业农村基础设施建设领域推广以工代赈方式,吸纳更多脱贫人口和低收入人口就地就近就业。在脱贫地区重点建设一批区域性和跨区域重大基础设施工程。加大对脱贫县乡村振兴支持力度。在西部地区脱贫县中确定一批国家乡村振兴重点帮扶县集中支持。支持各地自主选择部分脱贫县作为乡村振兴重点帮扶县。坚持和完善东西部协作和对口支援、社会力量参与帮扶等机制。

加强农村低收入人口常态化帮扶。开展农村低收入人口动态监测，实行分层分类帮扶。对有劳动能力的农村低收入人口，坚持开发式帮扶，帮助其提高内生发展能力，发展产业、参与就业，依靠双手勤劳致富。对脱贫人口中丧失劳动能力且无法通过产业就业获得稳定收入的人口，以现有社会保障体系为基础，按规定纳入农村低保或特困人员救助供养范围，并按困难类型及时给予专项救助、临时救助。

二、《人力资源社会保障部　国家发展改革委等十五部门关于做好当前农民工就业创业工作的意见》内容

各省、自治区、直辖市人民政府，国务院有关部委、有关直属机构：

促进农民工就业创业，事关农民增收致富，事关就业大局稳定，事关打赢脱贫攻坚战。今年以来，受新冠肺炎疫情、经济下行压力等多重因素叠加影响，部分农民工就业创业面临一些困难。为进一步做好当前农民工就业创业工作，经国务院同意，现提出以下意见：

（一）拓宽外出就业渠道

1.稳定现有就业岗位。全面落实减税降费、失业保险稳岗返还、以工代训等援企稳岗政策，引导企业特别是中小微企业不裁员或少裁员，督促企业将补贴资金用于职工生活补助、缴纳社会保险费、开展在岗转岗培训等。帮助外贸企业纾困解难，支持出口产品转内销，加大对住宿餐饮、批发零售、文化旅游、家政服务等行业的针对性政策扶持，最大限度稳定农民工就业岗位。（国家发展改革委、工业和信息化部、财政部、人力资源社会保障部、商务部、文化和旅游部、国家卫生健康委、税务总局等按职责分工负责）

2.创造更多就业机会。推动重大投资项目加速落地，强化促消费、扩内需政策扶持，释放经济发展潜力，提升吸纳就业能力。各类基础设施建设要优先考虑带动就业能力强的项目。大力发展生活服务业、劳动密集型产业,对吸纳农民工就业多的给予更大政策激励。培育经济发展新动能,加快信息网络等新型基础设施建设,促进共享出行、社区团购等新业态发展,支持农业、林业生产端电子商务发展,促进产销对接,拓展农民工就业新领域。(国家发展改革委、科技部、工业和信息化部、民政部、财政部、交通运输部、农业农村部、商务部、国家林草局等按职责分工负责)

3.支持多渠道灵活就业。支持农民工通过临时性、非全日制、季节性、弹性工作等多种形式实现灵活就业,灵活就业支持政策对城镇户籍居民和农民工一视同仁。因地制宜发展零工市场或劳务市场,搭建企业用工余缺调剂平台。鼓励农民工从事个体经营,开办特色小店,符合条件的按规定给予税收优惠、场地支持等政策。鼓励互联网平台企业降低平台服务费、信息中介费、加盟管理费等费用标准,支持农民工从事直播销售、网约配送等新就业形态增加收入。(财政部、人力资源社会保障部、商务部、税务总局、市场监管总局等按职责分工负责)

(二)促进就地就近就业

1.发展乡村产业吸纳就业。结合农业生产特点创新开发"惠农"产品包等金融产品,支持发展特色种植业、林草特色产业、规模养殖业和种养结合循环农林业。大力发展农林产品加工业、农林产品物流冷链和产销对接等相关产业,推动休闲观光、健康养生、农事体验等乡村休闲旅游业健康发展。将带动就业情况作为创建现代农林业产业园的重要考量。支持返乡留乡农民工成立农民合作社、发展现代种养业和农产品初加工,鼓励发展新产业新业态,增加就业岗位。(农业农村部、国家林草局牵头,财政部、人民银行等按职责分工负责)

2.推动项目建设促进就业。大力发展县域经济,建设一批卫星城镇,发展一批当地优势特色产业项目,提高就业承载力。加强小型水利、高标准农田、林下经济、木本粮油等特色经济林基地、乡村绿化、人居环境整治等领域的农村中小型基础设施建设,加快灾后恢复重建,积极采取以工代赈方式实施项目。加大以工代赈投入力度,加快推进项目开工建设,将发放劳务报酬的资金占比由 10% 提高至 15% 以上,吸纳更多返乡留乡农民工就业。(国家发展改革委、住房城乡建设部、水利部、农业农村部、国家林草局等按职责分工负责)

3. 支持返乡入乡创业带动就业。加强创业服务能力建设,组织协调企业家、科技人员、创业成功人士等成立创业服务专家团队和农村创新创业导师队伍,为返乡入乡创业农民工提供政策咨询、开业指导等专业服务。对符合条件的返乡入乡创业农民工,按规定给予税费减免、创业补贴、创业担保贷款及贴息等创业扶持政策,对其中首次创业且正常经营 1 年以上的,按规定给予一次性创业补贴,正常经营 6 个月以上的可先行申领补贴资金的 50%。加强创业载体建设,政府投资开发的孵化基地等创业载体可安排一定比例的场地,免费向返乡入乡创业农民工提供,支持高质量建设一批返乡入乡创业园(基地)、集聚区,吸引农民工等就地就近创业就业(国家发展改革委、财政部、人力资源社会保障部、农业农村部、人民银行、税务总局等按职责分工负责)。

(三)强化平等就业服务和权益保障

1. 加强就业服务。提供便捷高效求职服务,广泛收集跨区域岗位信息,通过线上线下多渠道发布,举办农民工专场招聘会,送岗位下乡进村入户,对有集中外出需求的农民工开展有组织劳务输出。畅通就业求助渠道,建立健全动态更新的岗位储备机制和多方联动的快速响应机制,及时帮助农民工解决求职困难。全面放开失业登记,失业农民工可在户籍地、常住地、就业地、参保地进行登记,免费享受职业介绍、培训项目推介等基本公共就业服务,对其中大龄、身有残疾、长期失业等特殊困难的,按规定纳入就业援助范围,实施重点帮扶。(人力资源社会保障部、农业农村部等按职责分工负责)

2. 强化教育培训。用好职业技能提升行动专账资金,实施农民工稳就业职业技能培训计划。支持企业面向新吸纳失业农民工开展以工代训,实现以训稳岗。面向失业农民工开展定向定岗培训、急需紧缺职业专项培训,面向返乡农民工就近开展职业转换培训和创业培训。农民工可按规定在培训地申领职业培训补贴、培训期间生活费补贴和职业技能鉴定补贴等。落实高职扩招任务要求,针对农民工单列招生计划,做好考试测试、招生录取、分类教育管理等工作。(教育部、财政部、人力资源社会保障部、农业农村部等按职责分工负责)

3. 维护劳动权益。指导督促企业依法招工用工,加强农民工劳动保障权益维护,依法严厉打击恶意欠薪等违法行为。加大涉劳动报酬等劳动争议处理力度,依法为农民工提供法律援助服务,支持农民工与用人单位协商化解矛盾纠纷。加大日常监察执法力度,坚决纠正针对湖北等受疫情影响严重地区农民工的就业歧视。科学合理界定互联网平台企业责任,维护平台就业农民工劳动保障权益。(司法部、人力资源社会保障部等按职责分工负责)

4. 做好生活保障。扩大失业保险保障范围,畅通线上线下申领渠道,为符合条件的农民工及时发放失业保险金、失业补助金、一次性生活补助或临时生活补助。对受疫情影响无法返岗复工、连续 3 个月无收入来源,生活困难且失业保险政策无法覆盖的农民工等未参保失业人员,未纳入低保范围的,经本人申请,由务工地或经常居住地发放一次性临时救助金。(民政部、财政部、人力资源社会保障部等按职责分工负责)

(四)优先保障贫困劳动力稳岗就业

1. 稳定贫困劳动力外出务工规模。优先组织贫困劳动力有序外出务工,加大岗位归集发布和劳务对接力度,按规定落实各项扶持政策,力争有就业意愿和就业能力的贫困劳动力都能实现就业,确保今年贫困劳动力外出务工规模不低于去年。千方百计稳定已就业贫困劳动力就业岗位,对企业确需裁员的,提前介入指导,鼓励同等条件下优先留用贫困劳动力。加大对失业贫困劳动力就业帮扶力度,优先提供转岗就业机会,对通过市场渠道难以就业的,纳入当地就业困难人员范围,符合条件的提供公益性岗位等托底安置。对有培训意愿的贫困劳动力实行技能培训全覆盖。将贫困劳动力外出务工情况作为年度脱贫攻坚成效考核的重要内容。(人力资源社会保障部、农业农村部、国务院扶贫办等按职责分工负责)

2.拓宽贫困劳动力就地就近就业渠道。积极发展农业生产,加强农业农村、交通、水利、林草等领域工程项目建设,积极采取以工代赈方式实施项目,为返乡留乡贫困劳动力提供更多就业机会。促进扶贫龙头企业和扶贫车间健康发展,坚持扶贫性质,更多招收贫困劳动力就业。加强乡村公益性岗位开发和管理,充分考虑当地收入水平和岗位职责等情况,合理确定岗位待遇水平,统筹用好各类乡村公益性岗位托底安置就业困难贫困劳动力。(国家发展改革委、人力资源社会保障部、自然资源部、交通运输部、水利部、农业农村部、国家林草局、国务院扶贫办等按职责分工负责)

3.聚焦聚力重点地区攻坚。将52个未摘帽贫困县、"三区三州"等深度贫困地区、易地扶贫搬迁大型安置区以及湖北等受疫情影响严重地区作为重中之重,充分发挥对口支援、省际省内协作机制等作用,加大劳务协作、项目建设等各类资源倾斜支持力度,定向投放岗位,开展点对点劳务输出,及时解决贫困劳动力就业面临的突出困难和问题。(国家发展改革委、人力资源社会保障部、国务院扶贫办等按职责分工负责)

(五)加强组织保障

1.加强组织领导。地方各级人民政府要高度重视农民工就业创业工作,将其作为稳就业和保居民就业重点,坚持市场就业和政府促进相结合,层层压实责任,健全机制,综合施策,稳定城镇常住农民工就业,确保农民工就业形势总体平稳,困难农民工及时得到救助。各有关部门要各司其职,协同配合,形成合力。人力资源社会保障部门要发挥统筹协调作用,做好农民工就业创业服务、职业技能培训和权益维护等工作;发展改革、住房城乡建设、交通运输、水利等部门要抓好项目投资带动就业、以工代赈项目实施；工业和信息化、商务、文化和旅游等部门要完善行业产业发展规划，助力稳企稳岗；民政、人力资源社会保障等部门要做好生活困难农民工的兜底保障工作；财政部门要做好农民工就业创业各项工作资金保障；农业农村、林草等部门要加大乡村地区一二三产业岗位开发力度，拓宽农民工就地就近就业渠道；统计部门要做好农民工就业情况调查监测；扶贫部门要配合做好贫困劳动力就业稳岗工作。（各有关部门、单位和地方各级人民政府按职责分工负责）

2.加强工作保障。健全公共就业服务体系，推进城镇公共就业服务向农村延伸，运用购买服务等多种方式，充分发挥各类人力资源服务机构、劳务经纪人作用，为农民工提供便捷高效的就业服务。加大农民工就业创业政策落实力度，优化申领流程，精简证明材料，确保政策便捷惠及享受对象。统筹用好各类资金，将吸纳农民工就业数量作为城镇建设用地增加规模的重要因素，保障农民工平等享受就业服务政策。（财政部、人力资源社会保障部、自然资源部、农业农村部和地方各级人民政府按职责分工负责）

3.加强宣传引导。大力宣传促进农民工就业创业的优惠政策和服务举措，充分利用各种受众面广、宣传效果好的新媒体，提高政策知晓度。广泛挖掘农民工就业创业典型案例，讲好就业故事，营造有利于农民工就业创业的良好氛围（各有关部门、单位和地方各级人民政府按职责分工负责）。

第三节　提高农民工资性收入的新方法

一、建立城乡一元化的户籍制度

(一)取消城乡二元化的户口差别

城乡户口划分带有明显的歧视和社会不公印迹,强化了公民的先赋身份、等级及其各自不同的权利和义务,人为地划定界限从而加以区隔公民的办法。居民身份证制度的试行是户口管理制度的一项重大改革。不仅证明公民身份,保障公民平等权益,还突破了公民个人身份依附于户口或家庭世袭传统,使个人独立人格和公民权利得以尊重,符合先进公民文化和公民社会的基本要求。但公民身份证的背后是户口簿的划分价因为改革的不深入,可能形成公民身份与权利之间新的不平等。建立城乡一元化户籍制度的改革方向把户籍管理的功能目标区分开来,并将公民个人、管理者、管理机关的权利、责任、义务的范围做出明确的界定。如从证明公民身份、维护社会秩序和治安角度出发,突出个人独立身份的出生证和公民身份证从户口管理中需要掌握人口信息和管理人口的功能出发,将与治安和人口统计有关的个人材料,由公安机关单独建立和掌管。有助于农村剩余劳动力按市场经济的需求进入大中型城市工作,消除户口歧视,解决他们生活的后顾之忧,促进市场经济的发展,同时加快农民工资性收入的增长。

(二)取消户口对农村劳动力流动的行政性限制

在现代市场经济社会,社会成员的自由迁徙与流动应当被视为天赋人权,是人的全面发展和经济社会发展的根本需要。政府对居民流动与迁徙的限制可能是出于城市管理和其他社会问题解决的需要,但这样做严重地阻碍了整个社会生产力的发展。政府应更多地运用市场机制并辅以必要的宏观经济政策来推进工业化和城市化,调节城乡居民的流动和转移就业,如通过土地、税收、房地产价格等经济杠杆来调节一些大中城市的人口流量,适当增加迁移与流动成本,而不再实行户口歧视。把户口的功能调整成,为人口的信息统计和满足社会治安对人口及其流动情况的掌握之需,而不再将户口作为调节以至限制居民自由流动的手段和行政强制性措施。农民外出打工流动就业多是出于比较利益的考虑,通过从事非农产业来增加农民工资性收入,从而提高家庭总收入,改善生活条件和提高生活质量,针对农业劳动生产率低、比较收益低的实际情况适当提高对农业或农产品的价格补贴比例也是一种可行的做法。

(三)转换户籍管理的功能

我国确立社会主义市场经济体制的改革目标后,市场体系逐渐发育起来,市场机制开始发挥作用,城乡居民尤其是农村劳动力开始超越户籍制度的控制,长期或短期的大规模流动,户籍登记和管理中出现了人户分离、空挂户口、重登、漏登以及不登记等不能准确反映真实情况的现象。因为户籍制度本身的限制,使得本来属实的情况不符合登记的条件,或是户口与多方面的利益挂钩,人们尽可能地出于利益的考虑而故意隐瞒或改变事实真相。户籍制度最初目的是了解人口居住和流动情况以及证明公民身份,后来随着利益分配格局的变化和国家实施城市和重工业优先发展战略,户籍与城市居民的利益分配挂钩,并成为确立公民身份及其先赋特权、控制公民迁移流动和跨越身份界限的重要手段。因此要把户籍管理控制流动和执行分配依据的功能转换为人口信息和民事关系证明服务的功能,逐渐把各种特权和利益分配从户籍身份上剥离开来。户籍管理的功能定位就应当做出调整,强化其为提供户口信息和为社会公共事务服务的功能。

由于旧的户籍制度对城乡居民身份的确定带有世袭性、先赋性和不平等性,人为地拉大了人们间的地位差距,成为产生新的社会冲突和矛盾的根源。应当转换户籍管理的功能,消除二元结构的矛盾。保证农民工有实现目标的平等机会,提高农民工资性收入,保障农民利益。

（四）理顺户籍管理体制，与相关改革配套进行

根据户籍的管理职能与社会公共服务职能分开的原则，可将与社会治安管理相关的职能由公安机关统一掌管，既有利于社会的治安管理和公民身份的合法有效确认，又有利于为公民的流动、迁徙和居住提供方便条件。由于社会上与户籍相关的部门所造就的歧视性和不平等性问题很多，户籍体制的改革还有赖于其他方面的改革，这些部门的改革需要与户籍改革协同配套进行。只有以户籍为依据的权利和利益分配机制的彻底改变，户籍管理体制的改革才有可能得以完善。

通过以上改革措施，使户籍制度逐步达到一个较为理想的目标，即消除户籍歧视，突破公民个人身份依附于户口或家庭世袭传统。取消城乡二元化的户口差别，农村劳动力可以不受户口限制的流动，以保证人的全面发展和经济社会发展的根本需要。强化户籍管理为提供户口信息和为社会公共服务的功能。消除城乡间人们的地位差距，使其有平等机会，建立城乡一元化的户籍制度。

二、建立城乡统一的社会保障制度

城乡社会保障制度的差距不仅损失了公平还牺牲了效率，阻碍了城乡经济的统筹协调发展，阻碍了农民向非产业转移，阻碍了人的全面发展与和谐社会建设，因而必须进行改革，逐步建立公平的城乡统一的社会保障制度。

（一）提高社会保障的社会化程度

社会保障的覆盖面越大，表明社会保障的能力越强，因此，其覆盖面要从城市扩大到农村。社会保障范围不但应包括从城市到乡村各个阶层的对象在内，而且在种类上应包括人的生老病死伤残各个方面。

目前，二元社会保障的结构性矛盾比较突出。在城市居民的最低生活保障范围不断扩大，层次不断提高的同时，农村居民几乎享受不到最低生活保障。农村最低生活保障制度应是国家和社会为保障家庭收入

难以维持基本生活的农村贫困人口而建立的社会求助制度。其对象大致包括因缺少劳力或低收入所造成生活困难的家庭及无法定赡养人或扶养人的老年人、残疾人和未成年人、因灾因病因残致贫的家庭等。对于这部分农村居民,各地应在综合考虑地方财政和乡村集体的承受能力、当地人均国内生产总值、农民人均纯收入、农民基本生活的物质需要及物价上涨指数等因素的基础上,确定一个科学的合理的最低生活保障线标准。在医疗保障方面,在相当多数的城镇职工中建立了大病医疗保险,基本实现了病有所医,城镇职工医疗保险的社会化统筹制度基本得以确立并在实践中顺利实施,而在广大的农村,农村居民因病致贫、有病无钱医治的现象还比较突出。因此要积极探索、建立健全农村社会保障制度,建立由国家、集体、农民三方负担的养老、医疗等社会保障制度,并在经济发展快的地区推进城乡协调的社会保障制度,实现农村社会保险与城镇职工社会保险制度的接轨和社会保险关系的接续。

　　社会保险是社会保障的主要内容,今后应把重点放在社会保险的覆盖面上。而社会保险是通过社会化统筹来提高各项社会保障的社会化程度,来增强抵御风险和分散风险的社会保障能力。如在工伤保险方面,推进农民工集中的矿山、建筑等高风险企业和农民工参加工伤保险,促进农民工依法享受工伤保险待遇。完善高风险行业和企业参加工伤保险的政策。强化工伤预防工作,探索适合我国国情的工伤预防工作模式和工作机制,从源头上遏制工伤事故和职业病的发生。医疗保险要积极探索建立农村新型合作医疗制度,逐步改变大多数农村劳动者无法享受医疗保险的不利局面。为不稳定就业农民工提供大病医疗保险,开展农民工大病医疗保险,着重保当期住院医疗。要根据农民工的实际情况,适当调整医保的起付线、等待期、住院押金、个人支付比例、护理等方面的政策。养老保险应积极探索农村居民养老保险的新途径和新办法,逐步解决城镇所有劳动人口的保障问题,积极发展多层次的养老保险体系。形成城乡大致统一和较为公平的社会保障制度体系,努力提高统筹层次,扩大覆盖面。

(二)提高全社会的保障水平

我国的社会保障旧体制已不能够适应我国市场经济发展的客观需要,社会保障水平整体偏低,与经济发展水平不协调,必须进行改革。在已有社会保障水平的基础上,按照经济发展水平和发展速度,完善保障方式,不断扩大社会保障范围,强化社会保障功能,同时做好社会保障制度建设的供需平衡,以适度的社会保障水平,有效促进经济发展,实现社会和谐。当前社会保障制度建设的重点应放在进一步完善调控机制上,实行社会保障由"政府化"向"社会化"转变。

进一步改革和完善社会保险制度,首先,改进完善社会保险关系转移接续办法。允许参保职工在转移社会保险关系时,不但转移个人账户余额,而且接续与本人缴费对应的基础养老金权益。取消农民工退保政策。农民工离开参保地、本人社会关系无法转移的,暂时封存其个人账户、保留社会保险关系。在新工作地继续参保的,应当转移接续社会保险关系。达到最低领养老金年龄时本人达到最低缴费年限的,应同等享受养老保险金。达不到该年限的,其户籍所在地实行农村社会保险的,将个人账户余额及对应的基础性养老金权益转移至本人户籍所在地农保机构,按农保制度规定享受待遇,未建立农保制度的,将个人账户余额一次性退还本人。其次,要降低费率。为解决城镇企业职工基本社会保险制度费率过高的问题,除努力扩大覆盖面外,还要明确各级政府的社会保障责任,降低费率,切实减轻企业负担。再次,要提高统筹层次,逐步建立全国统筹。这是解决农民工因频繁流动难以享受待遇的重要措施,也是社会制度保障制度建设的长远大计。最后,建立农民工应急求助机制。通过政府和有关民间机构维护农民工权益,开展针对农民工的法律援助。对遭遇意外伤害或重大疾病生活陷入困境的农民工,由当地民政部门给予临时性的应急援助。

通过以上改革措施,逐步建立比较合理的社会保障制度取消城乡二元的社会保障制度。社会保障要全面覆盖城市和农村,而且应包括人的生老病死伤残各个方面。农村社会保障远远落后于城市,所以要更加重视。根据农民现实生活中的需求、困难及特殊情况,从实际出发,健全农村社会保障制度,最终形成城乡大致统一和较为公平的社会保障制度体系。

三、建立城乡统一的工资、分配制度

（一）建立工资支付保障制度

为从根本上解决拖欠农民工工资问题,形成正常支付机制,要加快建立工资支付监控制度和工资保证金制度,确保农民工工资按月足额发放。对农民工比较集中、最易发生工资拖欠的建筑行业,要全面实行工资保证金制度。对农民工集中的用人单位的发放工资情况,要实行重点监控。当用人单位发生克扣、拖欠工资现象,或没有执行最低工资标准等规定的,可先用工资保证金进行支付,再进行调查处理或劳动仲裁等处理。对发现拖欠农民工工资的用人单位,应强制在开户银行按期预存工资保证金。用人单位要按规定与劳动者签订劳动合同,拒绝签定合同的行为应得到纠正。加大对农民工工资支付的监管检查和执法力度,对拖欠农民工工资情节严重的用人单位,加重处罚,责令停业整顿甚至吊销营业执照。促进农民工组织程度和谈判力量。不能将不实行合同制的非正规用工企业范围划得过大。提高建立企业、劳动者、政府等劳资关系的协调机制。加强政府监管,使违反劳动法、侵犯农民工权益的行为受到惩处。推进劳动合同制,使之成为规范劳动关系,完善工资支付,明确双方责任权利,保护农民工权益的依据。

（二）完善最低工资制度和防止侵害民工权益

我国地区差异较大,不能仅确定一个地区性的工资标准,还要逐步制定行业性、工种性最低工资标准。进一步细化,做出明确规定,防止变相压低工资标准。要严格执行最低工资标准至少两年调整一次的规定,

并与当地物价水平等挂钩,适时合理提高农民工最低工资标准、国家有关部门要加强对各地最低工资标准制定和调整的监督指导。建立农民工工资的正常增长机制,通过进一步完善工资指导线等,引导用人单位合理调整各层次劳动岗位农民工工资水平。切实加强对《劳动法》《妇女权益保障法》和《最低工资规定》等相关法律和法规的宣传活动,加大执法力度。输出地和输入地政府都要对农民工进行相关法律法规的宣传培训,使其明确自己的权利义务。在构建城乡统一的分配制度方面,构建相对安全网,使农民工在城市享有与市民同等的待遇和各种再分配权利,为农民工转移就业降低风险、减少成本,要把进城农民工按照属地管理原则统一纳入城市最低生活保障制度。通过法制手段解决雇主随意解雇工人、降低克扣、拖欠工人工资问题,规范企业用工的最低工资标准厂督察用工企业认真履行劳动合同,防止侵害民工权益。

（三）解决不合理分配制度带来的“民工荒”

改革以后,很多行业尤其是国家机关和事业单位都不同程度地进行过工资改革与调整,虽然我国劳动力工资收入水平提高幅度慢于经济增长速度,在这些工资改革与调整过程中伴随着不同程度的物价上涨和通货贬值,人民的实际购买力和生活水平提高幅度不大,但农民工工资长期以来没有大的提高与改善。近年来表现突出的“民工荒”问题,整体反映了农民工工资水平过低。因此,确定农民工的最低工资标准和随着经济增长不断提高农民工工资水平就成为政府及其主管部门的责任。只有这样,才能消除“民工荒”与我国同时存在大量农村剩余劳动力的悖论现象,更好地促进劳动力在城乡之间合理有序流动,促进农民非农转移就业。

通过以上改革措施,使工资、分配制度逐步达到一个较为理想的目标,即完全消除不合理制度对农民工资提高的影响。完善工资支付保障制度,确保农民工资按月足额发放。根据实际情况,因地制宜,完善最低工资制度,防止变相压低工资标准。建立城乡统一的工资、分配制度,禁止对城市劳动力和农村劳动力采取不同的工资、分配标准。

四、创新人力资源开发的教育制度

(一)政府而非市场起主导作用

在市场经济中,教育具有准公共产品的性质,可以由政府和市场共同配置,不应完全由市场配置。教育不应市场化,教育不是私人产品,这是构建我国公共教育财政体制的要求。由于我国处于社会主义初级阶段和建立市场经济体制双重背景下,教育经费主要应由政府提供,教育的定价及消费应由政府调控,政府应当在教育资源的配置中起主导作用,而不是由市场供求决定。现阶段我国政府的主导作用是努力实现教育公平依法承担义务教育的责任,提供义务教育经费,保证全体公民得到基本的教育,在非义务教育阶段,保证愿意继续求学而无求学经费保证的学生得以完成学业,所以,除承担一部分费用外,还应建立助学贷学机制。

建议采取切实措施,提高地方政府和社会各界的认识,加强对农民工培训的领导。充分发挥教育行政部门和职业学校、成人学校在农民工培训中的重要作用。要将农民工培训经费纳入公共财政预算,增加对农民工教育培训的投入。国家制定鼓励农民工学习的政策措施。国家要明确规定流入地政府要保障流动人口子女与当地儿童平等享受义务教育的权利,承担流动人口义务教育的责任。流入地政府要将进城务工就业农民子女纳入整体教育规划,并充分挖掘公办学校潜力,努力增加公办学校接受能力。流入地政府应承担流动人口子女义务教育经费,并纳入地方政府教育经费预算。农村劳动力输出规模大的地方,政府要把做好农村留守儿童教育工作与农村寄宿制学校建设结合起来。流入地政府要加强对民办民工子女学校的扶持和管理。各级教育行政部门要加强教育教学管理,探索建立学生电子学籍管理系统。农民工子女流出地政府要建立健全有关制度,配合流入地政府做好农民工子女义务教育工作。国家和地方公安、统计部门应建立起包括流动人口在内的常住人口统计制度,为统筹制定教育发展规划提供依据。各级教育督导部门要加强对进城务工就业农民子女义务教育督导和评估工作。

（二）建立城乡公平教育制度

我国城乡劳动力人口整体素质差异过大,受教育水平层次结构也存在较大差异,在这种情况下,特别是在具有中、高级层次受教育水平的人口比重方面,差异突出。我国长期以来城乡分治的教育制度安排的结果导致,外出农村劳动力受教育水平整体偏低,一般为初中及其以下文化程度。所以,为了实现构建社会主义和谐社会的本质要求,体现基本的社会公正,必须改变农民非农化过程中涉及利益受损的诸多教育政策和制度安排,特别是改革农村教育制度。要提升农村人力资源的知识和技能含量,建立起城乡统一公平的人力资源教育开发制度。尽快建立国民待遇背景下的国家公共教育制度,变农村义务教育以县为主的体制为中央和省级政府为主。由中央和省级政府承担起国民义务教育的责任,同时完善好各级政府间财权与事权的合理分担。保证城乡学龄青少年得以完成高中阶段教育。在高等教育阶段,取消大城市优惠升学政策,给予城乡青年同等的升学机会,取消一切城乡不合理限制和不公平待遇,还农民子女平等受教育的权利。

通过以上改革措施,逐步建立比较合理的教育制度发挥政府的主导作用,健全教育及相关制度,加强对农民工培训的领导,承担农村流动人口义务教育的责任,对民办民工子女学校进行扶持。改革农村教育制度,提升农村人力资源的知识和术含量,建立城乡统一公平的人力资源教育开发制度。

第四节　案例展示与分析

一、北京市试点员工制家政服务，探索职业化发展新路径

（一）案例导读

北京市家政服务业始于 20 世纪 80 年代中后期，在国内起步较早、发展较快、从业人数较多。截至 2018 年年底，北京市共有注册家政服务企业（含个体工商户）5300 余家，从业人员超过 50 万人。家政行业已成为首都服务业的重要组成部分。尽管市场供应有了很大改善，行业发展与居民需求仍然不相适应。主要存在几个方面的问题：一是产业规模总体偏小，企业规范化、从业人员职业化水平偏低；二是市场监管还不到位，行业自律有待加强；三是行业管理体系和劳动保障制度不健全，大多数服务人员没有建立劳动关系和办理社会保险；四是供需矛盾突出，服务结构不合理，缺乏个性化服务等。

2010 年，国务院办公厅出台了《关于发展家庭服务业的指导意见》（简称《指导意见》）（国办发〔2010〕43 号），对我国家庭服务业工作进行了全面部署，文件中首次出现了员工制家政服务的提法。《指导意见》下发后，北京市积极响应国家号召，率先进行了员工制家政服务试点，经过了几年试点，逐步探索出了提升家政服务业规范化、职业化水平的新思路。

（二）案例分析

1. 联席会议齐抓共管，政策先行提供保障

为加强对发展家庭服务业促进就业工作的组织领导，2009 年 12 月，北京建立了由人社局牵头，发展改革委、财政局、商务委、民政局等 8 家成员单位组成的发展家庭服务业促进就业联席会议，主要负责研究制定北京市促进家庭服务业发展的政策、措施，解决推动发展家庭服务业重

大问题,初步形成了部门间各司其职、各负其责、齐抓共管的良好局面。

2011 年 5 月,为贯彻落实国务院办公厅《关于发展家庭服务业的指导意见》(国办发〔2010〕43 号)文件精神,鼓励和扶持北京市家政服务业发展,北京市印发了《关于鼓励发展家政服务业"家七条"的意见》(京政办发〔2011〕23 号)(以下简称《家七条》),通过给予社会保险补贴及培训补贴、免征营业税、中小企业发展专项资金支持等政策措施,鼓励家政服务企业实行员工制管理,为引导北京市家政服务业健康有序发展提供了政策保障。

2.加大优惠扶持力度,积极开展员工制试点

《家七条》出台后,社会和家政企业反响强烈,普遍认为这是一个好政策。但在实际操作过程中,对于文件中"对符合条件的员工制家政企业按照'先缴后补,一年一补'的原则,补贴标准为企业缴纳养老、医疗、失业保险费的 50%"等规定,家政企业普遍感觉社保负担重、垫资压力大,参与的积极性不高,致使文件出台一年多,家政企业没有实质性响应。为此,在进一步调研的基础上,北京市出台了《关于鼓励家政服务企业实行员工制管理的试点意见》(京人社农工发〔2012〕233 号)(以下简称《试点意见》),决定择优认定一批不同工种、具有典型示范作用的家政服务企业作为员工制家政服务试点单位,开展员工制家政服务试点工作。《试点意见》加大了对员工制企业的扶持力度。将企业最关注的社会保险补贴标准由过去每年补贴 50% 调整到最高可补贴 100%,并将过去每年补贴一次调整为每半年一补。同时,出台了《北京市员工制家政服务试点企业社会保险补贴操作办法(试行)》《关于北京市员工制家政服务试点企业一次性职业介绍有关问题的通知》等配套文件,保证《试点意见》落实到位。

2012 年 11 月,员工制试点工作正式启动。本着公开、公平、自愿的原则,在全市申请员工制试点的 37 家企业中,择优认定了北京慈爱嘉养老服务有限公司、北京真理想社区服务有限公司、三替集团北京三替家

政服务有限公司、北京惠安居家政服务有限公司、北京惠佳丰家政服务有限责任公司5家企业作为北京市首批员工制家政服务试点企业，开展员工制试点。

3.加强员工制宣传推介，推动各项措施落地

为尽快推动试点工作全面展开，北京市人社局多次深入试点企业开展政策宣讲，督促引导企业与员工签订劳动合同，为其缴纳社会保险。各试点企业主动宣传员工制的好处，并采取员工签订劳动合同与考核评级、奖励挂钩等措施，调动从业人员签订劳动合同的积极性。同时，多部门协调，优化服务流程，简化各项审批手续，确保各项补贴政策尽快落地。

4.开展技能培训考核，提升员工职业素养

为提升家政服务从业人员综合素质，北京市人社局认定了北京市工贸技师学院等2所市级家政服务员定点培训机构，按照"统一标准、统一教材、统一考核鉴定、统一证书"的要求，开展家政服务员职业技能培训、鉴定。同时根据试点企业实际，批准了3家试点单位自主开展职业技能培训资格。通过岗前培训和在职提升培训，家政服务员综合素质和技能水平有了明显提高。

5.督促企业规范管理，提升服务供给质量

为改变公司规模较小，主要负责人及管理人员企业化管理意识、经验和文化素质难以适应现代企业制度需要的不利局面，5家试点企业建立了人力资源管理、培训、服务流程及客户回访等制度，北京市人社局多次举办家庭服务企业职业经理人培训班和家庭服务业师资培训班，通过对企业经营管理人员和师资人员的培训，带动企业进一步规范经营行为，强化从业人员职业操守，提升服务技能和水平。

6.加强信息化建设，提高试点工作效能

为提高员工制试点企业的服务效能，北京市人社局研发了员工制家庭服务企业信息管理系统及资格认定、职业培训、社保补贴、职业介绍补贴4个子系统，依托信息化管理，切实提高了试点工作质量。北京市商

务委、民政局依托 96156 北京市社区服务平台、家政服务网络信息平台及基层社区服务中心（站）设施，将网络服务功能加以集成，整合服务信息资源，实现了家政服务信息共享。慈爱嘉养老服务有限公司自主开发了养老服务管理系统——美丽花，通过该系统实现了社区居家养老服务模式中社区、服务商、家庭的整合。通过信息化建设，企业管理水平、服务规范化得到进一步提升。

7.开展劳务对接活动，确保从业人员有序输入

北京市充分利用京津冀协同发展、南水北调及对口支援等有利契机，积极会同当地人社部门建立家政服务员定点培训输出基地，不定期组织试点企业开展定向劳务对接活动，在保障供给、提升素质的基础上，推动外埠家政服务员有序流入。

（三）经验效果

经过 5 年的探索和实践，5 家试点企业规范化程度有所改善，员工流动性明显下降，职业素质和职业化水平得到较大提升，家政服务质量显著提高，行业竞争力增强，试点工作取得明显成效。5 年来，累计有 3000 多名家政服务员与公司签订了劳动合同，并按要求缴纳了社会保险；2900 余人参加了技能培训，大部分通过考核顺利取得了职业资格证书；试点企业的服务站点不断增加，服务范围不断扩大，更多的市民享受到了员工制家政服务。以慈爱嘉养老服务有限公司为例，截至 2018 年，该公司居家养老服务已覆盖东城区等 8 个区，服务中心管理面积共计约 4000 平方米，每个服务中心覆盖 20～30 个社区，老年人比例约 20%，累计照护服务 15 万余人次。

二、上海市商务委员会充分发挥行业优势，搭建家政服务业市场，精准对接平台，助推就业扶贫

（一）案例导读

家政就业扶贫，既是以人民根本利益为出发点的政治任务，又是利

国利民的民生工程,更是贫困群众特别是贫困妇女实现就业脱贫的途径之一。家政就业扶贫大有可为,从需求端看,上海等大城市家政服务需求旺盛。从供给侧看,贫困地区具备了劳动力组织化转移脱贫的条件和基础,贫困地区拥有众多适龄妇女,她们经适当培训后可从事家政服务业。

为贯彻落实习近平总书记关于全力推进脱贫攻坚的重要指示精神,根据上海对口支援云南、贵州遵义扶贫工作安排,按照市场主导、政府推动原则,试点探索"黔女入沪""云嫂入沪",探索商务领域劳务协作。其中,"云嫂入沪"工作,由沪滇两地商务部门合作立项推进,有序引进"云嫂"到上海从事家政等生活性服务业。同时,根据商务部等四部门《关于开展"百城万村"家政扶贫试点的通知》(商服务贸函〔2017〕774号),制定了《上海"百城万村"家政扶贫工作试点方案》,以家政就业为抓手,以精准扶贫为目标,推进家政服务业供给侧结构性改革,助推对口地区打赢脱贫攻坚战。

(二)案例分析

1.精准研判市场需求

习近平总书记指出,扶贫开发贵在精准,重在精准,成败之举在于精准,全过程都要精准。面对高度市场化的家政服务业,家政扶贫工作关键在于准确研判市场需求,才能有精准施策。上海拥有2400多万常住人口,市场需求旺盛。随着家庭小型化、人口老龄化、生活现代化和服务社会化,上海家政市场需求"三化"特点明显。一是需求多元化。家政市场需求种类多、包罗万象,已经不再局限于过去传统的洗衣、做饭、清洁卫生等日常家务料理,涵盖了照看孩子、陪护老人、病床陪护、家庭护理、月子照顾、母婴护理等,以及高级管家、早教、催乳师、资金理财等私人定制式需求。二是服务快捷化。家政服务消费的频次日益加大,家政服务"快餐化"发展特征日趋明显。用户喜欢像打车、叫外卖一样"随叫随到"的家政服务,其中极速保洁服务备受市场欢迎。三是消费年轻化。都市年轻人群因追求更高的生活品质,日益成为家政服务消费的主流。据统计,用户中 30 岁以下人群占家政服务消费比重的 49%。上海家政市场多元化、快捷化和年轻化的需求变化,倒逼上海家政服务市场呈细分化、专业化、信息化发展,这对家政就业扶贫工作提供了精准供需对接的客观要求和有利条件。针对上述特点,可以推荐家政服务岗位适配性强,管理水平较好的富宇家政、悦管家、上海好慷、家事佳等品牌规模服务机构具体实施开展家政扶贫工作。

　　2.精心探索工作机制

　　2017 年,上海市商务委员会在上海对口支援地区云南和贵州遵义,对家政就业扶贫工作进行探索试点。一是实地调研组织对接。按照政府推动、市场决定的原则,组织家政企业先后到云南曲靖、昭通、西双版纳、楚雄和贵州遵义,另外还到安徽省部分市县进行实地调研,着力发挥商务领域优势,寻找家政就业扶贫切入点,推进两地校企或企企合作,试点"黔女入沪"直通车,探索"云嫂入沪"快车道,组织化引进"淮海大嫂""四川阿姨"等。二是探索完善扶贫模式。上海市商务委员会边推进,边总结,边完善,初步形成"精准对接、按需培训、择优引进、就业扶贫"的合作、就业、扶贫一体化的家政扶贫模式,简称"351"模式,即坚持三个结合:市场主导与政府引导结合、当地基础培训与上海提升培训结合、就近就业与上海就业结合,推进五项合作:基地建设、供需、培训、就业和管理五个方面合作,实现一个目标:一人就业,全家脱贫。通过"351"模式,力求实现按需招生、按人定岗、按岗培训的精准性,贫困地区妇女上岗就业脱贫的快捷性。三是树立典型宣传推动。培养树立 12 名家政就业带头人,以点带面,让她们回乡宣传动员,形成羊群效应。如"黔女"舒继兰,上海富宇家政根据其基本条件,对其进行量身定向培养,使其成为有较高收入的医疗照护类养老护理员。经新闻媒体宣传报道,上海富宇家政成了家政扶贫工作的星星之火,发挥了示范带动作用。

3.精诚合作扶贫攻坚

结合前期工作实践,按照商务部"百城万村"家政扶贫工作部署,做好以下工作:一是科学谋划。针对上海市场需求和家政行业实际,厘清政府指导、以企业为主体、市场化推进的工作思路,制订了《上海"百城万村"家政扶贫工作试点方案》,计划通过 3 年持续推进,实现"十百万"建设目标,即培育 10 家规模品牌示范企业,培养 100 名家政就业带头人,吸纳 10 000 名贫困县富余劳动力在沪从事家政服务就业脱贫。二是搭建平台。2018 年 11 月 24 日,上海组织召开"百城万村"对接会,邀请安徽、四川、贵州、甘肃、陕西、湖南 6 省商务厅和 19 个贫困县,共商扶贫大计。商务部领导莅临现场指导,并代表商务部进行动员。上海市商务委员会与 6 省商务厅签署政府合作战略协议,列入试点的上海家政企业与临泉、岚皋等 11 个县签订政企合作协议。三是构建渠道。以"百城万村"5 家试点企业为发起人,联合上海 100 多家知名品牌家政企业,并吸收餐饮、生鲜配送、快递等企业加入,成立以"'沪'帮互助、精准扶贫、家政先行"为主旨的上海家政扶贫联盟,力求供需资源共享,做到就业扶贫互助。四是多措并举。为帮助贫困地区人员克服走出"大山"难、上岗就业适应难、融入城市生活难的问题,各家政企业想方设法,真情关怀。上海好慷家政公司在安徽潜山县招聘培训了 69 名贫困人员,根据就业意向往全国 30 多个直营店输送就业,并与顺丰集团合作,形成男女用工互补、夫妻结伴务工。

(三)经验效果

1.建设成效

目前,上海家政扶贫工作方兴未艾,成效初显。一是企业热情日趋高涨。一批企业主动走进贫困县对接合作。如上海富宇家政在遵义务川创办的家政培训班,遍布 8 个乡镇;上海家事佳家政公司与遵义道真县职校联合办学培训建档立卡贫困户;上海吉爱家政公司在安徽建立"淮海大嫂精准扶贫培训基地"。二是家政就业成为贫困地区劳动力转移重要渠道。上海目前 50 万名家政人员,98％为外省市人员。上海市商务委员会对 2017 年"百城万村"试点工作抽样调查,统计样本为 38 家规模企业,统计范围为 38 个试点贫困县,在沪家政服务人员 4784 名,涵盖试点 7 省 37 个县。从统计数据看,家政扶贫工作有了良好基础;从家政服务人员收入看,家政就业扶贫成效明显。如悦管家、上海好慷出现了"姐妹花""夫妻档""妯娌档""老乡团"等结对结伴入沪现象。上海家政扶贫联盟发挥资源共享优势,欢迎从事家政的亲戚或老乡结伴入沪,支持从事家政或其他生活性服务行业。

2. 建设经验

一是在工作方向上,着力于家政扶贫与产业发展相结合。二是在工作重心上,着力于家政扶贫与扩大品牌企业相结合。上控优势"资源",提升企业品牌影响力。三是在工作方法上,着力于精准扶贫与面上扶贫相结合。精准扶贫就是立足于建档立卡户,面上扶贫就是立足贫困县的适龄人员,以精准扶贫为重点和牵引,打造贫困县家政服务品牌。上海计划打造"黔女""川妹子""安徽阿姨"等一批上海家政名片。四是在工作路径上,着眼于政府推动与企业主体运作相结合。引导企业将扶贫工作作为塑造良好的社会形象、打造优质的企业品牌、扩大市场占有率的一个重要因素。五是在宣传引导上,针对建档立卡贫困户不愿走出大山的现实,组织企业开展"家政专业短训班",举办以"打开心扉、畅谈理想、吸引签约"为主题的家政就业对接活动,安排企业路演推介,传播"来上海就业脱贫"的希望种子。六是在监管方式上,着眼于源头建档与追溯管理相结合。根据商务部试点要求,建立家政服务从业人员信用档案。同时,结合上海实际,将所有入沪家政从业人员统一纳入本市家政持证上门服务培训,做到持证上岗,确保服务信息可查询、可追溯、可评价,体现上海特色,提升家政扶贫实效。

3. 建设体会

一是必须加强供需双方合作。合作是做好家政扶贫工作的前提,必须理清家政服务人员输入地、输出地政府和企业职责。输入地与输出地政府之间要精诚合作,政企之间要紧密合作,校企、企企之间互惠合作。二是必须加强家政服务技能培训。培训是上岗就业脱贫的关键,要始终把上岗就业脱贫作为工作的出发点和落脚点。要按需培训、按人设岗、按岗培训、因人施教,注重实际,以企业为主体、市场化推进。三是必须正确把握好政策导向。家政就业扶贫工作具有公益性和市场化双重属性,事关群众生命财产安全,激励政策应当兼顾供需两侧,不能偏颇。

三、贵阳市保德公司推动"96009"家政平台建设,促进家政就业扶贫

(一)案例导读

贵阳保德城市环境管理服务有限公司(简称保德)始建于 2004 年。成立之初,保德仅有 1 间办公室、3 部电话、7 把扫帚、9 个人。凭借敢闯敢拼、勇于开拓的精神,保德从一家以家政小公司转变成年产值过亿元、员工总数逾 3000 人的多元化服务企业。

敢闯敢拼是保德砥砺前行的动力。创业之初,保德从不宽裕的现金流中挤出资金,投用了行业内首套 ERP 系统,并开通了家政服务 96009 呼叫热线。一路前行,保德不断升级,历经了 ERP 阶段、连锁店阶段、APP 阶段、微商阶段。目前,该公司搭建的"保德城市生活管家"平台已经打通线上线下,可为家庭客户和单位客户提供涵盖家庭生活类、城市基础类的多元化服务。

谦卑是保德的企业文化理念。这一理念是保德根据服务行业的特点提出的。为了给员工营造"家"的氛围,保德建立健全了党支部、工会、妇委会和员工互助基金委员会等基层组织,推出了帮助员工子女进大学的"小保德计划"、扶贫解困的"员工互助基金"、直达基层员工的"层层家访制度"。通过 8 年来的 3 轮内部股改,保德大部分的干部拥有了企业股份,"这里是我的家"已成为企业上下的共识。

一系列的有效举措,顺应了市场的发展,也让保德茁壮成长。保德

根据业态和区域的不同,将产品不断细分,家政、保洁、外墙清洗、管网疏通、绿化、消杀等产品独立成立子公司或事业部,确保了产品的专业化发展方向。2018年,保德引入了"阿米巴管理"模式,形成了总部三大管理中心、贵阳六大片区、6个事业部、8个专业子公司、8个市(州)分公司的集团化企业,着力为客户提供多元化的家政服务。

(二)案例分析

保德是一家由家庭清洁服务(C端)起家的家政公司,为满足客户需求为单位客户提供清洁服务(B端)。B端发展壮大后,单位客户资源反推动C端的迅速发展,进而形成了"两个一运营模式",即"为家庭客户提供一站式服务"和"为单位客户提供一体化解决方案"。B端+C端相辅相成,促进了企业的良性发展。

1.整合资源,搭建大生活服务平台

2008年,在各级领导的支持和指导下,保德将ERP系统的客户数据库、运用软件、96009语音呼叫热线、网络中心、人工服务等进行有机整合,搭建了"96009生活服务平台",为广大家庭客户提供包含"衣食住行、吃喝玩乐、婚丧娶嫁、修补洗护"等"从摇篮到天堂"的近百种生活服务产品。

除线上的管理系统与呼叫平台外,保德在不同的区域设立了100家线下连锁站点,就近为客户提供服务,并首创了"5+2"模式解决线下服务产品交付、服务员工就业的问题。

伴随互联网日新月异的发展与技术完善,保德的96009生活服务平台撤掉线下连锁店,全部转为"线上平台运营+线下产品交付"的"保德城市生活管家"B2C、B2B平台模式。平台集ERP、APP、CMS、微信公众号和企业官方网站等互联网工具于一体,从语音呼叫到移动终端、从线上到线下,从C端到B端,24小时接受客户的咨询、预约、投诉,快速响应客户需求。

2. 顺应市场，延长产品链

一是推动产品独立。保德将自己开发运营的产品，形成独立核算的事业部并发展成为独立的子公司。事业部核心团队购买子公司的股份，与公司共同分享经营成果。事业部核心成员快速响应客户需求。广大家庭客户提供包含"衣食住行、吃喝玩乐、婚丧娶嫁、修补洗护"等"从摇篮到天堂"的近百种生活服务产品。支撑提升了用户服务响应时效，避免了传统家政业务做不大、难以规模化经营的弊端。过去不规范运营导致的匹配人员、家政员在服务用户过程中无所顾忌，但无规范管理、服务标准的小型家政企业加入保德后，在保德的"平台产品孵化机制"下，得到进一步规范、发展、壮大。如加入保德后的贵州正德宜通环保科技有限公司目前专业运营各种管道疏通、改管、检测、化粪池清理等业务。

3. 加强培训，提供高标准服务

2009 年保德全程参与了国家标准《座板式单人吊具悬吊作业安全技术规范》的制定，为"蜘蛛人"安全做出了积极贡献，并当选首届中国职业安全健康协会高空服务业分会协会副会长单位。

公司专题组织了研发队伍创新推出了新居开荒的"人吊具 3 系列"和家庭保洁的"38 步工作法"，把白板加实操的简单培训方式转为在手机上通过移动互联网视频直接学习的方式，更便捷地把培训送到最基层，让更多的人学到技能后可以就业，确保了服务品质不断提升。

保德将十多年来不断累积的服务交付经验，制定为一套服务产品实施和交付标准，目前，每一个产品都有一套完整的《产品运营手册》，以标准化确保了家政服务的质量，获得了客户的高度认可，推动公司不断地发展壮大。

4. 凝聚力量，把员工团队当成家人

"客户网络和员工团队是公司的最高价值"，这是保德从创业初期开始就已经树立了的价值观与企业文化。

保德一套完整的《产品运营手册》，以标准化确保了家政服务的质量,获得了客户的高度认可,推动公司不断地发展壮大。

"我们的员工中有很多是双职工,如果我们晚发一天工资,他们可能会因此交不了房租,或无钱买米。员工是我们保德的最大财富,我们一定要爱护我们的财富!"保德董事长、总经理张健飞如是说。保德员工把公司当成家,保德员工彼此成为一家人!

(三)经验效果

保德是一家典型的家政企业,但保德并不受"家政"的概念局限,客户的需求是多元化的,保德就要做成多元化的服务平台,集管理、就业培训、产品更新、资源开发等功能于一身。无论 C 端还是 B 端,保德都运用平台的理念和互联网思维发展壮大。

1.管理日益规范

保德通过三大中心,对产品的人、财、物、风控、安全、标准进行统一管理,提供一整套规范的、可复制的管理方案,并通过股改、企业文化建设、培训等多种方式增加凝聚力,打造优秀管理团队。保德团队通过技术革新、管理系统开发、大数据分析等方法与时俱进,走在行业的前端。

2.就业吸引力增大

保德是一家劳动密集型的企业,一直致力于为低端劳动者创造就业岗位。15 年来为近 30 000 名农民工提供过就业培训和就业岗位。保德多年来一直未设立招聘部门,都是由老员工介绍新员工,是一家劳动密集型的企业,一直致力于为低端劳动者创造就业岗位。保德随着劳务事业部的成立,现已有更多的求职者直接拨打 96009 找工作。

3.产品不断更新

"保德城市生活管家"是典型的服务产品需求平台,仅贵阳市就有近3 万户家庭客户。需求必然带来供给。在低端服务业无标准、无规范的情况下,保德利用多年的探索和搭建的管理平台成功地打造了 C 端一站式"家庭生活类综合服务"产品和 B 端一体化"城市物业基础服务"的多种产品。

保德利用互联网技术搭建服务产品需求平台,仅贵阳 APP 时代、微信时代,就投入了 3000 多万元。平台必须与产品挂钩才能生存,产品必须要有平台才能做大! 保德在客户和产品间已经通过平台进入了良性的发展阶段。

4.资源不断拓展

B 端与 C 端优质功能相互开发,为客户提供多产品服务后,客户信任度增加,黏性增强。保德是从家庭保洁服务交付开始的,C 端客户在享受服务的过程中,产生信任后,提出 B 端服务需求。同时 B 端客户在享受服务的过程中,产生信任后,获得大量的 C 端客户。C 端客户背后有 B;B 端客户肯定是 C。B+C 资源的整合,将给行业带来巨大的市场。如 B 端银行客户发放的客户福利、老板抽油烟机售后安装保洁服务等就是带动 C 端发展的案例。

通过多年的努力,保德集团通过了 ISO9001、ISO14001、OHSAS18001 三标一体体系认证;获得高空作业、劳务派遣资质;获得"千户百强"中的"百强企业"称号;连续 8 年被评为"中国家庭服务业协会先进单位";获得贵州省商务厅和贵州省人社厅授予的"贵州省行业龙头企业"称号。

四、云南昭通:培训一人、就业一人、脱贫一户

(一)案例导读

为了把"以培训为基础,以转移就业为核心,以脱贫、摘帽、增收为目标"的农村劳动力转移就业和创业工作做好做实,围绕劳动力"长技能、好就业"的工作要求,确保做好"六保""六稳"中的就业和职业技能提升行动工作,云南省昭通市人社局加大工作力度,大力推进技能提升行动。2020 年 1 月至 11 月,全市开展补贴性技能培训 8.68 万人次,超额完成 3.68 万人次,超计划 74%,已拨付技能专项资金 6375 万元,技能培训工作成效明显。

（二）案例分析

1.完善政策，宣传覆盖无盲点

职业技能提升行动实施以来，昭通市出台了一系列政策文件，县级也制定了相应工作实施方案和细则，构建了以省职业技能提升行动政策为基础的"1＋N"政策框架体系。各县（市、区）人社局成立技能提升行动工作专班，做好做足技能培训前期的政策宣传工作。充分利用电视、网站、移动 APP、手机报、微信、公告栏、"三农通"、农民工手册等渠道，大力宣传技能培训优惠政策和先进典型，同时积极开展服务企业和基层活动，把政策、服务和信息送进企业、校园、社区、乡村，引导农村劳动力树立技能提升促进就业质量的观念，做到政策宣传无死角、全覆盖。

2.职责分明，责任落实无死角

建立了市级统筹、部门参与、县级实施的工作格局，将培训工作任务分解细化到各县（市、区）和部门，明确工作目标，压实工作责任。市级成立技能提升行动工作专班，对技能培训工作给予针对性的指导，并建立摸底统计专报、工作调度和通报督导制度，实行一月一通报，发现问题及时整改，保障技能培训任务顺利完成。2020 年分配给各县（市、区）技能培训任务 5 万人次，目前完成培训并取证 7.6 万人次，达到 2020 年任务数的 152％。

3.监管到位，培训质量有保障

采用"制度＋科技"的方式对培训、鉴定评价过程进行全方位监管，将质量要求贯穿培训和评价的全过程，严格执行"开班申请、过程检查、结业审核"三项制度，对培训计划、培训教学过程、专项资金拨付等情况进行督导监管，通过现场检查、电话抽查、视频指令抽查等方式重点对培训过程进行抽查，保证培训质量和资金使用效益。

4.促进就业，培训工作见成效

各县（市、区）开展培训的工种实用性和针对性较强，涵盖砌筑、电工、钢筋工、育婴员、家政、餐饮服务、民族刺绣、挖掘机驾驶员等比较适合就近或外出务工的农村劳动力,增强了他们的就业竞争力和自我发展能力。在提升农村劳动力技能水平的同时,更加注重发挥人社部门的组织引导作用,收集企业需求工种信息组织开展针对性的培训,实现培训结束即推荐上岗,还为培训对象提供"一对一、点对点"的就业岗位信息服务,通过专列、专班等形式大规模组织培训对象转移输出到长三角、珠三角等地务工。在外出务工人员较集中的地点设立劳务服务工作站,在各县(市、区)建立劳务输出基地,搭建"培训+就业劳务服务"平台,培训对象不仅能就业,还实现稳就业的目标。1月至11月,实现新增转移输出6.6万人,其中建档立卡贫困劳动力输出2.3万人。新增县内就近务工1.9万人,县外务工4.7万人,新增有序组织输出4万人,培训促就业取得良好的效果。

(三)经验效果

昭通市人社局大规模开展职业技能培训,坚持扶志与扶智相结合,变"输血式"扶贫为"造血式"扶贫,打造"培训+产业+转移就业"为一体的转移就业新模式,真正实现"培训一人、就业一人、脱贫一户"。同时把励志教育内容纳入培训,激发贫困户内生动力,激励有劳动能力的低收入人口提升技能就业致富。技能培训和高质量就业攥指为拳,为昭通市全面打赢脱贫攻坚战、助力乡村振兴做出应有的贡献。

第五章 提高农民财产性收入及转移性收入

第一节 农民财产性收入及转移性收入的概述

一、财产、财产性收入及转移性收入的含义

（一）财产

财产，从总体上来说是指财富。包括动产（如银行存款、有价证券等）和不动产（如房屋、车辆、土地、收藏品等），这既包括自然资源（如土地、河流、森林、矿藏等），又包括经过劳动加工的物质资料。后者既可以是生产资料，也可以是生活资料。在市场经济条件下，有些非物质的财富，如著名厂号、品牌、商标等无形资产，也属于财产的范围。我们把这些财产或财富分为各个具体项目（例如土地、房产、金融等）时，则往往把这些子项目称之为资产。

既然财产主要是动产和不动产的物质财富，它是一个存量的概念，因而某一时点上财产的量是一定的，即具有有限性，甚至具有不可再生性和稀缺性，这就决定了人们不能无限地占有财富。这种占有表现为独占性、排他性。财产是一种公共认可的产物，反映了一种社会关系，是经济活动和社会活动客观存在的人对物的排他性占有关系。财产可以分为公有财产（包括国有财产和俱乐部财产）和私有财产（个人和家庭所有）。

（二）财产性收入

纵观理论界的观点，可以从以下几点准确把握财产性收入的含义。

第一，从国民经济统计的角度，财产性收入是居民人均可支配收入的一个组成部分，一般是指家庭拥有的动产、不动产所获得的收入。它包括出让财产使用权所获得的利息、租金、专利收入等财产营运所获得的红利收入、财产增值收益等。很显然，这里的财产性收入是从收入的来源层面解释收入的构成时，与工资性收入、经营性收入和转移性收入并列的收入类别。

第二，从产生途径看，财产性收入就是指通过资本、技术和管理等要素参与社会生产和生活活动所产生的收入。仅依赖市场价格效应形成的资产升值，属于持有资产损益，它在一定程度上是通过市场进行资产再分配的结果，这种价差收益虽然产生在资产之上，不能计入国民经济核算中的财产性收入。

第三，从产权角度看，财产性收入只是产权收入分配职能的一种实现。产权理论认为，产权是指因物（财产）的存在而引起的人与人之间的一种经济关系，是指与所有权有关的包括占有、使用、转让和收益等在内的一组权利束。产权首先表现为个人对财产的一种排他性占有，而这种排他性占有会给经济主体带来收益。但财产性收入是指产生于资产使用权转让而形成的回报，大体相当于一个租金的概念，不涉及所有权的变更。如果出售所拥有资产如卖掉房产而获得的价款，将涉及所有权变更，则属于资产类别的转换把房屋变成存款而不属于来自财产的回报或增值收益。况且一旦出售，变更了所有权，就切断了原来经济主体以后从此财产获取收益的可能。

第四，财产收入中的财产性收入。财产收入是指财产所有者通过对财产的直接经营或让渡财产的所有权、使用权而获得的经济利益，是财产所有权在经济上的实现。因此，财产收入包括三大块：使用自己的财产从事直接经营所获得的利润收入，财产所有权的让渡即按销售价格出售财产所得收入,财产使用权的让渡所获得的租金、利息、股息和红利等收入。很显然,财产性收入仅是财产收入的一部分,即财产使用权的让渡所获得的租金、利息、股息和红利等收入,财产收入的含义比财产性收入广泛。

综上所述,财产性收入应该是在不改变财产所有权的前提下让渡财产的使用权,并把财产转变为生产要素参与国民经济的生产。财产所有者农民的土地财产除外,农民只是土地财产的承包经营者从财产上所获得的收益。

（三）转移性收入

转移性收入就是指国家、单位、社会团体对居民家庭的各种转移支付和居民家庭间的收入转移,包括政府对个人收入转移的离退休金、失业救济金、赔偿等,单位对个人收入转移的辞退金、保险索赔、住房公积金、家庭间的赠送和赡养等。

二、农民财产性收入的构成和特点

（一）农民财产性收入的构成

基于土地财产的特殊性,我们将土地征用补偿作为农民财产性收入的一部分,因此农民财产性收入实际来自土地、房屋和资金等,主要由以下三个部分构成:一是来自土地的财产性收入。主要是通过土地征用和土地承包经营权流转获得的收入。二是来自住房的财产性收入。主要是通过房屋出租、拆迁补偿等方式获得的收入。三是来自资金的财产性收入。主要是通过储蓄、民间借贷和投资股票、债券、证券等渠道获得的收入。

（二）农民转移性收入的构成

农民转移性收入主要分为两大部分,分别是来自政府的转移性支付和来自农民家庭内部的收入转移。

政府转移性的支付大致可分为离退休金、价格补贴和国家财政中的抚恤和社会福利救济部分。

离退休金是居民转移性收入中的主要组成部分,从若干年份的统计年鉴来看,其所占份额在 60％～70％。但由于支付对象的不同,离退休金又可分为行政事业单位离退休金和国有、集体企业离退休金两部分,其中,行政事业单位离退休金由国家财政对国家行政事业单位离退休人员进行支出,国有、集体企业离退休金由(国有、集体)企业对企业内部离退休职工进行转移性支付。如果考虑到国有企业、集体企业与政府财政的关系,国有、集体企业离退休金可视为间接性的政府转移性支出。事实上,在国家财政中尚有一部分支出用于补助国有、集体企业由于效益滑坡而无法支付其企业职工的离退休金。

价格补贴,主要是来自国家财政的政策性补贴中对城镇居民的肉食品价格补贴部分,但是随着近几年相关农产品的价格下跌,基本上呈每年下降的趋势。

国家财政用于抚恤和社会福利救济主要包括:抚恤支出、离退休费、社会救济福利费、救灾支出。

除了上述的属于政府转移性支付的部分,剩余的赡养收入、赠送收入、亲友搭伙费、记账补贴基本上是发生在居民家庭内部的收入转移。这样,转移性收入概念与我们通常所理解的政府进行收入再分配的转移性收入概念有出入,但是,从有关的人均转移性收入数据来看,政府转移支付部分仍占居主导地位。

(三)农民财产性收入的特点

从财产性收入的含义可以发现,它具有以下几个特点

第一,财产性收入与财产是一种互动关系。拥有财产是获得财产性收入的前提,财产与财产性收入之间是相辅相成的关系。没有财产,自然没有财产性收入有了财产性收入,不仅能进一步增加财产额度,还能对其本身予以促进。

第二,财产性收入是财产所有人通过行使对自己财产的占有权、使

用权、收益权、处置权等权能,而获得的相应收益。因此,要获得财产性收入,财产所有权人必须具有可以自由支配其财产的权利,即具有私有财产所有权。

第三,财产性收入与工资性和经营性收入不同,它是财产的衍生物。由于财产增值的特点,它不需要获得者花费全部的工作时间和精力,却往往能以几何级数的规模增长,容易产生"富者愈富,贫者愈贫"的马太效应。

第四,财产性收入属于国民收入再分配的范畴。因为财产性收入是财产所有者通过让渡财产使用权获得的经济利益,是财产所有权在经济利益上的实现,是居民通过所拥有的财产参与收入分配体系而获得的非劳动性收入。

三、农民财产性收入的经济功能及现状分析

（一）农民财产性收入的经济功能

财产性收入是居民的非劳动性生产要素参与收入分配获得的收益,使居民获得财产性收入是我国社会主义市场经济的客观要求,符合我国所有制结构多元化、利益主体多元化、投资渠道多元化的社会主义初级阶段的国情,对于我国经济社会发展和经济体制改革有着重大的推动作用。

第一,有利于社会资源的合理配置,提高资源使用效率。我国正处于社会主义初级阶段,社会资源具有极大的稀缺性,如何合理配置和节约使用社会资源、提高资源使用效率,是当前我国能否顺利实现经济起飞的关键。承认和保护居民凭借其非劳动性生产要素的投入,根据其要素对生产的贡献和市场对其要素贡献的评价,平等地参与收入分配,获得财产性收入,有利于提高资源配置效率,促进经济的发展。因为财产性收入要求生产者按照其占有的财产量向财产所有者支付报酬,占有的财产量越大,支付的费用越多,生产成本当然越大,这就产生了生产者节

约使用资源、提高资源使用效率的激励。即使是自有资本,生产者有同样的激励去尽最大的努力降低其使用的机会成本,节约使用资源,提高资源使用效率,使其收益最大化。另外,从财产的所有者来看,有追逐高利润率的动力,他们愿意把自己的资金或资产投入经营状况好、管理科学、市场评价高、利润丰厚的企业和部门。如果某部门或行业的投资效益降低,利润率下降,其结果自然是居民投资方向的转移和该部门资金的流出,这给生产者产生了融资压力,从而督促生产者合理使用资源、提高资源使用效率。

第二,有利于积累社会资本,放大企业的吸纳能力,促进企业发展。由于财产性收入以所有者投入社会生产过程中的财产量为尺度来分配财产收益,财产占有越多,投入越多,财产性收入就越多,这就激发了劳动者、生产者以及一切财产所有者积累财产和增殖财产的动机,从而使社会财产规模不断扩大,大大缓解了生产资料稀缺的矛盾,为生产力发展和社会的全面进步奠定了坚实的物质基础。于是以市场为媒介,企业可以将分散在个人和单位的闲散资金、资产聚集起来,引导其转移投入到实体经济活动中,既激活闲散资源,提高资源利用率,又增加群众财产性收入。同时,企业可以通过各种融资渠道筹集、吸纳资金,优化资本结构,加强企业技术改造,扩大生产经营规模,促进企业发展。

第三,有利于扩大内需,实现宏观经济的科学发展。除政府购买外,投资、消费和净出口是国内需求的主要组成部分。近年来,我国经济快速发展,但主要依靠投资、出口拉动,而非消费拉动,是造成国民经济不协调、不均衡的原因之一。要实现宏观经济的良性运行、拉动经济增长最关键的还是靠内需特别是扩大国内消费需求。这就要提高城乡居民的收入水平,尤其是要提高中低收入者收入水平,因为高收入者的边际消费倾向比较低,中低收入者的边际消费倾向则比较高。创造条件让更多群众获得财产性收入,势必促进城乡居民特别是中低收入者收入水平的提高,扩大中等收入者比重,提高消费水平,优化消费结构,刺激中等收入群体的消费需求和投资需求,扩大内需,形成消费、投资、出口协调拉动的经济增长格局,促进国民经济又好又快地发展。

第四,有利于缩小城乡收入分配差距,统筹城乡发展。随着经济的发展和经济体制改革的深入,居民收入水平不断提高的同时,收入差距也在不断地扩大。在我国,显示居民收入差距的基尼系数,自 20 世纪 90 年代中期超过 0.40 这一公认警戒线以来,一直保持在 0.45～0.50 的高水平。全国居民收入差别中平均约有 50% 多是由城乡差别构成的。摆在我们面前的一项重要而又急迫的任务,就是要大力提高居民收入水平,逐步缩小城乡收入分配差距。居民取得的各种财产性收入对收入分配的动态变动解释力和贡献虽然较低,但上升的势头猛,是人均收入当中增长最快的部分,并且在扩大贫富差距,对收入分配的作用不容忽视。

第五,有利于强化居民的投资意识,推进资本市场的发展和商业银行转型。居民财产作为非劳动性生产要素参与收入分配,具有很强的财富效应,从而激发人们的投资热情,增强人们投资理财的意识,提高居民收入水平。同时财产性收入的存在进一步刺激资本市场的发展和完善,实现金融产品的多元化,拓宽居民的投资渠道,增加投资机会,使居民可以直接或间接投资。特别有利于促进商业银行转型,扩大除贷款以外的业务,实现银行产品从利息产品向非利息产品转换。因为银行非利息产品主要的销售对象是居民,只有居民购买了金融产品才能最终实现银行非金融产品的销售,所以居民拥有财产性收入是商业银行转变为全能型银行非常重要的一环,为商业银行转型铺路。

（二）当前农民财产性收入及转移性收入的现状分析

1.农民财产性收入缺乏"源头",收入水平普遍不高

财产性收入具有衍生性特点,其想要取得的基础是占有财产,而积累财产是需要借助收入增长来进行实现。一个人想要进行投资,需要在达到自身基本生活水平后,利用休闲日子去做投资理财。但近年来在不断深化改革农村产权制度后,农村财产积累处于加速状态中,农民的腰

包鼓了起来。但与城镇居民收入相比而言,农民收入总体水平有待提高,因为较低的收入水平,使农民不敢将更多的钱用来投资,这样就难以实现增加农民财产性收入的目标。

2.缺乏完善的农民产权制度,土地价值难以充分实现

农村财产性收入与转移性收入来源于处置财产、财产收益中。当前,只有房屋与土地才能给农民带来财产收入,但由于我国制度因素的限制,农村在土地和房屋财产的收益权、处置权以及所有权中还没有完全实现,表现为农村房屋土地产权不能确认,因为产权主体不明确,土地补偿价格并不高,造成农民流失了很多经济利益。同时,因为农民不能抵押家庭宅基地使用权,也不能流转宅基地,难以使宅基地作为一项资产进行市场环境中,农地远在农村,造成土地价值很难转向资本,也没有很好地发挥财富效益。

3.农村金融市场发展落后,农民难以及时获取金融信息

金融财产性收入在城镇居民财产性收入中扮演着重要角色。而对于远在农村地区的农民而言,金融财产性收入有限,其原因无非在于农村金融市场发展水平有待于提高。当前,商业银行重点业务已经开始转向城市,造成越发边缘化农村金融口,很多营业网点只也建设在城市中,农村不完善的投资信息体系,造成农民难以获得即时信息,难以实现财产性收入与转移收入。

4.农民理财水平不高,超前消费现象过于普遍

农民受教育水平影响了农村整体素质素养,因为其没有掌握很多知识,80%的农民不会使用现代机械设备,不具有分析和决策动产价值的能力,在风险变幻多端的市场环境中,想要获取收益难上加难。同时,在促进城镇化进程中,农民在失去土地后,想要继续得到生产和发展,必须要融入城市生活中,一方面他们并不属于资本市场范畴内,却需要与城镇居民承担相同的经济压力,另一方面,由于知识水平有限,他们只能以银行存款方式获取一点点收益。此外,在获得征地补偿后,很多农民不

懂得理财,超前现象普遍,甚至将购买彩票、参与赌博等作为生财的主要方式,最后造成巨大损失。甚至还有很多非法农庄,为了骗取农民的土地补偿款,以高利率为诱饵吸收农民的存款,因为缺乏完善的法律保障基础,很多农民投入的资金都打水漂了。

第二节　有关提高农民财产性收入和转移性收入的相关政策内容及政策指导

一、北京市人民政府关于规范引导盘活利用农民闲置房屋,增加农民财产性收入的指导意见

近年来,郊区农民群众积极创新资产经营方式,不断加快探索农民闲置房屋盘活利用的有效形式。为深入贯彻落实中央农村工作会议和2018年中央一号文件精神,规范引导盘活利用农民闲置房屋工作,有组织地将农民闲置房屋资源经营起来,增加农民财产性收入,特提出如下指导意见:

1.合理确定盘活利用农民闲置房屋范围,坚持正确导向

各区开展盘活利用农民闲置房屋工作应符合《北京城市总体规划(2016年—2035年)》,要与本地区乡村规划和美丽乡村建设相结合,做到统筹协调、规范引导、健康发展。

盘活利用农民闲置房屋应在农民合法宅基地上的房屋进行,原则上应以农户现有集体建设用地(宅基地)使用权证或相关规划、建设部门核发的建房手续作为权利证明依据。此项工作要在规划保留的村庄内开展,房屋应符合本市城市总体规划和土地利用总体规划(以下简称"两

规"）、产权归属清晰、处于闲置状态和可安全使用等要求，并经集体经济组织认可。不包括设施农业项目配套用房、违法占地建房以及农民建设的用于仓储的非居住用途的房屋等。

此项工作应坚持"一户一宅"原则，要优先保障农民的居住权。要结合探索宅基地退出机制，将闲置宅基地优先用于保障本村村民居住需求。本村村民住宅需求不能妥善安排的，不应开展盘活利用农民闲置房屋工作。

2. 充分尊重农民意愿，兼顾各方合法权益

按照落实宅基地集体所有权，保障宅基地农户资格权和农民房屋财产权，适度放活宅基地和农民房屋使用权，不得违规违法买卖宅基地的要求，以农村集体土地所有权、农民宅基地使用权和房屋所有权不变为前提，充分尊重当地农民意愿，按照依法、自愿、有偿的原则进行。坚决禁止为了集中连片开展经营，通过临时为农民租赁住房的办法开展此项工作。房屋租赁经营合同期满或中止后，房屋所有权仍归原农户所有。在工作中要正确处理好农户、集体和合作单位之间的利益关系，确保各方的合法权益，做到互利共赢。

3. 坚持集体统一组织运营，提高农民组织化程度

村集体经济组织作为农村宅基地所有权主体代表，必须发挥组织和引导作用。该项工作要由闲置房屋所在地的村集体经济组织统一组织进行，提高农民的组织化程度，有效防止一家一户未经本集体经济组织同意擅自与社会资本开展合作经营产生各类矛盾纠纷。

在经营方式上，村集体经济组织可以采取作价回购、统一租赁或者农户入股股份合作等多种方式整合本村农民闲置房屋资源，选择适合本村特点的产业，进行自主经营或对外合作；也可以由村集体经济组织牵头组建农民住宅专业合作社，进行自主经营或对外合作。村集体经济组织可以通过统一组织经营管理、提供公共设施和服务等，获取合理的经营收益和管理费用，并严格纳入集体资产进行管理、分配和使用。

4.加强统筹安排,依法合规原貌利用

各区要在做好农民闲置房屋的合法性核查,认真核实房屋闲置状态和农民住房真实情况的基础上,根据实际情况统筹安排,加强指导,切实做到风险可控。该项工作应在农民已有稳定住所、原有房屋闲置率较高且易于集中开发的村庄进行。要坚持依法合规,严格实行土地用途管制和节约集约利用土地,原貌利用。在传统村落开展此项工作,必须符合传统村落保护发展规划有关要求,进行传统建筑保护修缮。装修改造要在原有房屋基础上进行,不得超出原住房面积进行改建和扩建。严格禁止下乡利用农村宅基地建设别墅大院和私人会馆,坚决防止以盘活利用农民闲置房屋的名义进行各类违法建设;严格禁止采取以租代售的方式经营农民闲置房屋,坚决杜绝变相发展小产权房;严格禁止在集体经营性建设用地及其房屋上开展盘活利用农民闲置房屋工作;严格禁止以各种名目开展不符合本市政策的相关工作。

5.坚持因村制宜,发展特色融合产业

要本着有利于产业发展、有利于改善农村生态环境、有利于农民和集体增收的方向,防止人口无序增加、资源浪费、环境污染等,实施可持续发展。要统筹考虑村庄的区位条件、资源禀赋、市政交通、环境容量和产业发展基础,发展符合首都功能定位要求的特色产业。现阶段,重点发展与乡村旅游相结合的多种形式的融合性产业,加快打造一批较高水平的乡村民宿,促进休闲农业与乡村旅游提档升级。在具备条件且符合社会养老政策的前提下,鼓励探索发展城乡居民养老产业。鼓励发展文化创意产业等环境友好型产业。利用农民闲置房屋作为住所(经营场所)开展经营活动的,应符合本市住所(经营场所)登记的有关法律法规和政策规定。

6.规范签订房屋利用合同,依法确定租赁期限

要严格遵守《中华人民共和国合同法》的有关规定,由乡镇政府指导村集体经济组织签订规范的农民闲置房屋租赁合同。合同中应当明确

约定产权归属和各项权利义务,特别是对合同到期后的房屋及配套设施设备归属作出明确约定。按照《合同法》的规定,租赁合同的期限不得超过20年,结合《北京城市总体规划(2016年—2035年)》要求,合同期限截止日期原则上应不超过规划期2035年,具体时间由各区根据本区情况确定。在合理确定租赁期限的基础上,结合经济社会发展趋势,建立租金动态调整机制。合同一经签订,合同当事人要认真履行。合同期满后,可以依据国家届时的法律规定,按照依法、自愿、有偿的原则终止或者续签租赁合同。规划期后如需续签合同,应确保项目用地仍符合"两规"要求。

7. 加强规范管理,确保安全运营

严格禁止在地质灾害易发区等存在安全隐患的村庄开展盘活利用农民闲置房屋工作。已经列入山区搬迁计划和拟拆迁腾退的村庄、已经享受过政策性搬迁的旧村址以及已纳入城市开发边界内的村庄不得开展盘活利用农民闲置房屋工作。盘活利用农民闲置房屋发展相关产业,应对闲置房屋进行房屋安全和抗震鉴定,不满足安全、抗震要求的房屋不得使用和租赁。在房屋装修改造和经营过程中,要高度重视安全生产工作,特别是要高度重视消防安全工作,加强从业人员的安全培训工作,防止各类安全事故发生,确保广大人民群众生命财产安全。同时,村集体经济组织要认真做好农户的组织协调工作,减少矛盾纠纷,维护农村社会和谐稳定,确保安全稳定运营。

8. 加强农房出租管理,建立健全登记制度

各区要结合全市"疏解整治促提升"和美丽乡村建设的总体部署和工作要求,强化属地管理,严格按照《北京市房屋租赁管理若干规定》(北京市人民政府令第231号)的要求,切实加强农村宅基地以及出租房屋的管理,防止无序改建、扩建和任意出租房屋。特别是要将城乡结合部地区等租住农房的大量人口聚集区域作为重点,采取有力措施加大管理力度。要组织乡镇政府和村委会加快建立健全村级房屋出租管理服务

站,由村级服务站对本村农户出租用于居住的房屋进行统一登记,随时了解房屋出租、居住人员情况及安全管理等动态,并做好出租住房的日常检查工作,发现违法违规行为及时向本区有关部门报告,有效防止农村出租房屋呈现梯度外移的无序状态,确保安全。

9.进一步明确责任,加强指导和服务

按照属地管理的原则,层层落实盘活利用农民闲置房屋工作的指导、服务和监管职责,确保持续健康发展。

各区要认真做好农民闲置房屋现状的调查工作,包括闲置房屋的数量、面积,同步完成农民宅基地缺口数据的摸底、调查和统计工作。要建立盘活利用农民闲置房屋工作部门联动机制,按照本意见的要求,加强对该项工作的规范引导。同时,要加强开展盘活利用农民闲置房屋地区的配套基础设施建设,完善公共服务设施,整合社会各界力量,营造良好的外部环境。

各乡镇政府是盘活利用农民闲置房屋工作的管理和服务责任主体,要严格把控开展盘活利用农民闲置房屋地区的市场准入,负责农民闲置房屋的合法性审核,强化农村宅基地审批、管控,确保闲置房屋的产权无异议、无纠纷。

村委会是农村房屋建设和出租监督管理的责任主体,要切实加强指导、监管和服务。村集体经济组织是盘活利用农民闲置房屋经营工作的实施主体,应发挥引领、组织、统筹和管理作用,切实保护好村集体和广大农户的切身利益。

二、吉林省人民政府办公厅关于多渠道增加农民财产性收入的指导意见

为深入贯彻党的十八届三中、四中、五中全会和习近平总书记在吉林考察期间的讲话精神,推动省委十届三次全会重点改革任务落实,赋予农民更多的财产权利,构建农民收入增长长效机制,经省政府同意,现

就多渠道增加农民财产性收入提出以下指导意见：

1. 巩固完善农村土地承包经营权流转制度

（1）开展确权登记颁证工作。按照中央和我省统一部署，强化县、乡两级责任，严格按工作流程推进农村土地承包经营权确权登记颁证进度。以二轮土地延包和现有土地承包台账、合同、证书为依据，确定承包权权属，明晰土地面积、四至，强化对农户土地承包经营权的物权保护，2017年基本实现确地到户。健全完善包含承包合同取得权利、登记记载权利、证书证明权利的土地承包经营权登记制度。建立省、市、县连通的土地承包经营权信息服务平台，做到档案、证书、数据库信息一致。

（2）推动农村土地所有权、承包权、经营权"三权分置并行"改革。按照中央关于推进农村土地制度改革的总体部署，探索建立农村土地所有权、承包权、经营权"三权分置并行"具体实现方式。开展农村土地承包权证和经营权证颁发试点工作，在试点县（市）颁发农村土地集体所有权证、承包权证和经营权证。落实集体所有权、稳定农户承包权、放活土地经营权，保障集体经济组织及成员、土地经营者三方权益，通过市场合理配置资源，推动农民土地经营权财产价值实现。

（3）建立规范高效的经营权流转市场。依托农村经营管理机构，完善县、乡、村三级服务和管理网络。充分利用已建立的农村土地规模经营服务体系和农村产权交易市场及"三资"代理服务中心等资源条件，设立和完善县、乡土地流转市场及村土地流转服务站。各地财政要加大农村土地流转市场服务体系建设投入，推动县、乡土地流转服务大厅标准化建设，配备相关设备设施，定期发布流转土地位置、面积、价格等供求信息。打造县、乡、村联动的农村土地流转信息服务平台，开展线上、线下土地流转政策咨询、信息发布、价格指导、合同签订、合同变更、委托流转、登记备案等服务。指导农民使用全省统一的流转合同示范文本，引导流转双方签订规范合同，保证双方权益。完善土地流转交易规则和管理办法。健全乡村调解、县（市、区）仲裁、司法保障的纠纷调处机制，及时调处土地承包经营权流转纠纷。

(4)鼓励各种形式的经营权流转。各级农村土地流转服务机构要帮助流转双方建立稳定的流转关系和合理的利益分配机制。鼓励经营者向农户提供"保底＋提成"的土地租赁报酬,鼓励承包农户依法自愿采取转包、出租、互换、转让、入股和托管等方式流转承包地,使承包经营权市场价值得到多元化实现。鼓励具备条件的村(组)整村(组)流转土地承包经营权,折价入股组建土地股份合作社。各地要积极培育不同流转模式的规模经营典型,特别是对以入股、互换、农民自愿集中连片流转等形式达到一定规模标准,并保持经营关系稳定、有效带动农业现代化发展和农民增收的,要予以表彰和优先扶持。积极引导工商资本投入农业领域,通过签订订单合同、领办创办农民合作社、土地入股、提供土地托管服务等方式发展农业产业化经营。研究制定工商资本租赁农地监管办法,规范工商资本租赁农地行为。

2. 积极开展集体建设用地制度创新

(1)推进集体建设用地确权登记颁证工作。开展农村集体建设用地地籍调查,将地上建筑物、构筑物纳入调查登记范围,完成全省农村集体建设用地、宅基地使用权和农村房屋产权确权登记发证工作,形成覆盖城乡、房地一体的不动产登记体系。2017年基本完成全省农村集体建设用地、宅基地使用权和农村房屋产权确权登记发证工作。同步建立农村集体建设用地和房屋调查数据库。

(2)推进集体建设用地入市试点。以构建城乡统一的建设用地市场为目标,因地制宜地探索集体经营性建设用地入市办法。按照国家和我省深化农村土地制度改革的部署要求,积极推动长春市九台区集体建设用地入市试点工作。研究确定入市类型,探索适合的入市方式,完成拟入市地块上图、入册及信息数据库建库工作,合理分配集体经营性建设用地入市带来的土地增值收益。

(3)继续稳妥推进城乡建设用地增减挂钩试点。按照国家总体部署,积极申报立项新试点项目。推动已批准增减挂钩试点项目进度,完善相关政策,确保建新区回迁安置和拆旧区如期复垦,严格按标准验收。加强项目管理,保证周转指标如期归还。通过试点项目,将城镇土地出让收益的一部分"反哺"给农村集体经济组织及成员,落实和保障农民的财产权。

3. 实现农民宅基地及房屋财产权能

(1)加强宅基地使用权管理。保障农户宅基地用益物权,推动宅基地使用权改革创新。完善宅基地审批制度,发挥村民自治组织的民主管理作用,建立健全宅基地取得和退出机制。研究宅基地使用权及地上房屋的转让、继承办法,对历史原因形成超标准占用宅基地和一户多宅等情况,探索实行有偿使用。开展进城落户农民在本集体经济组织内部自愿有偿退出或转让宅基地试点。对进城农民原宅基地整理复垦的,支持结合城乡建设增减挂钩政策开展宅基地换房。

(2)探索实现农民住房财产抵押功能。积极申报农民住房财产权抵押贷款试点。妥善处理好农民、农村集体经济组织、金融机构等各方关系,在风险可控、维护农民合法权益的前提下,探索农民住房财产权抵押、担保、转让的有效方式。明确贷款对象、贷款用途、价值评估、抵押物处置办法。维护和保障抵押权人合法财产权益,允许金融机构在保证农户基本住房权利前提下,依法处置抵押物。

(3)推动农村闲置房屋合理利用。充分利用闲置房屋发展农村二三产业,兴办生产经营组织和养老院等公共服务组织。结合新农村和美丽乡村建设,打造乡村游线路,提升房屋租赁价格和产权价格。有条件的地方,可以结合山水风光、特色文化、特产集散等资源优势发展农家乐,也可在产权人自愿的情况下,由村组托管闲置房屋,统一管理经营。结合农村信息化建设,鼓励村民依法利用网络发布房屋租赁供求信息。

4. 保障征地农民财产权

加强农村土地征收管理。进一步完善土地征收制度。探索制定土地征收目录,严格界定公共利益用地范围。规范土地征收程序,征地要征求被征地农民意见,实行阳光操作,严禁未批先征或集体经济组织擅自出让。制定征地方案、补偿方案和安置方案时,要吸收被征地农民参与其中。征地补偿标准应与当地经济发展水平同步提升。各级政府要处理好经济发展与维护群众合法权益的关系,建立社会稳定风险评估制度,健全矛盾纠纷调处机制,完善征地农民多元保障机制,维护农村经济社会和谐稳定。

5.增加农民集体财产收益

(1)发展壮大集体经济。落实省委"三项工程"和省委组织部等16部门《关于落实〈关于发展壮大新型村级集体经济若干意见〉的实施意见》(吉组通〔2013〕31号)中发展集体经济薄弱村各项措施。进一步加大财政投入,通过项目补贴和贷款贴息,直接扶持村集体经济发展。综合采用项目倾斜、扶贫开发、结对帮扶等多种手段,增强集体经济组织的自我发展能力。鼓励集体经济参股新型经营主体,积极探索新型村级集体经济的有效实现方式。

(2)推进集体产权制度改革。落实集体资产股权到集体经济组织成员。完善农村集体产权制度改革的各项政策,指导试点地区规范有序开展工作。探索集体经济组织的实现形式、管理模式、分配方式,赋予集体经济组织法人地位,落实民主管理。研究确定农村集体经济组织成员资格认定办法,股权配置方式和配置资产范围。探索赋予农民集体资产股份各项权能的方法和途径,支持有条件的地方开展农民集体资产权益的继承和有偿退出试点。

(3)推进农村集体资产产权交易市场建设。贯彻落实《国务院办公厅关于引导农村产权流转交易市场健康发展的意见》(国办发〔2014〕71号),加强政策调研,整合资源,结合农村土地流转服务中心建设,搭建农村集体资产产权综合交易平台。鼓励各地依托现有的各类农村产权流转服务平台,盘活农村集体资产,实现资源、资产和资金的合理转换,促进农民财产性增收。

6. 进一步完善农村公共服务和社会保障

完善农村教育、医疗、社会保障等制度。加大财政对农村公共服务和社会保障的投入补贴力度,缓解农民后顾之忧。合理配置教育资源,推进义务教育均衡发展,巩固提高义务教育水平;完善以政府为主导、多种形式并举的家庭经济困难学生资助政策,建立健全基本公共教育服务体系。探索并逐步建立城乡一体化的基本医疗保障管理制度,加快健全农村重特大疾病保险和救助制度,加强医疗救助信息化建设,逐步实现异地结算。建立低保标准自然调整机制和财政投入保障机制,提高农村低保标准和补助水平,逐步推进城乡低保制度统筹发展,实行动态管理下的应保尽保。加快推进养老保险制度改革,完善农村居民基本养老保险制度,健全农村留守儿童、妇女、老年人关爱服务体系。

7. 加强农村金融服务及监管

(1)创新符合农村发展需求的金融产品及服务。金融主管部门要引导银行、保险等金融机构研发适合农村特点的金融产品,强化小额存贷、信用消费、投资型保险等业务向农村延伸的能力,简化办理流程,增加农村业务量。探索就农村集体资产和农民的土地、房屋、农产品等开发信托产品。稳定县域金融网点,有条件的地方,加大金融下乡力度,推广"四个一"工程,扩大农村手机银行、电话银行、网上银行、移动支付应用范围,把支付结算服务拓展到农村。把村级金融服务基础设施建设纳入财政补贴范围,在金融活动活跃的村组设立自助银行或开展流动金融服务。

(2)增强农民投资意识。鼓励农民利用富余资金、实物资产、经营权等参股公司企业、农民合作社、家庭农场和农业社会化服务组织获得股权收入。加强农民安全理财意识的建立和培养,金融管理服务部门和银行、证券公司等企业要充分利用广播视频、远程培训、发放标语传单等方式,把财务管理、储蓄、贷款、期货、保险、股票证券等多种金融财务知识、操作技能、服务信息送下乡,帮助农民树立正确理财观念,提高防范风险能力。

(3)加强农村金融监管。完善地方金融管理体制,明确地方政府对小额贷款公司、融资性担保公司、典当行、农村资金互助合作组织等机构的监管职责,建立有效的风险预警、防范和化解机制,稳妥开展农民合作社内部资金互助试点。加强金融工作的统一领导,完善县级金融部门服务职能,提升县域金融监管有效性、加强县域金融监管能力建设。推进农村信用体系建设,尽快建立农村居民信用档案,并在此基础上开展信用评级。鼓励金融机构在信用评定基础上对农村贷款人授信,为建立我省农村信用担保体系奠定良好的基础。

增加农民财产性收入,事关城乡一体化建设,事关农民切身利益。各级政府要高度重视,切实把增加财产性收入作为进一步提高农民收入的切入点和增长点,加强实践探索,研究可行措施,有效破解难题,确保各项政策不折不扣落到实处。

三、农业农村部办公厅、财政部办公厅关于完善农业相关转移支付"大专项+任务清单"管理方式的通知

为贯彻落实《国务院关于探索建立涉农资金统筹整合长效机制的意见》(国发〔2017〕54 号)精神,近年来中央财政农业相关转移支付项目实施"大专项+任务清单"管理方式改革,从源头上推进解决支农资金投入交叉重复、使用分散等问题,充分调动了各方积极性,统筹整合力度显著增强,财政资金使用效益明显提升,为实施乡村振兴战略、加快农业农村现代化提供了有力支撑。但是,改革过程中也存在个别地方对政策理解不到位、资金整合不合理、绩效管理跟不上等情况。为加强农业相关转移支付资金管理,确保政策有效落实,现就完善"大专项+任务清单"管理方式通知如下。

1. 准确把握改革精神

根据国发〔2017〕54号文件精神,中央财政农业相关转移支付项目实施"大专项＋任务清单"管理方式改革,将性质相同、用途相近的项目整合成为大专项,根据工作需要分别确定各省份任务清单,由地方结合实际统筹落实任务清单。开展"大专项＋任务清单"管理方式改革,是国家深化财税体制改革的重要内容,是推动项目管理简政放权的重要举措,有利于推进国家治理体系和治理能力现代化。各级农业农村、财政部门要准确把握改革精神,按照统筹整合要求,积极主动作为,理顺管理体系,完善相关制度,优化投入保障,确保改革顺利推进,实现"中央放得下、地方接得住、资金用得好"。

2. 优化设置专项和任务清单

根据农业农村发展实际,中央财政设置农业生产发展资金、农业资源及生态保护补助资金、动物防疫等补助经费、农田建设补助资金等大专项。大专项下设置支出方向,实行任务清单管理,并实施年度间动态调整。各省、自治区、直辖市及计划单列市,新疆生产建设兵团,中央直属垦区(以下简称"各省")要结合农业生产领域中央与地方财政事权和支出责任划分探索,加强与中央专项的统筹衔接,提高地方财政专项资金安排的合理性、协调性。中央财政农业相关转移支付资金主要采取因素法分配,集中切块下达,根据相关资金管理办法,测算因素包括基础资源、政策任务、贫困地区、工作绩效等。中央财政提前告知和正式告知资金预算时,同步下达任务清单(农田建设补助资金支持方向固定,采取任务指标与绩效目标整合集中下达方式),作为地方细化资金、任务安排的依据。任务清单区分约束性任务和指导性任务,主要包括年度支持方向、具体任务量等内部、财政部适当控制约束性任务数量,逐步增加指导性任务数量。对于约束性任务,中央财政可明确具体任务资金安排;对于指导性任务,中央财政确定支持方向,不细化具体任务资金额度,各省可结合本地实际,合理确定清单内各项任务的资金支持额度。采取项目法管理的相关任务按照有关项目文件执行。

3.规范开展资金统筹

省级农业农村、财政部门要根据中央下达的任务清单,科学细化任务和资金安排。统筹使用中央和地方财政资金,结合实际聚焦重大问题、重点工作,聚成政策合力,盘活用好财政资金。鼓励各地按照协同高效的原则,围绕优势产业、重点区域、重大项目等搭建统筹整合平台,加强对政策目标相近的不同领域、不同环节项目资金的统筹衔接。鼓励创新资金使用方式,采取政府购买服务、先建后补、以奖代补、折股量化、贷款贴息等方式推进政策落实,引导金融和社会资本参与,调动广大农民积极性,提高财政资金使用效益。严格执行中央财政相关转移支付资金管理办法,不得夸大专项整合资金,不得超出任务清单范围安排资金,不得将中央财政资金简单直接切块用于省级及以下现代农业产业园等地方性政策任务。约束性任务资金必须足额保障,不得用于其他任务支出。对农民的直接补贴必须足额兑付到位,不得擅自调整使用方式。有序推进贫困县涉农资金统筹整合使用试点工作,开展统筹整合试点的地区限定在832个连片特困地区县和国家扶贫开发工作重点县,不得擅自扩大范围。对于动物防疫等明确由地方分担的相关支出,不得纳入中央财政支出范围。省级农业农村、财政部门要按照可控、高效等原则,逐步下放项目管理权限,充分调动基层工作积极性。各省在编制资金使用和项目实施方案时,按照相关要求在正式印发前要与农业农村部、财政部充分沟通,正式印发后要按要求备案。

4.全面加强绩效管理

省级财政、农业农村部门要根据中央财政提前下达的资金规模和绩效目标,结合本省实际,合理调整后上报本年度绩效目标。财政部、农业农村部对各省份上报的区域绩效目标审核后,随同年度资金预算正式下达各省份,作为年度绩效评价的依据。中央财政建立整体评价与重点评价相结合的绩效评价制度。对大专项实行整体评价,依托农业转移支付项目管理系统,以过程评价为主,辅助采取抽查方式,重点评价资金统筹整合安排的规范性、资金执行及信息报送等情况,评价结果作为下一年度资金安排的重要依据。财政部会同农业农村部每年选择一批政策任务开展重点绩效评价,对于任务完成和政策实施绩效较差的,将调减资金或清理取消。对于纳入国家级贫困县涉农资金整合方案的中央农业转移支付资金和任务,不列入绩效评价的范围。各省要认真总结各项任务实施情况,按时报送财政部和农业农村部。

5.扎实做好基础工作

农业农村部会同财政部制定中央财政农业相关转移支付各项政策任务的中期实施规划(方案),明确各项任务的总体绩效目标、支持重点、执行期限等。省级农业农村、财政部门要完善农业农村发展重大项目库,高质量开展项目前期工作,建立项目常态化储备制度,形成"谋划一批、论证一批、储备一批、实施一批"的动态循环机制。各地要利用信息化手段强化日常管理,及时将本省专项实施方案、资金安排、资金执行、绩效自评等信息,通过农业转移支付项目管理系统报送农业农村部和财政部,并保证各项数据的真实性、准确性和完整性。要积极组织开展人员培训,准确把握改革意图和政策任务,不断提高项目实施与监管能力。要做好涉农补贴政务公开工作,扩大群众知情权,防范廉政风险。要总结各地好的经验做法,及时进行宣传推广,不断提高农业相关转移支付项目管理精细化水平。

第三节 案例展示与分析

一、上海盘活宅基地资源打造乡村人才公寓

(一)案例导读

近年来,上海市浦东新区张江镇充分发挥毗邻科学城的区位优势,结合美丽庭院创建,探索盘活农村闲置宅基地和闲置农房打造乡村人才公寓,既缓解了创新人才"居住难"的老问题,又为农民增收找到了新源头。

随着张江科学城建设发展,一些问题也暴露了出来:近年来不少企业反映,不断增长的住房需求和有限的供给空间之间存在巨大缺口。一方面,人才公寓面临 5 万套缺口,一房难求,成为张江科学城众多企业引进人才、留住人才的瓶颈;另一方面,部分村民有闲置宅基地房屋出租的意愿,但老旧的闲置农房在市场上租不出"好价钱",村民增收空间有限。

(二)案例分析

针对以上情况,浦东新区主动作为,顺应企业职工和本地农户的双向需求,打通城区与近郊的资源"梗阻",率先在张江镇新丰村将长期闲置的"农民房"改造为长租人才公寓,探索出一条政府牵头、农民供房、镇企改造,三方合力的乡村人才公寓新业态。这一实践得到不断复制推广。2019 年,奉贤区在南桥镇华严村开办了"星公寓";随后,奉贤区、青浦区将这一模式应用到乡村振兴示范村建设中,成了上海实施乡村振兴战略的新亮点。截至 2020 年 6 月底,上海市共有浦东张江,奉贤南桥、庄行、奉城,青浦重固等 3 区 5 镇在辖区 8 个行政村开展了这项改革实践,共计改造宅基地房屋 86 栋 503 个房间,建筑面积 2.36 万平方米。目前上海乡村人才公寓运行良好。

一是坚持集体统筹,实现多元经营。在自愿、依法、有偿的基础上,

村集体与村民签署协议,统一流转宅基地房屋实现集中管理,租期 10 到 15 年不等。村集体接洽经营公司,委托其从事房屋修缮改造和对外招租运作。在 8 个村的人才公寓建设项目中,有 4 个由镇属集体企业负责经营,3 个委托第三方企业负责经营,1 个由村集体经济组织自主经营,经营主体呈现多元化的特点。

二是坚持需求导向,农房变身公寓。经营企业在改造中坚持市场需求,使老旧的农房变身青年人中意的新式公寓。实现硬件升级,根据宅基地房屋的建造年代和样式结构进行一对一的设计和修缮,并在确保建筑安全的同时,为每间居室加装卫生间,设置公共洗衣间、厨房和活动室。完善软装配套,配备了密码门锁、全方位 24 小时监控探头、电子围栏、烟感报警等智能化安全设施以及无线 Wi-Fi 等软装配套。统一房屋风貌,尽可能选取相邻的房屋进行组团式改造,形成集聚效应,既降低成本,又做到了房屋整体风貌的和谐统一,维护了乡村的自然肌理。

三是坚持提升品质,打造人才之家。经营企业注重在运营维护上加强服务,提升品牌美誉度和影响力。提升安全性,为便于外来人员管理,经营企业以整栋包租的方式,有效防止了无序出租产生的人员结构复杂问题。提升舒适性,结合当地美丽庭院、和美宅基等环境整治工程,经营企业联合村委会共同完善绿地公园、篮球场、村卫生室等公共场所,为年轻白领提供良好的居住和休闲环境,引导他们与村民互动,成为乡村振兴的参与者。提升便捷性,在方便周边产业园区职工居住的同时,经营企业还增加了相应的物业服务,便利就学就医、居住证办理、快递收纳等服务,用于解决园区高级管理人员及白领生活配套。

(三)经验介绍

盘活农民闲置宅基地打造乡村人才公寓的做法实现了多赢,受到了广泛好评,为城市和农村架起了桥梁,实现了城乡融合"双破题、双提升"。

一是城市人才安居和农民持续增收"双破题"。乡村人才公寓单间的月租金明显低于市场价格,相关公司与公寓经营企业建立合作关系,对入住职工给予租房补贴,进一步减少了实际月租金支出。当地村民将宅基地房屋流转后,不仅可以获得可观的租金收入,修缮改造后的房屋质量和外貌都有了显著提升,也带动了房屋增值。据统计,近郊的人才公寓项目平均每栋可使村民增收10万元,远郊的租金在4万~5万元,比改造前增长30%左右。

二是农村人居环境和乡村发展活力"双提升"。乡村人才公寓有效带动了所在村庄道路、河道、绿化等软硬件的整体提升,原住村民美化庭院的意识得到增强,村庄外围脏乱差的现象得到有效遏制,村庄"景点化"的趋势日益显现。同时,人才公寓为城乡要素双向流动发挥了桥梁纽带作用,地、钱、人等要素的价值得以开发和彰显,农村宅基地"三权分置"改革实践得以深化,农村公共服务的能级不断提升,城市的温度、乡村的温情得到充分展现。

从上海的实践看,盘活农村闲置宅基地和闲置农房打造乡村人才公寓是一项新生事物,这项改革创新既是积极应对超大城市外来人才住房需求和城市居住用地稀缺矛盾的有效实践,又是贯彻落实乡村振兴战略的有益探索,为农村宅基地制度改革提供了典型案例。

二、安徽歙县:盘活闲置农房助推乡村振兴

(一)案例导读

近年来,安徽省在18个县(市、区)启动开展农村闲置宅基地和闲置住宅盘活利用试点示范工作。安徽歙县因地制宜探索盘活闲置农房助推乡村振兴的有效做法。

(二)案例分析

1.加强谋划,理清盘活利用工作思路

一是构建政策框架。2018年,歙县在全省县区中率先出台《关于盘活闲置农房(宅基地)促进富民强村的实施意见》《歙县闲置农房(宅基地)流转交易办法》《歙县闲置农房(宅基地)盘活工作三年行动计划(2018—2020年)》等3个规范性文件,构建了盘活利用闲置宅基地和闲置农房的基本政策框架。2019年制定并印发《歙县盘活闲置农房工作实施方案》《歙县农村村民个人建房管理办法》,进一步对盘活利用进行规范。

二是抓好先行先试。歙县按照稳慎推进的原则,结合实际选择王村镇烟村、杞梓里镇王婆宅村、溪头镇蓝田村和芽塘下村、长陔乡谷丰村、上丰乡赵村等6个自然村作为整村推进重点村,其他乡镇自行选择1~2个村试点,着力打造盘活利用闲置农房(宅基地)示范区块。

三是学习先进经验。歙县县委、县政府负责同志带队,农业农村局、自然资源规划局等县直部门和6个盘活利用重点村所在乡镇党委书记一行,前往浙江义乌市、绍兴市上虞区等地,实地考察学习农村宅基地"三权分置"、激活闲置农房等工作,结合实际提出了六项举措,推动县域闲置农房(宅基地)盘活利用工作走在全省前列。

2.创新机制,创造盘活利用良好条件

歙县立足自身实际,坚持三管齐下,积极引入社会资本,壮大村级集体经济,增加农民财产性收入,全力为盘活利用闲置农房(宅基地)创造条件。

一是搭建交易平台。依托江南林权交易所,组建县农村产权交易服务分中心和28个乡镇农村产权交易服务站,搭建闲置农房(宅基地)农房收储、信息发布、流转交易平台,建立完善归属清晰、权能完整、保护严格、流转顺畅的闲置农房(宅基地)流转交易市场。截至目前,共完成各类闲置农房(宅基地)交易500余幢,交易面积6万平方米,社会总投资金额近3亿元。

二是组建村集体经济合作社。结合农村集体产权制度改革,利用村"两委"换届契机,组建182个村经济合作社(股份经济合作社),作为农村宅基地集体所有权益者,采取统一标准收储农户的闲置农房和宅基地,打包后通过农村产权交易平台对外发布,采取出租、入股等多种形式与经营主体合作,有效地落实了宅基地"三权分置"政策,很好地处理了农户、村集体和经营者三者关系。岔口镇周家村经济合作社针对本村闲置农房多的实际,在收储打包后通过平台对外发布,黄山中瓷发展有限公司以每年3.5万元的租金获得第一批6组土楼20年的经营权。

三是破解融资难题。指导农商行创新出台《"乡村兴·民宿贷"业务管理办法》,对县域民宿行业整体授信5000万元,向从事民宿经营的个人及经营实体发放经营性贷款,用于支付租金、民宿装修及购买大件物品。歙县农商银行通过"整村授信"方式,依据盘活利用规模,对上丰乡丰源村和杞梓里镇唐里村集体经济组织分别予以100万元和200万元额度的授信,由村集体进行闲置农房收储后流转,吸引社会资金开发。截至今年4月,全县民宿贷共授信114户,授信金额3984万元,实际发放2879万元。

3.分类施策,探索盘活利用有效方式

歙县引导各乡镇用足用好试点政策,积极探索不同形式的、各具特色的闲置农房(宅基地)盘活模式,发挥示范标杆作用。经过2年多的实践,探索出3种主要模式。

一是村企合作模式:"农户＋村集体＋企业"。通过村集体统一收储闲置农房,或农户以闲置农房入股,由企业统一承租盘活利用闲置农房。长陔乡谷丰村与浙江布兰顿文化旅游发展有限公司合作开发"云上谷丰无边村落"项目,投资2亿元打造无边村落;王村镇烟村与黄山股份公司达成协议,首期注入资金150万元,打造烟村特色民宿产业;徽城镇南屏村引进黄山翰林休闲度假有限公司,投资6000余万元打造古民居度假休闲项目。通过闲置农房盘活利用工作开展,不仅赋予传统徽州古村落以全新的旅游业态,还保护了一批具有一定价值的古建筑,为古民居的保护利用探索了新路径。

二是村组自营模式:"农户＋村集体"。以村集体为运营主体,投入资金对闲置农房进行修缮保护,打造名人馆、文化展示馆、村史馆等。杞梓里镇依托闲置的原中心小学校舍打造王茂荫文化展示馆,目前已接待近3万人次参观学习。上丰乡岩源革命历史陈列馆利用原村委会旧址兴建,占地200平米,已接待2万人次研学红色教育。

三是村民合作模式:"农户+农户"。主要是返乡创业的村民合作组建公司,利用闲置农房开展经营活动。如杞梓里镇坡山村18户村民采用入股方式组建四季海生态农业股份有限公司,对原生态土坯农房进行改造,发展以摄影、住宿、采摘、美食为特色的乡村旅游,年接待游客6万多人次,旅游收入超过600万元。

三、湖南浏阳探索扩大宅基地流转范围

(一)案例导读

湖南省浏阳市是全国33个农村宅基地制度改革试点县(市、区)之一。全市山多地少,不少边远山区交通不便,地质灾害频发,经济条件较好的农民为改善交通和居住环境,自行跨村、乡(镇)建房居住。农民跨村、乡(镇)使用的宅基地如何确权?成为改革试点中迫切需要解决的一个难题。

(二)案例分析

1.问题背景

杨花乡老桂村是位于浏阳市西南部极为边远的山村,从杨花乡人民政府出发到达该村村部必须翻越20多公里山路,而分散在村落的各农户则距离更远。为解决交通不便和地质灾害影响问题,该村村民刘亚光于2008年将原有房屋拆除,举家迁居邻镇—大瑶镇南山村,按照新农村规划自建住房。房屋建成后,却无法办理宅基地使用权及地上房屋所有权确权手续,这成为多年来压在他心头的一块大石头。刘亚光所在的芙蓉小区一共29户农村村民,与他同样来自杨花乡的有14户,这些从外镇迁来的农户无一例外因使用非本村土地建房而无法依法确权。

权属不清晰,财产无保障。解决这一问题,农民有需求、政府有责任、部门有义务。有的农民一辈子的积蓄就为了建一栋房子,如果因为权属不被认可而造成经济损失,很可能引起社会不稳定。受诸多条件限制,短期内无法以政府为主导、以财政资金为支撑全面落实边远山区农民的搬迁安置,而对于农民自行通过宅基地流转改善居住环境的,政府有责任予以政策支持。同时,农民集中居住,也有利于防范地质灾害、提高节约集约用地水平、推进城镇化建设。因此,允许宅基地在县域内面向符合条件的农户流转,成为了宅基地制度改革的必然要求。

2.主要探索

浏阳市结合农村宅基地制度改革试点,从农民迫切需要解决的问题出发,在建立流转有序、退出顺畅、确保权益、公平节约的宅基地管理制度方面作出了探索,形成了一定的创新经验。

坚持规划引领。浏阳市以美丽乡村规划提质行动和土地利用总体规划中期修改完善为契机,按照"多规合一"的改革要求,启动了村庄土地利用规划编制试点,引导农民科学选址建房、节约集约用地。在城市和园区规划区统一建设农民公寓和农民住宅小区;在集镇、村庄规划区进行连片集中建设或多户联建;在广大农村地区,对地势较为平坦的村落尽量利用非耕地,规划多个集聚区满足农民建房需求;山区则着重改善居住交通条件,避开地质灾害隐患,鼓励农民逐步迁移。试点以来,通过腾挪整治、集中安置,规划整理集中连片宅基地89宗,面向全市符合申请条件的农户公开竞价流转,有效确保农村居民建房需求。

引导规范流转。一是构建交易平台。浏阳市开发了集体建设用地网挂交易系统,成立了湖南首家农村资源流转交易中心,建立了"浏阳市城乡地价一体化"基准地价,为宅基地的流转、抵押、退出、收储提供了交易平台和价格指导。二是扩大流转范围。出台了《浏阳市农村宅基地使用权流转管理办法(试行)》,允许4个街道辖区和2个工业园规划区之外的宅基地,面向全市符合申请条件的农户流转,并鼓励通过公开竞价的方式取得。目前,共流转宅基地 2061 宗、面积 495 亩。如澄潭江镇槐树社区推出 9 宗符合规划的宅基地,经村民代表大会民主讨论同意公开择位竞价流转,吸引外村外镇农户落户成交 3 宗,地价总额 55.14 万元;大瑶镇新河小区规划整理集中连片宅基地 28 宗,其中 26 宗面向外村农民流转,平均竞得地价 12 万元。澄潭江镇洲田村(省级贫困村)东南干线两厢通过统一规划公开拍卖宅基地 37 宗,面积 2220 平方米,实现成交总额 263.4 万元,溢价 36.2 万元。三是完善保障机制。出台《浏阳市农村宅基地退出暂行规定》,鼓励农业转移人口进入城镇购房或农村集中居民点定居,在集体经济组织认可的前提下,进城农民或跨村、镇迁居的农民仍保留原农村集体成员身份,并享有相关经济分配权益;需返乡创业的,可通过公开竞价重新取得宅基地。

建立公平使用规则。通过建立宅基地有偿使用制度,平衡宅基地流转双方及所在农村集体的权益。一是对一户多宅的多宅部分实行有偿使用(非法的多宅不予认可且要求拆除,但拆除之前同样按标准缴纳有偿使用费),促使不愿承担有偿使用成本的农户主动退出多余的宅基地,增加宅基地流转的储备量。二是为了体现公平,维护本集体成员的权益,要求非本集体成员使用的宅基地,按总用地面积的 50% 向村集体缴纳有偿使用费。建立宅基地土地使用权证年检制度,未按时足额缴纳有偿使用费的,不予办理抵押、变更、流转等手续。试点以来,已收取宅基地有偿使用费 587 万元,通过有偿使用引导 109 户退出多余宅基地 6104 平方米。现居大瑶镇南山村芙蓉小区的刘亚光等 17 户"外来户"均通过有偿使用办理了不动产权证书。

完善退出宅基地再利用机制。在促进宅基地有序流转的同时,浏阳市始终坚持"建设用地总量不增加、耕地面积不减少"的要求。一是严格执行"一户一宅"。通过收取拆旧保证金,开展拆违控违行动等措施,将"一户一宅"的制度落到实处。易地建房的农户在办理新的宅基地许可时一律签订拆旧协议书并缴纳拆旧保证金,未按期拆除旧屋的,保证金不予退还,抵作政府强拆费用。改革以来共拆违1.6万宗、面积3569亩。二是实行复垦奖补政策。村庄内部退出的闲置宅基地复垦验收后,由市财政按标准给予奖励,结余的建设用地指标和耕地补充指标在浏阳区域范围内统筹使用。

（三）经验介绍

1.维护了农民权益

将农村土地制度三项改革有机结合,通过加强确权登记工作力度,强化农民产权意识,扩大不动产登记覆盖面,发挥产权登记定分止争作用,促进了农村社会秩序和经济同步发展。通过民主决策程序,在不突破改革四条底线的前提下,将集体土地所有权和使用权分离,实行宅基地公开流转,保障了农民公平分享土地收益。

2.增加了农民收入

结合农房抵押融资改革,以有偿使用为历史形成的超面积宅基地确权,以宅基地使用权与房屋所有权的统一登记提升农民财产价值,以扩大宅基地流转范围畅通抵押权处置渠道,让农房拥有"合法身份",一纸不动产权证书成为贷款"硬通货",为农民群体创新创业注入了源泉活水。如大瑶镇南山村农户杨传发,宅基地使用面积158平方米,房屋建筑面积424平方米,改革试点中,通过有偿使用等相关政策领取了不动产权证书后,以不动产抵押向农村商业银行获贷由原来的5万元提升至20万元。2016年以来,全市有7家银行开展了宅基地及地上房屋抵押贷款业务,2018年底共发放贷款4.22万宗、贷款总额48.87亿元,惠及农户3万余户。

3.美化了人居环境

结合城乡统筹环境同治、三年绿化行动、全域美丽乡村建设等工作,大力引导宅基地有序流转、规范使用,鼓励农民集中居住,积极开展废弃宅基地复垦。近年来,通过合法有偿、非法无偿等手段,拆除整合废旧宅基地1089宗,绿化植树3000万株,创建了古港镇梅田湖村等21个美丽乡村、官渡镇中州屋场等 45 个幸福屋场,推动了乡村旅游产业蓬勃发展和农业生产的规模化经营。

四、广东省广州市增城区以土地流转为抓手助推产业兴旺

(一)案例导读

增城区作为广州市最大的农业生产基地,农业用地资源丰富,但零散细碎问题突出,严重制约了龙头产业项目的引入和培育。针对上述情况,增城区以"集中、连片、规模"为目标,引导农民将土地集中流转,推动土地资源高效利用。截至 2020 年 5 月,增城通过镇(街)交易平台规范流转耕地(鱼塘、园地)77572 亩,占耕地总面积的比例为 20.96%,引进和培育了创鲜、诺普信、幸福田园、花果小镇等一批超亿元、超千亩、三产融合发展的优质产业项目,辐射带动全区都市现代农业产业发展壮大,促进了农业增效、农民增收

(二)案例分析

1. 持续加大扶持力度,充分调动农户集中流转积极性

在全面配套落实广州市农村土地流转财政补助政策基础上,增城区加码扶持流转农户和新型农业经营主体。一方面鼓励农户集中流转承包土地,另一方面以财政奖补吸引优质产业项目落户建设。2015 年,除按市级标准奖励符合条件的农户和镇(街)土地流转服务机构外,把流入方纳入区级奖补范畴,对符合流转条件的经营大户(单个经营主体流转面积达到 300 亩以上)或农业龙头企业,按照 100 元/亩标准给予一次性补助。2018 年,进一步加大奖补力度并适当延长对流入土地的经营大户的补贴年限。对符合条件的流出土地农户、农村集体经济组织、经营大户、农业龙头企业等,由区财政分别给予奖励或补助,奖补标准为市级标准的 2 倍。其中,土地流出农户每亩每年奖励标准由 200 元提高到 300元,并以财政奖补政策吸引农业龙头企业(按每亩每年 500 元补助奖励)落户增城。2019 年,增城区新增规模流转土地面积约 2.8 万亩,其中符

合大户奖励的约2.4万亩,惠及80个新型农业经营主体、23 543户农户,累计发放区级土地流转奖补资金2343万元。创新实施统一整合、统一流转、统一招租流转整合模式,扶持鼓励种植大户规模化生产,破解农业产业布局不集中、企业用地难和租地贵等难题,强化农业产业项目用地保障,推进农业产业集约化、规模化经营。

2.完善农村土地流转服务管理机制,着力引导农村土地进行规范有序流转

推动全区13个镇(街)全面建立涵盖农村承包土地经营权流转交易功能的农村集体资产交易平台,制定规范的流转交易和补助申请流程,在奖补办法中明确将签订规范的流转合同且通过农村集体资产交易平台交易作为申请奖补的必要条件。完善区镇村三级服务和管理网络,为流转双方提供信息发布、政策咨询、合同签订指引等服务。通过实行公开、公平、公正的招标、竞标等农村土地流转交易形式,有效盘活农村土地资源,保障农村土地流转双方的合法权益,构建促进农企规模经营和农民增收双赢的流转秩序。

3.创新土地流转整合模式,择优引进培育上规模农业产业项目

创新实施统一整合、统一流转、统一招租流转整合模式,扶持鼓励种植大户规模化生产,破解农业产业布局不集中、企业用地难和租地贵等难题,强化农业产业项目用地保障,推进农业产业集约化、规模化经营。

一是以镇街为主体,结合产业布局规划,整合资源,择优引商促发展。如派潭镇紧紧依托优美的自然生态条件和现有的白水仙瀑景区资源为支撑的生态旅游产业体系,探索出先承租后招商的引资新模式,先后择优引进禾牧田农业旅游综合体、四季田园生态旅游综合体等休闲农业项目。二是以村为基础,遵循民意,鼓励农户抱团规模流转。镇街农办、村委会充分发挥桥梁纽带作用,协调引导农村土地集中流转和农业产业规模经营发展。指导石滩镇下围村采取"民主商议、一事一议"村民自治模式,引导农户集中整合流转1000亩土地,成功引入广东华茂丰有

限责任公司建设花果小镇现代农业产业园,推动租金比整合前每亩上涨600元。支持沙头村从玉基地流入整合土地 10 000 亩,打造了涵盖沙头村、新山吓村、灯埯村片区的省级现代农业产业园——幸福田园蔬菜产业园。项目区内土地租金达 1936 元/亩/年,且每三年递增 10%,确保了当地农民收入的持续增加。

第六章　乡村人才振兴与农民收入

第一节　乡村人才振兴政策解读

一、制定人才培养计划，以城市乡村化人才促振兴

《关于加快推进乡村人才振兴的意见》（以下简称《意见》）从一、二、三产业、政治、经济、文化等方面出发，提出了加快培养农业生产经营人才、农村二三产业发展人才、乡村公共服务人才、乡村治理人才、农业农村科技人才等各类人才的鼓励机制和实施计划，力图将城市体系中的人才类型搬到乡村中，从各方面全方位促进乡村发展，补齐乡村发展短板。该意见提出的人才培养方式主要包括实施本土人才培训、本土人才借调、外来人才引进、青少年教育帮扶等方式，同时进行多方面思考，通过亲属回避等措施保障人才队伍的廉洁性。如村党组织带头人队伍通过实行备案管理制度和村"两委"成员资格联审机制，实行村"两委"成员近亲属回避，净化、优化村干部队伍，保证人才真正促振兴。

二、构建人才振兴支持体系，发挥各类主体广泛作用

该意见中提及，要"充分发挥各类主体在乡村人才培养中的作用"，从完善高等教育人才培养体系、加快发展面向农村的职业教育、依托各级党校（行政学院）培养基层党组织干部队伍、充分发挥农业广播电视学校等培训机构作用、鼓励支持企业参与乡村人才培养等五个大类主体出

发支持人才培养计划的实施。同时需要做好顶层设计,建立健全各类人才培养体制机制、鼓励人才向艰苦地区和基层一线流动激励制度和技能评价制度,推动人才振兴措施在体系中有效运行、在框架中有序推进。

三、巩固完善保障体系,激发人才振兴活力

要巩固保障体系,需自上而下从政策、环境、实施等方面构建良好的体系保底机制。从上层管理而言,需加强各级组织领导,强化政策保障和激励机制,发挥引导和统筹作用;在环境背景中,要改善农村发展条件,提高农村生活便利化水平,吸引城乡人才留在农村,建立一套完整的福利和表彰机制,营造良好的发展环境;在实施层面,需要制定乡村人才专项规划,搭建乡村引才聚才平台,给提供人才发展空间,推动"三农"工作人才队伍建设制度化、规范化、常态化,保障各主体和人才的权益,以激发人才振兴活力和积极性。

第二节　乡村振兴需要的人才类型

党的十九大指出,建设现代化经济体系要实施乡村振兴战略,为此,必须培养造就一支懂农业、爱农村、爱农民的"三农"工作队伍。而只有对这支队伍的具体构成进行细致的解剖,才能更充分地发挥各类人才在乡村振兴中的引领、示范和带动作用,将人力资源转换为促进经济发展的第一资源,推动乡村建设提质增效。

一、创新型人才

要发展,必须要有创新,作为构建现代化经济体系的主要内容之一,

坚持将创新发展新理念运用于乡村振兴战略,符合当前我国农村工作的现实需要。其中,尤其要注重培养一批具有前瞻性、引领性的农业创新型人才。农业创新型人才多集中分布于高校智库等科研院所、具有创新能力的大中型企业、国家或地区重点扶持的实验室等领域。主要包括从事农业政策探索创新的政策制定者、农业生产技术研究的专家学者、学农业的学生,他们能最大化地利用国家重大科研项目实施过程中投入的资金与政策,能利用自身的身份优势实现理论与调研的有机结合,能对农业新技术、新产品和新方案的研制、开发、推广、应用及服务提出实用性较强的见解,并创造出超过投入成本的价值,甚至将研究成果有效转化,建立产学研深度融合的创新体系,从而助力农业供给侧实现高质量发展,是农业发展中的"引导者"和"专家智库"。可见,加快对参与"三农"工作的创新型人才的培养,充分利用农业创新型人才能够瞄准世界农业工作相关理论前沿及经验、实现前瞻性基础研究和引领农业技术突破的优势,培养一批有思想、能创新、敢实践的创新人才,是保障我国"三农"工作取得良好实效的首要选择。

二、技能型人才

(一)乡村产业发展人才

兴产业就是兴农村,乡村振兴首先要选好发展乡村产业的引路人。而那些可以在发展高端优质农业、推动农业产业结构调整、种植、养殖、农产品加工等方面,形成较大生产规模、品牌效益好的人才,正是发展乡村产业急需的人才,他们不仅具有长远的战略眼光和灵活的市场头脑,还掌握着相对丰富的资金、技术以及人脉资源,对经济动态认识独到,在促进农村产业发展壮大、结构优化、提质增效上具有一般企业家不具备的经验优势,是领导乡村致富的重要力量。因此,必须广泛吸纳和培育乡村产业发展人才,借助并发挥其资源优势,着力打造能代表地区特色的、具备品牌效应的龙头企业,促进农村一、二、三产业融合发展,形成以产业为载体,推动乡村政治、经济、文化、生态等领域逐步完善和协调发展。这就要求,一方面要把握乡村发展规律、市场经济规律和企业家成长规律,为乡村产业发展人才营造一个良好的培育环境、投资环境、政商环境和市场销售环境,这有利于为乡村产业发展人才的成长提供政策保障,增强其投资信心;另一方面要大力培育企业家的社会责任感,将"先富带后富""共同富裕"的发展理念贯彻到企业文化中,使乡村产业发展人才得以大量涌现。

(二)乡村基础教育人才

让农村孩子接受良好的教育,这是乡村振兴的题中之义。近年来,在"国培计划""三支一扶""特岗教师""公费师范生""农村学校教育硕士师资培养计划"等支持农村教育发展的教育办法的实施下,乡村教师队伍的数量、质量和结构已得到极大程度的改观,使农村基础教育改善具备了人才资源。要提高农村整体的教育质量,必须进一步加大力度支持乡村基础教育人才的投入,以更加优惠的政策或保障引进有知识、有能力和有师德的高素质乡村教师赴乡村学校任教,为农村基础教育发展注入内生动力,确保农村孩子能公平地享受到优质的教育资源。因此,尤其要注重"科教兴国"战略的实施,加大人才支持计划、教师专项计划等教育政策向边远贫困的农村地区、边疆民族地区和革命老区的基础教育、乡村教育的倾斜力度,既要整合和均衡教育资源,提高乡村学校的基础设施及配套建设水平,又要通过"以考促学""以训导促提升"等措施引导教师在实践中反思、在教研中增强本领,确保乡村师资队伍有真知识;更要建立起人才服务保障体系,确保到乡村任教的人才"下得去、留得住、干得好、受尊重"。

(三)乡村文化传承人才

我国在农业发展过程中衍生出许多文化底蕴深厚的农耕文明,但随着城镇化进程的加快,工业文明与农耕文明之间的矛盾凸显,乡村记忆模糊、精神家园迷失、农民身份认可度低等现象成为乡村文化没落的直接表现,培养能传承乡村文化的人才便成为振兴乡村的现实需要。乡村文化传承人才是指那些能够对乡村文化进行传承、保护、延续和发展创造的人才,他们通常掌握着常人难以学会的技能或知识,决定着乡村文化能否传承与繁荣。要以乡村文化发展促进乡村振兴,就必须注重培养一批立足本地文化的文化传承人。具体来说,可以通过开办乡村文化培训班、讲习所、文化站,为促进乡村文化传承人的交流与学习提供平台;通过因地制宜优化农村文化设施建设与硬件配备,为文化传承人开展农村文化工作提供基本条件;通过举办专场赛事或演出、发放认定证书或奖金等方式,展现乡村文化传承人的价值,提高其社会认可度,培养其为传承乡村文化而自觉奉献的动力。

（四）乡村医疗卫生人才

当前,我国广大农村地区普遍存在乡镇卫生院人员缺编、专业技能水平参差不齐、医疗卫生水平低下和人员老化等现象,尤其是肩负着农村公共卫生和基本医疗服务重要职责的乡村医疗卫生人才匮乏已成为制约农村医疗卫生服务事业可持续发展的根本性原因,也是当前乡村医疗振兴过程中亟待解决的问题。一是要强化与医学专业相关的高等院校对乡村卫生人才的培养教育,以需求引导供给,培养擅长公共卫生、全科医学等适用范围广的乡村医务人才;二是要加大在资金、优惠政策上的投入力度,确保来乡村工作的卫生人才能在晋升、购房、待遇与子女上学等问题上具有良好保障;三是注重以乡村医疗实际需求为导向,加强对乡村现有医务人员的培训,在提升其医务技能的同时为农村居民提供更适用的医疗服务。

（五）乡村社会治理人才

乡村治理,狭义地讲是由镇村两级党员干部来具体落实的。镇村两级的领导干部是乡村精英,是最基层的社会治理人才,但乡镇政府工作人员文化程度普遍偏低、年龄偏大、观念僵化,头脑中缺乏带领村庄长远发展的思路规划,难以起到"领头羊"的作用。为克服乡村社会治理人才匮乏的问题,党中央国务院相继实施"大学生村官""三支一扶""第一书记"等有利于选优配强基层干部队伍的人才计划。实践证明,选派到农村地区的此类人才能充分发挥其丰富的人脉优势、资源优势和信息优势,及时响应并贯彻党和政府的政策号召,有效地发挥其作为县乡两级中间桥梁的作用,为乡村企业发展、人才供给、制度完善与法治建设提供强有力的支撑。但要创新农村社会治理,实现农村长治久安,不可对治理类人才进行盲目引进,而要重点引进那些专业技能强、敢担当、素质高且真心为群众着想的乡村社会治理人才,确保此类人才能够成为推进农村社会治理多元化、长效化与协同化的重要力量。

(六)新乡贤

新乡贤是在乡村中具有一定威望和能力的群体,他们大多由生长在乡村、工作在乡村的退休教师、党员干部和道德模范组成,在群众中具有很强的号召力、公信力和话语权,是乡村振兴的协作力量。他们通常利用自身的亲情、乡情和声誉来调节乡村社会的矛盾纠纷,是乡村自治的重要参与者,同时能起到推广新文化、新思想、新技术、新观念的作用,是带领村民发家致富、传承家族文化、弘扬伦理道德的领军人物。在乡贤文化越繁荣的地区,脱贫攻坚成效越显著、村民相处越和谐、乡村文化越繁荣。尤为重要的是,农耕文明浸润下的广大农村地区往往存在"一个村庄就是一个相对独立的社会"的传统观念,而新乡贤通常能弥补基层治理过程中由于政府缺位、失衡或按正常制度程序无法解决问题的短板,打开了阻碍乡村治理的"最后一扇门"。乡村振兴,同样应该将乡贤文化纳入振兴范围,继续加大对新乡贤的培养和规范引导力度,不断凝结壮大乡贤的智慧和力量,使之成为推动乡村振兴的不竭动力。

三、新型职业农民

如何确保留住或吸引农村诸如有知识、有技术、有资源的本土人才为家乡服务,最终实现以人才发展推动农业生产力发展的目的,是实施乡村振兴人才战略必须考虑的问题。新型职业农民作为构建新型农业经营主体的重要组成部分，是发展现代农业、推进城乡一体化发展的重要主体，他们通常以从事农业为固定乃至终身职业，具有一定的专业技能，有文化、懂技术、会经营、能创业，是农村市场经济中最活跃的市场力量，是真正的农业继承人。加大力度培育新型职业农民，有利于农民淡出身份属性，有利于加快农业发展方式转变，有利于促进传统农业向现代农业转型升级，更能为解决当前农村出现的"谁来种地"和"怎样种地"的本土人才匮乏问题提供佐助。

具体来说，新型职业农民主要包括：一是生产经营型职业农民，以农业上的专业大户、家庭农场主、农民合作社带头人为主要代表，他们通常掌握一定的农业生产专业技能与资源，有一定的资金投入能力，具有丰富的农业生产经营经验，在直接从事生鲜食品、园艺、经济作物等附加值较高的农产品生产上具有比较优势；二是专业技能型职业农民，包括以农民合作社、家庭农场、专业大户、农业企业等新型生产经营主体中较为稳定地从事农业劳动作业，并以此作为主要收入来源的农民工人和农业雇员，他们通常掌握独到的生产技术，能以此促进农村产业发展和建设；三是社会服务型职业农民，他们能有效服务于农业产前、产中和产后三个环节，使农业生产得以顺利进行，以"农村信息员、农村经纪人、农机服务人员、统防统治植保员、村级动物防疫员"等农业社会化服务人员为主；四是管理型职业农民，他们掌握农业生产所需的劳动力、资金和技术，在农业生产与管理上具有丰富经验，甚至决定农村产业发展与农业生产效率。

第三节 农业生产经营人才与农民收入

一、农业生成经营人才的培养与培育

当前,我国农业效益不高、农民增收后劲不足的问题仍然突出。而造成这种局面的一个显著原因就在于:农村经营主体能力不强。新型经营主体缺乏管理营销人才,小农户会产不会卖,有产量没效益。针对这种问题,《意见》中提出了"农村经营人才队伍的培养与培育"的指导性意见。

（一）培养高素质农民队伍

深入实施现代农民培育计划,重点面向从事适度规模经营的农民,分层分类开展全产业链培训,加强训后技术指导和跟踪服务,支持创办领办新型农业经营主体。充分利用现有网络教育资源,加强农民在线教育培训。实施农村实用人才培养计划,加强培训基地建设,培养造就一批能够引领一方、带动一片的农村实用人才带头人。

（二）突出抓好家庭农场经营者、农民合作社带头人培育

深入推进家庭农场经营者培养,完善项目支持、生产指导、质量管理、对接市场等服务。建立农民合作社带头人人才库,加强对农民合作社骨干的培训。鼓励农民工、高校毕业生、退役军人、科技人员、农村实用人才等创办领办家庭农场、农民合作社。鼓励有条件的地方支持农民合作社聘请农业经理人。鼓励家庭农场经营者、农民合作社带头人参加职称评审、技能等级认定。

二、多措并举,提高农民经营性收入

农民经营性收入一般指的是农村家庭经营性收入,是农村住户以家庭为生产经营单位进行生产筹划和管理而获得的收入。该收入不包括

借贷性质和暂收性质的收入,也不包括从乡村集体经济组织外获取的转移性收入,如亲友馈赠、财政补贴、救灾救济、退休金、意外所获等。农民经营性收入可以从农村住户家庭经营活动中获得,活动按行业划分为农业、林业、牧业、渔业、工业、建筑业、交通运输业、邮电业、批发和零售贸易餐饮业、社会服务业、文教卫生业和其他家庭经营。

乡村振兴战略实施以来,随着乡村产业蓬勃发展,农产品深加工、休闲农业和乡村旅游等产业融合成效显著,农产品增值空间不断拓展,农民经营性收入实现稳步增长,但占比有所下降。主要原因有:①随着农村城镇化进程加快,农业发展的空间缩小,严重制约了农民家庭经营性收入增加;②受地理环境和自然条件影响,农业基础施设和生产条件相对较差,农业综合生产能力较低;③农业生产资料受国际市场影响严重,农业生产成本大;④在经营模式上,传统农业仍占主导地位,生态农业、观光农业、旅游农业发展滞后。

要想提高农民经营性收入的路径,主要有以下几个方面:

(一)典型示范,促进产业升级

按照"适应市场、因地制宜、突出特色、发挥优势"的原则,发挥资源优势和农民群众主观能动性,以统筹城乡经济,深化农村改革为突破口,优化产业结构,实施"稳一强二提三,运用二三产带一产"的发展战略,加强农业基础设施建设,跳出单纯依托农业抓增收的局限,大力发展二三产业,实施以农为本,以工带农,以旅促农的良性机制,形成以一产为主、二三产业齐头并进的发展模式。

具体做法可概述为:首先,培育带动性强的主导产业,加强农业产业链的纵向拓展,补齐农产品加工短板,加强农产品深加工,实现食品和农副产品精深加工快速增长,让农民获得更多产业链延长增值收益;其次,加快乡村旅游、农村电商、农村物流等新业态融合发展。通过电商平台直播等方式,建立线上销售的长效机制,持续拓展农民经营净收入空间;最后,可以因地制宜,发展特色产业。根据各地的资源优势发展相关产业,积极发展特色种养业,避免低端化同质化发展,切实夯实农业产业发展基础,建立更加稳定的利益联结机制,提高农民风险抵御能力。

(二)加强重点项目建设,建立多元化资金投放渠道

实施项目带动战略,以重点项目为载体,促进产业转化提升,提高市场竞争力。一是抓好重点项目建设,发展生态循环农业;重视发展粮食生产,控固和稳定粮食播种面积,优化品种结构,提高单产水平,确保粮食生产稳定发展。二是整合项目资金。在特色产业发展中,坚持政府扶一点,农民拿一点,金融机构贷一点的扶持原则。逐步建立以农民为主、政府扶持、社会参与的多元化投入体系,广泛吸纳社会资本积极参与农村主导产业、特色产品开发。将支农资金、水利、扶贫开发、科技入户、贴息贷款、农民培训以及省、市下放的农业各项重点项目资金实行有效整合,力促产业又快又好发展。

(三)加速推进农业产业化经营

坚持把加快推进农业产业化作为发展现代农业、建设社会主义新农村的重要抓手。大力培育龙头企业,通过招商引资承接产业转移,打造一批有影响力的大企业大集团。大力推进龙头企业进入产业园、工业基地集群发展。继续落实各种支持扶持和优惠政策,解决龙头企业融资难问题。认真实施农民专业合作社法,抓好农民专业合作社在工商部门注册登记工作。积极争取专项扶持资金,帮助和支持示范农民专业合作组织规范内部管理,丰富合作内容,拓展服务功能,逐步做实做强,发挥在农业产业化经营中的桥梁纽带作用。

(四)强化发展产业科技支撑体系

以区域主导产业和特色产品的开发为重点,构建产业发展的科技支撑服务体系。加大对新产品、新技术、新信息、新管理理念的引进和应用步伐,为发展产业模式注入新的活力;加强科技入户工程,坚持"调整、完善、巩固、提高"的原则,以农技人员服务为带动,以镇(乡)为主体、村为核心、户为载体,帮助农民调整产业结构,增加收入。加速农业由主要追

求数量向注重质量效益、由依靠劳动和资源投入为主向依靠科技进步和劳动素质提高的根本转变。加快农业标准化建设,制订主导产品生产、加工、包装、贮运标准和生产技术规范,完善农产品质量安全检测检验体系,全面推行产品质量安全市场准入制度。以节地、节水、节肥、节种、节能和资源综合循环利用为重点,逐步构建高效、生态、可持续的发展格局。

第四节　农村二三产业发展人才与农民收入

一、加快培养农村二三产业发展人才

《意见》中提到了关于加快培养农村二三产业发展人才的几点指导意见:

（一）培育农村创业创新带头人

深入实施农村创业创新带头人培育行动,不断改善农村创业创新生态,稳妥引导金融机构开发农村创业创新金融产品和服务方式,加快建设农村创业创新孵化实训基地,组建农村创业创新导师队伍。壮大新一代乡村企业家队伍,通过专题培训、实践锻炼、学习交流等方式,完善乡村企业家培训体系,完善涉农企业人才激励机制,加强对乡村企业家合法权益的保护。

（二）加强农村电商人才培育

提升电子商务进农村效果,开展电商专家下乡活动。依托全国电子商务公共服务平台,加快建立农村电商人才培养载体及师资、标准、认证体系,开展线上线下相结合的多层次人才培训。

（三）培育乡村工匠

挖掘培养乡村手工业者、传统艺人，通过设立名师工作室、大师传习所等，传承发展传统技艺。鼓励高等学校、职业院校开展传统技艺传承人教育。在传统技艺人才聚集地设立工作站，开展研习培训、示范引导、品牌培育。支持鼓励传统技艺人才创办特色企业，带动发展乡村特色手工业。

（四）打造农民工劳务输出品牌

实施劳务输出品牌计划，围绕地方特色劳务群体，建立技能培训体系和评价体系，完善创业扶持、品牌培育政策，通过完善行业标准、建设专家工作室、邀请专家授课、举办技能比赛等途径，普遍提升从业者职业技能，提高劳务输出的组织化、专业化、标准化水平，培育一批叫得响的农民工劳务输出品牌。

二、发展农村二三产业发展人才，提高农民收入

根据《国务院办公厅关于支持返乡下乡人员创业创新促进农村一二三产业融合发展的意见》（国办发〔2016〕84号），鼓励和引导返乡下乡人员按照全产业链、全价值链的现代产业组织方式开展创业创新，建立合理稳定的利益联结机制，推进农村一二三产业融合发展，让农民分享二三产业增值收益。以农牧（农林、农渔）结合、循环发展为导向，发展优质高效绿色农业。实行产加销一体化运作，延长农业产业链条。推进农业与旅游、教育、文化、健康养老等产业深度融合，提升农业价值链。引导返乡下乡人员创业创新向特色小城镇和产业园区等集中，培育产业集群和产业融合先导区。

根据《解读〈乡村振兴战略规划（2018—2022年）〉》，推动农村产业深度融合，把握城乡发展格局发生重要变化的机遇，培育农业农村新产业新业态，打造农村产业融合发展新载体新模式，推动要素跨界配置和产业有机融合，让农村一二三产业在融合发展中同步升级、同步增值、同步受益。

（一）发掘新功能新价值

顺应城乡居民消费拓展升级趋势，结合各地资源禀赋，深入发掘农业农村的生态涵养、休闲观光、文化体验、健康养老等多种功能和多重价值。遵循市场规律，推动乡村资源全域化整合、多元化增值，增强地方特色产品时代感和竞争力，形成新的消费热点，增加乡村生态产品和服务供给。实施农产品加工业提升行动，支持开展农产品生产加工、综合利用关键技术研究与示范，推动初加工、精深加工、综合利用加工和主食加工协调发展，实现农产品多层次、多环节转化增值。

（二）培育新产业新业态

深入实施电子商务进农村综合示范，建设具有广泛性的农村电子商务发展基础设施，加快建立健全适应农产品电商发展的标准体系。研发绿色智能农产品供应链核心技术，加快培育农业现代供应链主体。加强农商互联，密切产销衔接，发展农超、农社、农企、农校等产销对接的新型流通业态。实施休闲农业和乡村旅游精品工程，发展乡村共享经济等新业态，推动科技、人文等元素融入农业。强化农业生产性服务业对现代农业产业链的引领支撑作用，构建全程覆盖、区域集成、配套完备的新型农业社会化服务体系。清理规范制约农业农村新产业新业态发展的行政审批事项。着力优化农村消费环境，不断优化农村消费结构，提升农村消费层次。

第五节　乡村公共服务人才与提高农民收入

一、关于乡村公共服务的政策解读

根据《中共中央办公厅　国务院办公厅印发的关于建立健全基本公共服务标准体系的指导意见》,构建涵盖国家、行业、地方和基层服务机构 4 个层面的基本公共服务标准体系,需要建立健全基本公共服务标准体系,规范中央与地方支出责任分担方式,推进城乡区域基本公共服务制度统一,促进各地区各部门基本公共服务质量水平有效衔接,以标准化手段优化资源配置、规范服务流程、提升服务质量、明确权责关系、创新治理方式,确保基本公共服务覆盖全民、兜住底线、均等享有,使人民获得感、幸福感、安全感更加充实、更有保障、更可持续。力争到 2025年,基本公共服务标准化理念融入政府治理,标准化手段得到普及应用,系统完善、层次分明、衔接配套、科学适用的基本公共服务标准体系全面建立;到 2035 年,基本公共服务均等化基本实现,现代化水平不断提升。

根据中共中央办公厅、国务院办公厅印发的《关于加强和改进乡村治理的指导意见》中关于提升乡镇和村为农服务能力方面的政策解读,可知:要充分发挥乡镇服务农村和农民的作用,加强乡镇政府公共服务职能,加大乡镇基本公共服务投入,使乡镇成为为农服务的龙头。推进"放管服"改革和"最多跑一次"改革向基层延伸,整合乡镇和县级部门派驻乡镇机构承担的职能相近、职责交叉工作事项,建立集综合治理、市场监管、综合执法、公共服务等于一体的统一平台。构建县乡联动、功能集成、反应灵敏、扁平高效的综合指挥体系,着力增强乡镇统筹协调能力,发挥好乡镇服务、带动乡村作用。大力推进农村社区综合服务设施建设,引导管理服务向农村基层延伸,为农民提供"一门式办理""一站式服务",构建线上线下相结合的乡村便民服务体系。将农村民生和社会治理领域中属于政府职责范围且适合通过市场化方式提供的服务事项,纳入政府购买服务指导性目录。推动各级投放的公共服务资源以乡镇、村党组织为主渠道落实。

根据《中共中央　国务院关于坚持农业农村优先发展做好"三农"工作的若干意见》中的第三点提出的扎实推进乡村建设,加快补齐农村人居环境和公共服务短板,可提炼出以下几点要求:

（一）抓好农村人居环境整治三年行动

深入学习推广浙江"千村示范、万村整治"工程经验,全面展开以农村垃圾污水治理、厕所革命和村容村貌提升为重点的农村人居环境整治,确保到 2020 年实现农村人居环境阶段性明显改善,村庄环境基本干净整洁有序,村民环境与健康意识普遍增强。鼓励各地立足实际、因地制宜,合理选择简便易行、长期管用的整治模式,集中攻克技术难题。建立地方为主、中央补助的政府投入机制。中央财政对农村厕所革命整村推进等给予补助,对农村人居环境整治先进县给予奖励。中央预算内投资安排专门资金支持农村人居环境整治。允许县级按规定统筹整合相关资金,集中用于农村人居环境整治。鼓励社会力量积极参与,将农村人居环境整治与发展乡村休闲旅游等有机结合。广泛开展村庄清洁行动。开展美丽宜居村庄和最美庭院创建活动。农村人居环境整治工作要同农村经济发展水平相适应、同当地文化和风土人情相协调,注重实效,防止做表面文章。

（二）实施村庄基础设施建设工程

推进农村饮水安全巩固提升工程,加强农村饮用水水源地保护,加快解决农村"吃水难"和饮水不安全问题。全面推进"四好农村路"建设,加大"路长制"和示范县实施力度,实现具备条件的建制村全部通硬化路,有条件的地区向自然村延伸。加强村内道路建设。全面实施乡村电气化提升工程,加快完成新一轮农村电网改造。完善县乡村物流基础设施网络,支持产地建设农产品贮藏保鲜、分级包装等设施,鼓励企业在县乡和具备条件的村建立物流配送网点。加快推进宽带网络向村庄延伸,推进提速降费。继续推进农村危房改造。健全村庄基础设施建管长效机制,明确各方管护责任,鼓励地方将管护费用纳入财政预算。

(三)提升农村公共服务水平

全面提升农村教育、医疗卫生、社会保障、养老、文化体育等公共服务水平,加快推进城乡基本公共服务均等化。推动城乡义务教育一体化发展,深入实施农村义务教育学生营养改善计划。实施高中阶段教育普及攻坚计划,加强农村儿童健康改善和早期教育、学前教育。加快标准化村卫生室建设,实施全科医生特岗计划。建立健全统一的城乡居民基本医疗保险制度,同步整合城乡居民大病保险。完善城乡居民基本养老保险待遇确定和基础养老金正常调整机制。统筹城乡社会救助体系,完善最低生活保障制度、优抚安置制度。加快推进农村基层综合性文化服务中心建设。完善农村留守儿童和妇女、老年人关爱服务体系,支持多层次农村养老事业发展,加强和改善农村残疾人服务。推动建立城乡统筹的基本公共服务经费投入机制,完善农村基本公共服务标准。

(四)加强农村污染治理和生态环境保护

统筹推进山水林田湖草系统治理,推动农业农村绿色发展。加大农业面源污染治理力度,开展农业节肥节药行动,实现化肥农药使用量负增长。发展生态循环农业,推进畜禽粪污、秸秆、农膜等农业废弃物资源化利用,实现畜牧养殖大县粪污资源化利用整县治理全覆盖,下大力气治理白色污染。扩大轮作休耕制度试点。创建农业绿色发展先行区。实施乡村绿化美化行动,建设一批森林乡村,保护古树名木,开展湿地生态效益补偿和退耕还湿。全面保护天然林。加强"三北"地区退化防护林修复。扩大退耕还林还草,稳步实施退牧还草。实施新一轮草原生态保护补助奖励政策。落实河长制、湖长制,推进农村水环境治理,严格乡村河湖水域岸线等水生态空间管理。

（五）强化乡村规划引领

把加强规划管理作为乡村振兴的基础性工作，实现规划管理全覆盖。以县为单位抓紧编制或修编村庄布局规划，县级党委和政府要统筹推进乡村规划工作。按照先规划后建设的原则，通盘考虑土地利用、产业发展、居民点建设、人居环境整治、生态保护和历史文化传承，注重保持乡土风貌，编制多规合一的实用性村庄规划。加强农村建房许可管理。

二、加快培养乡村公共服务人才

中共中央办公厅及国务院办公厅印发的《关于加快推进乡村人才振兴的意见》提出了四点关于加快培养乡村公共服务人才的指导意见：

（一）加强乡村教师队伍建设

落实城乡统一的中小学教职工编制标准。继续实施革命老区、民族地区、边疆地区人才支持计划、教师专项计划和银龄讲学计划。加大乡村骨干教师培养力度，精准培养本土化优秀教师。改革完善"国培计划"，深入推进"互联网＋义务教育"，健全乡村教师发展体系。对长期在乡村学校任教的教师，职称评审可按规定"定向评价、定向使用"，高级岗位实行总量控制、比例单列，可不受所在学校岗位结构比例限制。落实好乡村教师生活补助政策，加强乡村学校教师周转宿舍建设，按规定将符合条件的乡村教师纳入当地住房保障范围。

（二）加强乡村卫生健康人才队伍建设

按照服务人口 1‰ 左右的比例，以县为单位每 5 年动态调整乡镇卫生院人员编制总量，允许编制在县域内统筹使用，用好用足空余编制。推进乡村基层医疗卫生机构公开招聘，艰苦边远地区县级及基层医疗卫生机构可根据情况适当放宽学历、年龄等招聘条件，对急需紧缺卫生健康专业人才可以采取面试、直接考察等方式公开招聘。乡镇卫生院应至少配备 1 名公共卫生医师。深入实施全科医生特岗计划、农村订单定向医学生免费培养和助理全科医生培训,支持城市二级及以上医院在职或退休医师到乡村基层医疗卫生机构多点执业,开办乡村诊所,充实乡村卫生健康人才队伍。完善乡村基层卫生健康人才激励机制,落实职称晋升和倾斜政策,优化乡镇医疗卫生机构岗位设置,按照政策合理核定乡村基层医疗卫生机构绩效工资总量和水平。优化乡村基层卫生健康人才能力提升培训项目,加强在岗培训和继续教育。落实乡村医生各项补助,逐步提高乡村医生收入待遇,做好乡村医生参加基本养老保险工作,深入推进乡村全科执业助理医师资格考试,推动乡村医生向执业(助理)医师转化,引导医学专业高校毕业生免试申请乡村医生执业注册。鼓励免费定向培养一批源于本乡本土的大学生乡村医生,多途径培养培训乡村卫生健康工作队伍,改善乡村卫生服务和治理水平。

(三)加强乡村文化旅游体育人才队伍建设

推动文化旅游体育人才下乡服务,重点向革命老区、民族地区、边疆地区倾斜。完善文化和旅游、广播电视、网络视听等专业人才扶持政策,培养一批乡村文艺社团、创作团队、文化志愿者、非遗传承人和乡村旅游示范者。鼓励运动员、教练员、体育专业师生、体育科研人员参与乡村体育指导志愿服务。

(四)加强乡村规划建设人才队伍建设

支持熟悉乡村的首席规划师、乡村规划师、建筑师、设计师及团队参与村庄规划设计、特色景观制作、人文风貌引导,提高设计建设水平,塑造乡村特色风貌。统筹推进城乡基础设施建设管护人才互通共享,搭建服务平台,畅通交流机制。实施乡村本土建设人才培育工程,加强乡村建设工匠培训和管理,培育修路工、水利员、改厕专家、农村住房建设辅导员等专业人员,提升农村环境治理、基础设施及农村住房建设管护水平。

第六节　乡村治理人才与农民收入

一、关于乡村治理的政策解读

中办、国办印发的《关于加强和改进乡村治理的指导意见》中翔实列举了有关乡村治理的若干指导意见：

（一）完善村党组织领导乡村治理的体制机制

建立以基层党组织为领导、村民自治组织和村务监督组织为基础、集体经济组织和农民合作组织为纽带、其他经济社会组织为补充的村级组织体系。村党组织全面领导村民委员会及村务监督委员会、村集体经济组织、农民合作组织和其他经济社会组织。村民委员会要履行基层群众性自治组织功能，增强村民自我管理、自我教育、自我服务能力。村务监督委员会要发挥在村务决策和公开、财产管理、工程项目建设、惠农政策措施落实等事项上的监督作用。集体经济组织要发挥在管理集体资产、合理开发集体资源、服务集体成员等方面的作用。农民合作组织和其他经济社会组织要依照国家法律和各自章程充分行使职权。村党组织书记应当通过法定程序担任村民委员会主任和村级集体经济组织、合作经济组织负责人，村"两委"班子成员应当交叉任职。村务监督委员会主任一般由党员担任，可以由非村民委员会成员的村党组织班子成员兼任。村民委员会成员、村民代表中党员应当占一定比例。健全村级重要事项、重大问题由村党组织研究讨论机制，全面落实"四议两公开"。加强基本队伍、基本活动、基本阵地、基本制度、基本保障建设，实施村党组织带头人整体优化提升行动，持续整顿软弱涣散村党组织，整乡推进、整县提升，发展壮大村级集体经济。全面落实村"两委"换届候选人县级联审机制，坚决防止和查处以贿选等不正当手段影响、控制村"两委"换届选举的行为,严厉打击干扰破坏村"两委"换届选举的黑恶势力、宗族势力。坚决把受过刑事处罚、存在"村霸"和涉黑涉恶、涉邪教等问题的人清理出村干部队伍。坚持抓乡促村,落实县乡党委抓农村基层党组织建设和乡村治理的主体责任。落实乡镇党委直接责任,乡镇党委书记和党委领导班子成员等要包村联户,村"两委"成员要入户走访,及时发现并研究解决农村基层党组织建设、乡村治理和群众生产生活等问题。健全以财政投入为主的稳定的村级组织运转经费保障制度。

(二)发挥党员在乡村治理中的先锋模范作用

组织党员在议事决策中宣传党的主张,执行党组织决定。组织开展党员联系农户、党员户挂牌、承诺践诺、设岗定责、志愿服务等活动,推动党员在乡村治理中带头示范,带动群众全面参与。密切党员与群众的联系,了解群众思想状况,帮助解决实际困难,加强对贫困人口、低保对象、留守儿童和妇女、老年人、残疾人、特困人员等人群的关爱服务,引导农民群众自觉听党话、感党恩、跟党走。

(三)规范村级组织工作事务

清理整顿村级组织承担的行政事务多、各种检查评比事项多问题,切实减轻村级组织负担。各种政府机构原则上不在村级建立分支机构,不得以行政命令方式要求村级承担有关行政性事务。交由村级组织承接或协助政府完成的工作事项,要充分考虑村级组织承接能力,实行严格管理和总量控制。从源头上清理规范上级对村级组织的考核评比项目,鼓励各地实行目录清单、审核备案等管理方式。规范村级各种工作台账和各类盖章证明事项。推广村级基础台账电子化,建立统一的"智慧村庄"综合管理服务平台。

(四)增强村民自治组织能力

健全党组织领导的村民自治机制,完善村民(代表)会议制度,推进民主选举、民主协商、民主决策、民主管理、民主监督实践。进一步加强自治组织规范化建设,拓展村民参与村级公共事务平台,发展壮大治保会等群防群治力量,充分发挥村民委员会、群防群治力量在公共事务和公益事业办理、民间纠纷调解、治安维护协助、社情民意通达等方面的作用。

(五)丰富村民议事协商形式

健全村级议事协商制度,形成民事民议、民事民办、民事民管的多层次基层协商格局。创新协商议事形式和活动载体,依托村民会议、村民代表会议、村民议事会、村民理事会、村民监事会等,鼓励农村开展村民说事、民情恳谈、百姓议事、妇女议事等各类协商活动。

(六)全面实施村级事务阳光工程

完善党务、村务、财务"三公开"制度,实现公开经常化、制度化和规范化。梳理村级事务公开清单,及时公开组织建设、公共服务、脱贫攻坚、工程项目等重大事项。健全村务档案管理制度。推广村级事务"阳光公开"监管平台,支持建立"村民微信群"、"乡村公众号"等,推进村级事务即时公开,加强群众对村级权力有效监督。规范村级会计委托代理制,加强农村集体经济组织审计监督,开展村干部任期和离任经济责任审计。

(七)积极培育和践行社会主义核心价值观

坚持教育引导、实践养成、制度保障三管齐下,推动社会主义核心价值观落细落小落实,融入文明公约、村规民约、家规家训。通过新时代文明实践中心、农民夜校等渠道,组织农民群众学习习近平新时代中国特色社会主义思想,广泛开展中国特色社会主义和实现中华民族伟大复兴的中国梦宣传教育,用中国特色社会主义文化、社会主义思想道德牢牢占领农村思想文化阵地。完善乡村信用体系,增强农民群众诚信意识。推动农村学雷锋志愿服务制度化常态化。加强农村未成年人思想道德建设。

(八)实施乡风文明培育行动

弘扬崇德向善、扶危济困、扶弱助残等传统美德,培育淳朴民风。开展好家风建设,传承传播优良家训。全面推行移风易俗,整治农村婚丧大操大办、高额彩礼、铺张浪费、厚葬薄养等不良习俗。破除丧葬陋习，树立殡葬新风，推广与保护耕地相适应、与现代文明相协调的殡葬习俗。加强村规民约建设，强化党组织领导和把关，实现村规民约行政村全覆盖。依靠群众因地制宜制定村规民约，提倡把喜事新办、丧事简办、弘扬孝道、尊老爱幼、扶残助残、和谐敦睦等内容纳入村规民约。以法律法规为依据，规范完善村规民约，确保制定过程、条文内容合法合规，防止一部分人侵害另一部分人的权益。建立健全村规民约监督和奖惩机制，注重运用舆论和道德力量促进村规民约有效实施，对违背村规民约的，在符合法律法规前提下运用自治组织的方式进行合情合理的规劝、约束。发挥红白理事会等组织作用。鼓励地方对农村党员干部等行使公权力的人员，建立婚丧事宜报备制度，加强纪律约束。

（九）发挥道德模范引领作用

深入实施公民道德建设工程，加强社会公德、职业道德、家庭美德和个人品德教育。大力开展文明村镇、农村文明家庭、星级文明户、五好家庭等创建活动，广泛开展农村道德模范、最美邻里、身边好人、新时代好少年、寻找最美家庭等选树活动，开展乡风评议，弘扬道德新风。

（十）加强农村文化引领

加强基层文化产品供给、文化阵地建设、文化活动开展和文化人才培养。传承发展提升农村优秀传统文化，加强传统村落保护。结合传统节日、民间特色节庆、农民丰收节等，因地制宜广泛开展乡村文化体育活动。加快乡村文化资源数字化，让农民共享城乡优质文化资源。挖掘文化内涵，培育乡村特色文化产业，助推乡村旅游高质量发展。加强农村演出市场管理，营造健康向上的文化环境。

（十一）推进法治乡村建设

规范农村基层行政执法程序，加强乡镇行政执法人员业务培训，严格按照法定职责和权限执法，将政府涉农事项纳入法治化轨道。大力开展"民主法治示范村"创建，深入开展"法律进乡村"活动，实施农村"法律明白人"培养工程,培育一批以村干部、人民调解员为重点的"法治带头人"。深入开展农村法治宣传教育。

（十二）加强平安乡村建设

推进农村社会治安防控体系建设,落实平安建设领导责任制,加强基础性制度、设施、平台建设。加强农村警务工作,大力推行"一村一辅警"机制,扎实开展智慧农村警务室建设。加强对社区矫正对象、刑满释放人员等特殊人群的服务管理。深入推进扫黑除恶专项斗争,健全防范打击长效机制。加强农民群众拒毒防毒宣传教育,依法打击整治毒品违法犯罪活动。依法加大对农村非法宗教活动、邪教活动打击力度,制止利用宗教、邪教干预农村公共事务,大力整治农村乱建宗教活动场所、滥塑宗教造像。推进农村地区技防系统建设,加强公共安全视频监控建设联网应用工作。健全农村公共安全体系,强化农村安全生产、防灾减灾救灾、食品、药品、交通、消防等安全管理责任。

（十三）健全乡村矛盾纠纷调处化解机制

坚持发展新时代"枫桥经验",做到"小事不出村、大事不出乡"。健全人民调解员队伍,加强人民调解工作。完善调解、仲裁、行政裁决、行政复议、诉讼等有机衔接、相互协调的多元化纠纷解决机制。发挥信息化支撑作用,探索建立"互联网＋网格管理"服务管理模式,提升乡村治理智能化、精细化、专业化水平。强化乡村信息资源互联互通,完善信息收集、处置、反馈工作机制和联动机制。广泛开展平安教育和社会心理健康服务、婚姻家庭指导服务。推动法院跨域立案系统、检察服务平台、公安综合窗口、人民调解组织延伸至基层,提高响应群众诉求和为民服务能力水平。

（十四）加大基层小微权力腐败惩治力度

规范乡村小微权力运行,明确每项权力行使的法规依据、运行范围、执行主体、程序步骤。建立健全小微权力监督制度,形成群众监督、村务监督委员会监督、上级部门监督和会计核算监督、审计监督等全程实时、多方联网的监督体系。织密农村基层权力运行"廉政防护网",大力开展农村基层微腐败整治,推进农村巡察工作,严肃查处侵害农民利益的腐败行为。

（十五）加强农村法律服务供给

充分发挥人民法庭在乡村治理中的职能作用,推广车载法庭等巡回审判方式。加强乡镇司法所建设。整合法学专家、律师、政法干警及基层法律服务工作者等资源,健全乡村基本公共法律服务体系。深入推进公共法律服务实体、热线、网络平台建设,鼓励乡镇党委和政府根据需要设立法律顾问和公职律师,鼓励有条件的地方在村民委员会建立公共法律服务工作室,进一步加强村法律顾问工作,完善政府购买服务机制,充分发挥律师、基层法律服务工作者等在提供公共法律服务、促进乡村依法治理中的作用。

（十六）支持多方主体参与乡村治理

加强妇联、团支部、残协等组织建设,充分发挥其联系群众、团结群众、组织群众参与民主管理和民主监督的作用。积极发挥服务性、公益性、互助性社区社会组织作用。坚持专业化、职业化、规范化,完善培养选拔机制,拓宽农村社工人才来源,加强农村社会工作专业人才队伍建设,着力做好老年人、残疾人、青少年、特殊困难群体等重点对象服务工作。探索以政府购买服务等方式,支持农村社会工作和志愿服务发展。

二、加快培养乡村治理人才

中共中央办公厅及国务院办公厅印发的《关于加快推进乡村人才振兴的意见》提出了六点关于加快培养乡村公共治理人才的指导意见:

（一）加强乡镇党政人才队伍建设

选优配强乡镇领导班子特别是乡镇党委书记,健全从乡镇事业人员、优秀村党组织书记、到村任职过的选调生、驻村第一书记、驻村工作队员中选拔乡镇领导干部常态化机制。实行乡镇编制专编专用,明确乡镇新录用公务员在乡镇最低服务年限,规范从乡镇借调工作人员。落实乡镇工作补贴和艰苦边远地区津贴政策,确保乡镇机关工作人员收入高于县直机关同职级人员。落实艰苦边远地区乡镇公务员考录政策,适当降低门槛和开考比例,允许县乡两级拿出一定数量的职位面向高校毕业生、退役军人等具有本地户籍或在本地长期生活工作的人员招考。

（二）推动村党组织带头人队伍整体优化提升

坚持把政治标准放在首位,选拔思想政治素质好、道德品行好、带富能力强、协调能力强,公道正派、廉洁自律,热心为群众服务的党员担任村党组织书记。注重从本村致富能手、外出务工经商返乡人员、本乡本土大学毕业生、退役军人中的党员里培养选拔村党组织书记。对本村暂时没有党组织书记合适人选的,可从上级机关、企事业单位优秀党员干部中选派,有条件的地方也可以探索跨村任职。全面落实村党组织书记县级党委组织部门备案管理制度和村"两委"成员资格联审机制,实行村"两委"成员近亲属回避,净化、优化村干部队伍。加大从优秀村党组织书记中考录乡镇公务员、招聘乡镇事业编制人员力度。县级党委每年至少对村党组织书记培训1次,支持村干部和农民参加学历教育。坚持和完善向重点乡村选派驻村第一书记和工作队制度。

（三）实施"一村一名大学生"培育计划

鼓励各地遴选一批高等职业学校,按照有关规定,根据乡村振兴需求开设涉农专业,支持村干部、新型农业经营主体带头人、退役军人、返乡创业农民工等,采取在校学习、弹性学制、农学交替、送教下乡等方式,就地就近接受职业高等教育,培养一批在乡大学生、乡村治理人才。进一步加强选调生到村任职、履行大学生村官有关职责、按照大学生村官管理工作,落实选调生一般应占本年度公务员考录计划10%左右的规模要求。鼓励各地多渠道招录大学毕业生到村工作。扩大高校毕业生"三支一扶"计划招募规模。

(四)加强农村社会工作人才队伍建设

加快推动乡镇社会工作服务站建设,加大政府购买服务力度,吸引社会工作人才提供专业服务,大力培育社会工作服务类社会组织。加大本土社会工作专业人才培养力度,鼓励村干部、年轻党员等参加社会工作职业资格评价和各类教育培训。持续实施革命老区、民族地区、边疆地区社会工作专业人才支持计划。加强乡村儿童关爱服务人才队伍建设。通过项目奖补、税收减免等方式引导高校毕业生、退役军人、返乡入乡人员参与社区服务。

(五)加强农村经营管理人才队伍建设

依法依规划分农村经营管理的行政职责和事业职责,建立健全职责目录清单。采取招录、调剂、聘用等方式,通过安排专兼职人员等途径,充实农村经营管理队伍,确保事有人干、责有人负。加强业务培训,力争3年内轮训一遍。加强农村土地承包经营纠纷调解仲裁人才队伍建设,鼓励各地探索建立仲裁员等级评价制度。将农村合作组织管理专业纳入农业技术人员职称评审范围,完善评价标准。加强农村集体经济组织人才培养,完善激励机制。

(六)加强农村法律人才队伍建设

加强农业综合行政执法人才队伍建设,加大执法人员培训力度,完善工资待遇和职业保障政策,培养通专结合、一专多能执法人才。推动公共法律服务力量下沉,通过招录、聘用、政府购买服务、发展志愿者队伍等方式,充实乡镇司法所公共法律服务人才队伍,加强乡村法律服务人才培训。以村干部、村妇联执委、人民调解员、网格员、村民小组长、退役军人等为重点,加快培育"法律明白人"。培育农村学法用法示范户,构建农业综合行政执法人员与农村学法用法示范户的密切联结机制。提高乡村人民调解员队伍专业化水平,有序推进在农村"五老"人员中选聘人民调解员。完善和落实"一村一法律顾问"制度。

第七节　农业农村科技人才与农民收入

一、关于农业农村科技发展政策解读

党的十九届五中全会强调,坚持创新在我国现代化建设全局中的核心地位,把科技自立自强作为国家发展的战略支撑。这为做好农业科技工作提供了根本遵循。《中华人民共和国国民经济和社会发展第十四个五年规划和 2035 年远景目标纲要》(简称"十四五"规划)提出,农业机械制造业核心竞争力提出,要开发智能大马力拖拉机、精量(免耕)播种机、喷杆喷雾机、开沟施肥机、高效联合收割机、果蔬采收机、甘蔗收获机、采棉机等先进适用农业机械,发展丘陵山区农业生产高效专用农机。推动先进加工装备研发和产业化。研发绿色智能养殖饲喂、环控、采集、粪污利用等装备。研发造林种草等机械装备。

此外,提到要加强大中型、智能化、复合型农业机械研发应用,农作物耕种收综合机械化率提高到 75%。完善农业科技创新体系,创新农技推广服务方式,建设智慧农业。培育壮大人工智能、大数据、区块链、云计算、网络安全等新兴数字产业,提升通信设备、核心电子元器件、关键软件等产业水平。其中农机方面的数字化应用场景为:推广大田作物精准播种、精准施肥施药、精准收获,推动设施园艺、畜禽水产养殖智能化应用。数字经济是未来大趋势,预计未来人工智能、大数据、区块链和云计算四大技术将对所有传统行业赋能,而农业作为国民经济的基础产业,其数字化发展将是重点之一。

"十四五"规划中还提到了应"大力发展现代畜牧业,积极发展设施农业,因地制宜发展林果业""积极培育家庭农场、农民合作社等新型农业经营主体"。具体来讲,"面向'十四五',农业科技必须围绕'四个面向'，大力强化农业关键技术攻关，深入实施乡村振兴科技支撑行动，突破关键瓶颈、打造战略力量、强化科技服务、推进科企融合，不断提升自主创新能力和创新创业活力，加快推进农业科技自立自强，以高质量科技供给支撑引领农业农村现代化。"

"十四五"时期，农业科技要重点在6个方面加力谋划、全力推进：

（一）以突破关键科技问题为重点，提升农业科技自主创新能力

围绕重点领域，推进农业短板技术研发，集合精锐、靶向突破。加快突破现代生物育种技术，培育一批农业重大品种。强化种植养殖技术和加工技术集成，加强动植物疫病等防治技术研究，加快突破产业和区域发展技术瓶颈。强化农业基础研究，在农业生命科学、信息科学、资源环境科学等领域实现重大理论突破。

（二）以强基础提能力为重点，打造农业战略科技力量

谋划推进农业领域国家实验室、国家和部门重点实验室建设，打造高水平创新平台。培强现代农业产业技术体系，全要素集聚、全过程服务，打造国家农业产业科技力量。建强科学观测站网络体系、农业大数据平台，打造一批"百年老店"。加快农业科研领军人才队伍建设。

（三）以强化农业科技社会化服务为重点，推进科技成果落地见效

建强基层农技推广机构，加大重大引领性技术示范、协同推广计划和特聘农技员计划等实施力度，建设好现代农业科技示范展示基地。大力培育一批农业科技服务公司。完善产业技术顾问制度，鼓励农业科研院校创新整县承包、定向服务、产业研究院等科技服务新模式，重点打造100个"一县一业"科技引领示范县、1000个"一村一品"科技引领示范村镇。

（四）以培养现代农民为重点，强化乡村振兴人才支撑

健全因地制宜、务实管用的农民培育制度，调动各方资源构建新型农民教育培训体系。深入实施现代农民培育计划，面向现代农业园区、新型农业生产经营和服务主体，深入开展技术技能培训，着力培养返乡

下乡创业者和农业后继人才。强化涉农职业教育和高等农业教育,推动将服务乡村振兴纳入农业高校评价体系,推行送教下乡、弹性学制等培养模式,引导农业高校培养农业农村急需紧缺人才。

(五)以科企融合为重点,促进科技经济一体化发展

强化现代农业产业科技创新中心建设,打造"农业硅谷"。推动农业科技创新联盟实体化,推进成果进市场、强企业、兴产业。大力培育创新型农业企业,完善科企合作的利益联结机制。深化科技成果产权制度改革,改进农业科研机构绩效评价,探索建立激励有效、约束有力的调控管理机制。

(六)以农业生态环境保护为重点,助力乡村生态振兴

加强耕地土壤重金属污染治理、农业面源污染防治技术攻关,持续推进农业生态环境监测,实行耕地分类管理制度。研究制定外来入侵物种名录和管理办法,推进天敌繁育基地和综合防控示范区建设。推进长江、黄河等重点流域农业面源污染综合治理。全面实施秸秆综合利用、农膜回收行动,推进区域秸秆、农膜回收补贴制度试点。推动农村地区清洁取暖,建设一批生物质燃料工程。

另外,作为科技创新的先进产业,人工智能、大数据与物联网引领着智慧农业的发展。《农业绿色发展技术导则(2018-2030 年)》《创新驱动乡村振兴发展专项规划(2018—2022 年)》《国家质量兴农战略规划(2018—2022 年)》《关于促进小农户和现代农业发展有机衔接的意见》等政策文件对智慧农业做出了具体要求。其中中共中央、国务院《国家乡村振兴战略规划(2018-2022 年)》政策文件表示要大力发展数字农业,实施智慧农业工程和"互联网+"现代农业行动,鼓励对农业生产进行数字化改造,加强农业遥感、物联网应用,提高农业精准化水平。发展智慧气象,提升气象为农服务能力。农业农村部《农业绿色发展技术导则(2018—2030 年)》政策文件表示要发展智慧型农业技术模式,主要包括:

1. 重点研发天空地种养生产智能感知、智能分析与管控技术;农业

传感器与智能终端设备及技术；分品种动植物生长模型阈值数据和知识库系统；农作物种植与畜禽水产养殖的气候变化适应技术与模式；农业农村大数据采集存储挖掘及可视化技术。

2.集成示范基于地面传感网的农田环境智能监测技术、智能分析决策控制技术、农业资源要素与权属底图研制技术、天空地数字农业集成技术、数字化精准化短期及中长期预警分析系统、草畜平衡信息化分析与超载预警技术、智慧牧场低碳生产技术、主要农作物和畜禽智慧型生产技术模式、草地气候智慧型管理技术模式、农牧业环境物联网、天空地数字牧场管控应用技术。开展技术模式评估和市场准入标准研究。

3.推广应用数字农业智能管理技术、智慧农业生产技术及模式、智慧设施农业技术、智能节水灌溉技术、水肥一体化智能技术、农业应对灾害气候的综合技术，养殖环境监控与畜禽体征监测技术、网络联合选育系统、粮食主产区气候智慧型农业模式、西北地区草地气候智慧型管理模式、有害生物远程诊断/实时监测/早期预警和应急防治指挥调度的监测预警决策系统。

二、加快培养农业农村科技人才

中共中央办公厅及国务院办公厅印发的《关于加快推进乡村人才振兴的意见》提出了四点关于加快培养农业农村科技人才的指导意见：

（一）培养农业农村高科技领军人才

国家重大人才工程、人才专项优先支持农业农村领域，推进农业农村科研杰出人才培养，鼓励各地实施农业农村领域"引才计划"，加快培育一批高科技领军人才和团队。加强优秀青年后备人才培养，突出服务基层导向。支持高科技领军人才按照有关政策在国家农业高新技术产业示范区、农业科技园区等落户。

（二）培养农业农村科技创新人才

依托现代农业产业技术体系、农业科技创新联盟、现代农业产业科技创新中心等平台,发现人才、培育人才、凝聚人才。加强农业企业科技人才培养。健全农业农村科研立项、成果评价、成果转化机制,完善科技人员兼职兼薪、分享股权期权、领办创办企业、成果权益分配等激励办法。

(三)培养农业农村科技推广人才

推进农技推广体系改革创新,完善公益性和经营性农技推广融合发展机制,允许提供增值服务合理取酬。全面实施农技推广服务特聘计划。深化农技人员职称制度改革,突出业绩水平和实际贡献,向服务基层一线人才倾斜,实行农业农村科技推广人才差异化分类考核。实施基层农技人员素质提升工程,重点培训年轻骨干农技人员。建立健全农产品质量安全协管员、信息员队伍。鼓励地方对"土专家""田秀才""乡创客"发放补贴。开展"寻找最美农技员"活动。引导科研院所、高等学校开展专家服务基层活动,推广"科技小院"等培养模式,派驻研究生深入农村开展实用技术研究和推广服务工作。

(四)发展壮大科技特派员队伍

坚持政府选派、市场选择、志愿参加原则,完善科技特派员工作机制,拓宽科技特派员来源渠道,逐步实现各级科技特派员科技服务和创业带动全覆盖。完善优化科技特派员扶持激励政策,持续加大对科技特派员工作支持力度,推广利益共同体模式,支持科技特派员领办创办协办农民合作社、专业技术协会和农业企业。

第七章　互联网经济与提高农民收入

第一节　有关互联网经济的政策解读

一、四大"互联网＋"新业态

国务院办公厅发布了《关于促进平台经济规范健康发展的指导意见》(国办发〔2019〕38 号),"数字中国"战略成为经济增长点。该意见提出,我国将在运用大数据、物联网、人工智能等技术的基础上,在三大领域推进"互联网＋"新业态发展,鼓励发展平台经济新业态,加快培育新的增长点,具体包括:

(一)积极发展"互联网＋服务业"

支持社会资本进入基于互联网的医疗健康、教育培训、养老家政、文化、旅游、体育等新兴服务领域,改造提升教育医疗等网络基础设施,扩大优质服务供给,满足群众多层次多样化需求。鼓励平台进一步拓展服务范围,加强品牌建设,提升服务品质,发展便民服务新业态,延伸产业链和带动扩大就业。鼓励商品交易市场顺应平台经济发展新趋势、新要求,提升流通创新能力,促进产销更好衔接(教育部、民政部、商务部、文化和旅游部、卫生健康委、体育总局、工业和信息化部等相关部门按职责分别负责)。

(二)大力发展"互联网＋生产"

适应产业升级需要,推动互联网平台与工业、农业生产深度融合,提升生产技术,提高创新服务能力,在实体经济中大力推广应用物联网、大数据,促进数字经济和数字产业发展,深入推进智能制造和服务型制造。深入推进工业互联网创新发展,加快跨行业、跨领域和企业级工业互联网平台建设及应用普及,实现各类生产设备与信息系统的广泛互联互通,推进制造资源、数据等集成共享,促进一二三产业、大中小企业融通发展。

（三）深入推进"互联网＋创业创新"

加快打造"双创"升级版,依托互联网平台完善全方位创业创新服务体系,实现线上线下良性互动、创业创新资源有机结合,鼓励平台开展创新任务众包,更多向中小企业开放共享资源,支撑中小企业开展技术、产品、管理模式、商业模式等创新,进一步提升创业创新效能。

（四）加强网络支撑能力建设

深入实施"宽带中国"战略,加快5G等新一代信息基础设施建设,优化提升网络性能和速率,推进下一代互联网、广播电视网、物联网建设,进一步降低中小企业宽带平均资费水平,为平台经济发展提供有力支撑。

此外,结合近年来我国"消费升级"发展趋势,实现产业端与消费端的有效融合,构建更加完善的线上生态圈。通过网络平台,消费者与平台企业之间的沟通效率更高,用户体验更佳,从而在平台上聚合更多的合作伙伴与用户数量。与此同时,该意见有关5G通讯技术的表述,提出"加快5G等新一代信息基础设施建设,优化提升网络性能和速率,推进下一代互联网、广播电视网、物联网建设,进一步降低中小企业宽带平均资费水平,为平台经济发展提供有力支撑"。5G将发挥万物互联的特性,与VR/AR、云计算、人工智能等新兴技术相结合,嵌入工业互联网、个人消费等众多场景之中,加速产业与金融有效融合。

二、以五大创新举措促进"互联网＋社会服务"发展

由国家发展改革委、教育部、民政部、商务部、文化和旅游部、卫生健康委,体育总局七部门联合印发的《关于促进"互联网＋社会服务"发展的意见》(发改高技〔2019〕1903号),是党中央、国务院向广大人民群众下放数字红利的重大举措,将推动我国社会服务领域进入全面数字化转型的新阶段,对于更好满足人民群众对美好生活向往的新需求,具有重要意义。

该意见坚持问题导向和结果导向,直面社会服务的资源约束、时空约束、手段约束、动力约束和环境约束,从新技术可以发挥赋能作用的关键环节,针对性提出了"数字化、网络化、智能化、多元化、协同化"等五大创新举措。

一是以数字化转型打破社会服务的资源约束,扩大社会服务资源供给。加快社会服务资源的数字化转型是"互联网＋"赋能社会服务的基础和先决条件。充分发挥数字化产品非排他性共享的特质,通过服务资源数字化、服务主体数字化以及社会服务数据的共享开放,提高社会服务资源的覆盖范围,提升资源配置效率,有效解决社会服务资源相对短缺、优质服务资源供给不足的问题,使传统社会服务插上数字化的"翅膀"飞入更多寻常百姓家。

二是以网络化融合打破社会服务的时空约束,促进社会服务均衡普惠。传统的社会服务提供方式一般都是线下面对面提供的,这导致了社会服务碎片化、地域化的倾向,传统社会服务企业也很难做大做强。该意见提出网络化融合,旨在基于互联网、业务网络和服务网络的叠加融合创新,加快各类社会服务主体联网接入,鼓励优质龙头社会服务企业网络化经营,推进线上线下社会服务深入融合,不断提高社会服务的标准化程度,扩大优质社会服务资源的辐射半径,有效化解城乡区域间社会服务资源配置不均衡问题,促进优质社会服务惠及更广大人民群众。

三是以智能化手段打破社会服务的模式制约，提高社会服务供给质量。互联网领域正在不断涌现出大量智能化服务场景，这些成果、经验、做法同样可以复制到社会服务领域。通过综合应用人工智能、虚拟现实、增强现实、可穿戴设备等数字技术，可衍生出同步课堂、远程手术指导、沉浸式运动、智慧导游等一大批新服务形态，可有效化解"黑导游""排长队""虐老幼""卷钱跑"等一大批社会服务难点痛点问题，形成便捷化、智能化、个性化的供给服务能力，更好满足人民群众对高品质社会服务的需要。

四是以多元化供给打破社会服务的动力制约，激发社会服务市场活力。传统社会服务业规模小、盈利难、增长慢，市场回报率和标准化程度低，较易出现有效供给不足的问题。该意见围绕社会服务市场化动力机制不足的短板，着力放宽市场准入门槛，鼓励社会资本探索多元化发展路径，力争形成以服务平台为载体、跨界融合为抓手、以竞争协作为动力的社会服务产业生态，打破市场壁垒、业务壁垒和数据壁垒，激活跨行业化学反应、壮大市场化驱动机制，通过产业链条延展协作，提升社会服务事业的投资回报率，形成社会服务事业长期可持续发展的新局面。

五是以协同化举措打破社会服务环境制约，优化社会服务发展环境。良好的发展环境是推进"互联网＋社会服务"的重要基础，该意见提出要创新社会服务监管理念和方式，构建以信用为基础的新型监管机制，按照包容审慎的原则打破制约"互联网＋社会服务"发展的各种条条框框，同时严守网络信息安全和隐私保护的底线，即让社会主体大胆创新，也让人民群众放心消费。

从工作范围上看，"互联网＋社会服务"事关人民群众日常切身需要。该意见所指的社会服务，是指在教育、医疗健康、养老、托育、家政、文化和旅游、体育等社会领域，为满足人民群众多层次多样化需求，依靠多元化主题提供服务的活动。改革开放以来，随着我国经济社会快速发展，我国社会服务取得显著改善，但是在一些领域，还存在大量的痛点、难点和堵点问题。在该意见编制过程中,文件起草组认真分析梳理了社会服务领域人民群众反映强烈的150余项问题,最终确定了教育等广大人民群众最关心的七个领域,做为"互联网＋社会服务"的主要着力点,以问题为导向推进社会服务创新。

从工作定位上看,"互联网＋社会服务"要发挥好科技赋能作用。近年来,我国社会服务事业快速发展,但仍存在服务资源相对短缺、服务质量和服务结构有待优化、城乡发展不平衡等问题。这些问题本质上是经济社会发展不平衡不充分的体现。正所谓"巧妇难为无米之炊","互联网＋社会服务"并不会提高社会服务资源的绝对总量,而是在现有发展水平基础上,充分发挥云计算、大数据、人工智能等技术手段优化社会服务资源的配置效率、改善服务质量、提高服务效能、提升标准化水平,以软创新突破硬约束,发挥新技术放大、倍增、协同的赋能作用。因此,推进"互联网＋社会服务",并不能期望"一加就灵"解决所有社会服务问题,必须坚持有限目标、务实推进,重点聚焦在互联网＋相关技术能发挥赋能作用的环节创新发力。

从提供主体上看,"互联网＋社会服务"要发挥好企业市场主体的主导作用。该意见主要聚焦的是市场化社会服务领域,因此,"互联网＋社会服务"的主要提供者是企业市场主体。但是,由于社会服务事项庞杂、利润率低,地域特征明显、规模化程度不足,服务流程和质量的标准化程度较低等行业特点,社会服务领域存在一定的市场失灵现象,仅仅依靠市场主体推进"互联网＋社会服务"存在市场动力不足的问题,还需要政府进行有力的引导,并在财税优惠、鼓励就业、标准研制等方面发挥重要推动作用,促进"互联网＋社会服务"领域市场化机制高效运转起来。

从工作目标上看,"互联网＋社会服务"要兼顾服务和发展的两个目标。开展"互联网＋社会服务"的根本目标是切实利用新技术化解社会服务中的难点、痛点、堵点问题,改善社会服务、提高服务水平,让人民群众有获得感。与此同时,社会服务也是十分重要的消费市场,通过"互联网＋社会服务"提高社会服务的供给质量,促进新技术的应用创新,将释放巨大的消费潜力,有利于惠民生、促发展、拉消费、聚动能,对于实现高质量发展、建设现代化经济体系同样发挥着十分巨大的作用。

三、"互联网＋"电商政策解读

近年来我国电子商务发展迅猛,不仅创造了新的消费需求,引发了新的投资热潮,开辟了就业增收新渠道,为大众创业、万众创新提供了新空间,而且电子商务正加速与制造业融合,推动服务业转型升级,催生新兴业态,成为提供公共产品、公共服务的新力量,成为经济发展新的原动力。

（一）"互联网＋"电商总体政策解读

1.《关于大力发展电子商务加快培育经济新动力的意见》政策解读

国务院印发的《关于大力发展电子商务加快培育经济新动力的意见》（国发〔2015〕24 号）明确了三点原则:一是积极推动。主动作为、支持发展。积极协调解决电子商务发展中的各种矛盾与问题。在政府资源开放、网络安全保障、投融资支持、基础设施和诚信体系建设等方面加大服务力度。推进电子商务企业税费合理化,减轻企业负担,进一步释放电子商务发展潜力,提升电子商务创新发展水平。二是逐步规范。简政放权、放管结合。法无禁止的市场主体即可为,法未授权的政府部门不能为,最大限度减少对电子商务市场的行政干预。在放宽市场准入的同时,要在发展中逐步规范市场秩序,营造公平竞争的创业发展环境,进一步激发社会创业活力,拓宽电子商务创新发展领域。三是加强引导。把握趋势、因势利导。加强对电子商务发展中前瞻性、苗头性、倾向性问题的研究,及时在商业模式创新、关键技术研发、国际市场开拓等方面加大对企业的支持引导力度,引领电子商务向打造"双引擎"、实现"双目标"发展,进一步增强企业的创新动力,加速电子商务创新发展步伐。

该意见提出了七方面的政策措施:一是营造宽松发展环境,降低准入门槛,合理降税减负,加大金融服务支持,维护公平竞争。二是促进就业创业,鼓励电子商务领域就业创业,加强人才培养培训,保障从业人员劳动权益。三是推动转型升级,创新服务民生方式,推动传统商贸流通企业发展电子商务,积极发展农村电子商务,创新工业生产组织方式,推广金融服务新工具,规范网络化金融服务新产品。四是完善物流基础设施,支持物流配送终端及智慧物流平台建设,规范物流配送车辆管理,合理布局物流仓储设施。五是提升对外开放水平,加强电子商务国际合作,提升跨境电子商务通关效率,推动电子商务走出去。六是构筑安全保障防线,保障电子商务网络安全,确保电子商务交易安全,预防和打击电子商务领域违法犯罪。七是健全支撑体系,健全法规标准体系,加强信用体系建设,强化科技与教育支撑,协调推动区域电子商务发展。

2.《关于推进线上线下互动加快商贸流通创新发展转型升级的意见》政策解读

国务院办公厅印发的《关于推进线上线下互动加快商贸流通创新发展转型升级的意见》(国办发〔2015〕72 号)指出,新一代信息技术加速发展,技术驱动下的商业模式创新层出不穷,线上线下互动成为最具活力的经济形态之一,成为促进消费的新途径和商贸流通创新发展的新亮点。大力发展线上线下互动,对推动实体店转型,促进商业模式创新,增强经济发展新动力,服务大众创业、万众创新具有重要意义。

该意见明确三个方面、11 项工作任务:一是鼓励线上线下互动创新。鼓励实体店通过互联网与消费者建立全渠道、全天候互动,发展体验消费;鼓励消费者通过互联网建立直接联系,开展合作消费;鼓励实体商贸流通企业通过互联网强化各行业内、行业间分工合作,提升社会化协作水平。鼓励企业顺应时代发展需求,不断开展商业模式创新、技术应用创新和产品服务创新。二是激发实体商业发展活力。鼓励传统行业主动拥抱互联网,挖掘自身潜力,适应新形势,培育新优势,实现自我变革和可持续发展。零售业通过线上线下互动,开展全渠道经营;批发业通过线上线下互动,由商品批发向供应链管理服务转型;物流业通过线上线下互动,走精准、高效、集约的发展之路;生活服务业通过线上线下互动,实现在线化、标准化、便利化;商务服务业通过线上线下互动,实现智能化、精细化、网络化。三是健全现代市场体系。推进城市商业智能化,完善信息基础设施建设,打造智慧商圈和具有丰富互联网属性的特色商业街区;推进农村市场现代化,重点发展农村和农产品电子商务,打通农产品进城、工业品下乡双向通道;推进国内外市场一体化,开展通关一体化改革,推动产能合作,大力发展跨境电子商务。

该意见提出七个方面的政策措施:一是推进简政放权,调整完善市场准入资质,推进一照多址等住所登记制度改革。二是创新管理服务,建立与电子商务发展需要相适应的管理体制和服务机制,开展商务大数据建设和应用。三是加大财税支持力度,促进电子商务进农村,积极推广网上办税服务和电子发票应用。四是加大金融支持力度,支持不同发展阶段和特点的线上线下互动企业上市融资,发展第三方支付、股权众筹等互联网金融。五是规范市场秩序,创建公平竞争的创业创新环境和规范诚信的市场环境。六是加强人才培养,建设电子商务人才继续教育基地,开展实用型电子商务人才培训。七是培育行业组织,建立良性商业规则,促进行业自律发展。

（二）"互联网＋"农村电子商务政策解读

国务院办公厅印发的《关于促进农村电子商务加快发展的指导意见》〔2015〕78号)指出,农村电子商务是转变农业发展方式的重要手段,是精准扶贫的重要载体。通过大众创业、万众创新,发挥市场机制作用,加快农村电子商务发展,把实体店与电商有机结合,使实体经济与互联网产生叠加效应,对于促消费、扩内需,推动农业升级、农村发展、农民增收具有重要意义。

该意见强调,按照全面建成小康社会目标和新型工业化、信息化、城镇化、农业现代化同步发展的要求,深化农村流通体制改革,创新农村商业模式,培育和壮大农村电子商务市场主体,加强基础设施建设,完善政策环境。到 2020 年,初步建成统一开放、竞争有序、诚信守法、安全可靠、绿色环保的农村电子商务市场体系。

该意见明确三个方面的重点任务:一是培育农村电子商务市场主体。鼓励电商、物流、商贸、金融、供销、邮政、快递等各类社会资源加强合作,参与农村电子商务发展。二是扩大电子商务在农业农村的应用。在农业生产、加工、流通等环节,加强互联网技术应用和推广。拓宽农产品、民俗产品、乡村旅游等市场,为农产品进城拓展更大空间。三是改善农村电子商务发展环境。加强农村流通基础设施建设,加强政策扶持和人才培养,营造良好市场环境。

该意见提出七个方面政策措施:一是加强政策扶持力度。深入开展电子商务进农村综合示范。制订出台农村电子商务服务规范和工作指引。推动电商扶贫。二是鼓励和支持开拓创新。开展农村电子商务创新创业大赛和农村电子商务强县创建活动。三是大力培养农村电商人才。实施农村电子商务百万英才计划,培养农村电商人才。四是加快完善农村物流体系。加强农村物流服务网络和设施的共享衔接,加快完善县乡村农村物流体系。加强农产品产地集配和冷链等设施建设。五是加强农村基础设施建设,完善电信普遍服务补偿机制,加快农村信息基础设施建设和宽带普及,促进宽带网络提速降费,加快农村公路建设。六是加大金融支持力度。加大对电子商务创业农民尤其是青年农民的授信和贷款支持,简化农村网商小额短期贷款手续。符合条件的农村网商,可按规定享受创业担保贷款及贴息政策。七是营造规范有序的市场环境。加强网络市场监管,打击制售假冒伪劣等违法行为。推进农村电子商务诚信建设。

另外,财政部办公厅、商务部办公厅、国务院扶贫办综合司发布的《关于做好 2020 年电子商务进农村综合示范工作的通知》(财办建〔2020〕48 号)提出,要大力发展农村电子商务,促进形成农产品进城和工业品下乡畅通、线上线下融合的农产品流通体系和现代农村市场体系，培育一批各具特色、经验可复制推广的示范县。示范县重点商贸流通企业依托电商实现转型升级，物流成本明显降低，农产品进城和工业品下乡有效畅通，农村网络零售额、农产品网络零售额年均增速高于全国平均水平，农村消费产品质量明显提升。"三区三州"深度贫困地区可结合实际，制定合理可行的发展目标。

还有农业农村部、国家发展改革委、财政部、商务部联合印发的《关于实施"互联网＋"农产品出村进城工程的指导意见》是党中央、国务院为解决农产品"卖难"问题、实现优质优价带动农民增收作出的重大决策部署，作为数字农业农村建设的重要内容，也是实现农业农村现代化和乡村振兴的一项重大举措。

该意见主要思路是按照实施乡村振兴战略的总要求，紧紧抓住互联网发展机遇，加快推进信息技术在农业生产经营中的广泛应用，充分发挥网络、数据、技术和知识等要素作用，建立完善适应农产品网络销售的供应链体系、运营服务体系和支撑保障体系，促进农产品产销顺畅衔接、优质优价，带动农业转型升级、提质增效，拓宽农民就业增收渠道，以市场为导向推动构建现代农业产业体系、生产体系、经营体系，助力脱贫攻坚和农业农村现代化。力争用 2 年左右时间，基本完成 100 个试点县工程建设任务。到 2025 年底，在全国范围内基本完成工程建设各项任务，实现主要农业县全覆盖，农产品出村进城更为便捷、顺畅、高效。

在工程实施过程中，还要着重抓好 5 个关键环节：

一是以特色产业为依托，打造优质特色农产品供应链体系。结合特色农产品优势区等建设，以县为单位，聚焦优质特色农产品，因地制宜打造特色产业，推动形成区域公用品牌、企业品牌、产品品牌，将"特色"转变为市场优势、经济优势。依托农业龙头企业、合作社、产业协会、信息进村入户运营商、电商企业等各类企业组织，建立健全县级农产品产业化运营主体，引导其牵头联合全产业链各环节市场主体、带动小农户，打造优质特色农产品供应链,统筹组织开展生产、加工、仓储、物流、品牌、认证等服务,生产、开发适销对路的优质特色农产品及其加工品,及时调整优化生产结构和供给节奏;加强供应链管理和品质把控,统一对接网络销售平台和传统批发零售渠道,积极开拓线上线下市场,提高优质特色农产品的市场竞争能力。

二是以益农信息社为基础,建立健全农产品网络销售服务体系。信息进村入户工程是数字农业农村的基础性工程,"互联网+"农产品出村进城工程是在此基础上的提升应用。要充分利用益农信息社以及农村电商、邮政、供销等村级站点的网点优势,以及县级农产品产业化运营主体的生产、加工、仓储能力,统筹建立县乡村三级农产品网络销售服务体系。为没有进入优质特色农产品供应链的其他农户和产品,以低成本、简便易懂的方式,有针对性地提供电商培训、加工包装、物流仓储、网店运营、商标注册、营销推广、小额信贷等全流程服务。加强优质特色农产品全产业链大数据建设,健全农产品监测预警体系和信息服务机制,引导各类市场主体及时了解市场信息,合理安排生产经营,市场需要什么就生产什么,需要多少就生产多少。大力发展多样化多层次的农产品网络销售模式,构建优质特色农产品网络展销平台,推动在县城、市区设立优质特色农产品直销中心,综合利用线上线下渠道促进优质特色农产品销售。

三是以现有工程项目为手段,加强产地基础设施建设。实施"互联网+"农产品出村进城工程不能另起炉灶,要针对工程实施需要,在现有工作基础上查缺补漏、改造提升。充分利用现有标准化种植基地、规模化养殖场、数字农业农村等项目,推进优质特色农产品规模化、标准化、智能化生产,切实提升优质特色农产品持续供给能力。利用产地初加工等项目,加强产地预冷、分等分级、初深加工、包装仓储等基础设施建设,推进设施设备共建共享,提升产地农产品商品化处理能力。结合农产品仓储保鲜冷链物流设施建设工程,加强冷链物流集散中心建设,完善低温分拣加工、冷藏运输、冷库等设施设备,构建全程冷链物流体系。推动整合县域内物流资源,完善县乡村三级物流体系,提高农村物流网络连通率和覆盖率,降低物流成本。

四是以农产品出村进城为引领,带动数字农业农村建设和农村创业创新。推进优质特色农业全产业链数字化转型,打通信息流通节点,形成从田间地头到餐桌的信息流通闭环,提高生产智能化、经营网络化、管理数字化水平,提升优质特色农产品供给效率。建立农产品质量安全追溯体系,加强对产地农产品质量安全检测和监督管理。加快推进优质特色农产品田间管理、采后处理、分等分级、包装储运等各环节标准研制,细化标准化生产和流通操作规程,提高农产品品质和一致性。围绕乡村五大振兴和数字乡村发展战略布局,拓展"互联网＋"农产品出村进城工程服务功能,带动发展农村互联网新业态新模式。

五是以健全机制为保障,合力推进工程实施。建立部门间协调联动机制,强化政策项目的协调配合,加强工程实施的指导监督和经验总结,优先选择贫困地区开展试点,形成一批可复制可推广的典型模式,适时向全国推广。有关地方人民政府要层层压实责任,不断创新政策和资金支持形式,以县为单位,因地制宜抓好工程建设。鼓励供销、邮政、电信等系统和各方社会力量积极参与,推进农村站点以及基础设施、物流体系、网络平台等软硬件的共建共享、互联互通,形成强大推进合力。充分尊重农民自主权,不搞"一窝蜂",更不搞"一刀切",循序渐进,用市场化方式、以经济利益为纽带,团结农民一起干。

此外,还有农业农村部、中央网络安全和信息化委员会办公室联合印发的《数字农业农村发展规划(2019—2025年)》(农规发〔2019〕33号),这份政策文件是结合《中共中央、国务院关于实施乡村振兴战略的意见》和《数字经济发展战略纲要》提出的一份在一段时期内数字农业农村建设的纲领性文件。该规划提出了数字农业农村发展目标。在总体目标上,该规划提出到2025年,数字农业农村建设取得重要进展,有力支撑数字乡村战略实施;农业农村数据采集体系建立健全,基本建成"一个网络""一个体系""一个平台",即天空地一体化观测网络、农业农村基础数据资源体系和农业农村云平台;数字技术与农业产业体系、生产体系、经营体系加快融合,农业生产经营数字化转型取得明显进展,管理服务数字化水平明显提升,农业数字经济比重大幅提升,乡村数字治理体系日趋完善。在具体指标上,细化总体目标要求,提出了三个关键性指标,使该规划目标可衡量可落实。即农业数字经济占农业增加值比重由2018年的7.3%提升至2025年的15%,农产品网络零售额占农产品总交易额比重由2018年的9.8%提升至2025年的15%,农村互联网普及率由2018年的38.4%大幅提升至2025年的70%。

该规划面向乡村振兴的重大需求,面向现代农业建设主战场,紧紧围绕推进数字技术与农业农村深度融合谋篇布局,提出了五方面的重点任务:

一是构建农业农村基础数据资源体系。该规划提出,要统筹建设农业自然资源、重要农业种质资源、农村集体资产、农村宅基地、农户和新型农业经营主体等五类大数据,形成农业农村基础数据资源体系,为农业农村精准管理和服务提供有力支撑。

二是加快生产经营数字化改造。该规划提出,要推进种植业信息化,加快发展数字农情,构建病虫害测报监测网络和数字植保防御体系,建设数字田园。推进畜牧业智能化,建设数字养殖牧场,加快应用个体征智能监测技术,推进养殖场数据直联直报。推进渔业智慧化,发展智慧水产养殖,升级改造渔船船用终端和数字化捕捞装备,建设渔港综合管理系统。推进种业数字化,挖掘与深度应用种业大数据,研发推广动植物表型信息获取技术装备,完善国家种业大数据平台功能。推进新业态多元化,鼓励发展众筹农业、定制农业等基于互联网的新业态,深化电子商务进农村综合示范,鼓励发展智慧休闲农业平台。推进质量安全管控全程化,推动农产品生产标准化、标识化、可溯化,普遍推行农户农资购买卡制度，构建投入品监管溯源与数据采集机制。

三是推动管理服务数字化转型。该规划提出，要建立健全农业农村管理决策支持技术体系，提高宏观管理的科学性。健全重要农产品全产业链监测预警体系，加强市场信息发布和服务，帮助农民解决"春天种什么对、秋天卖什么贵"等生产经营瓶颈问题。建设数字农业农村服务体系，开展农业生产性服务，建设一批农民创业创新中心，提升农民生产生活智慧化、便捷化水平。建立农村人居环境智能监测体系，实现对农村污染物、污染源全时全程监测。建设乡村数字治理体系，推进乡村治理体系和治理能力现代化。

四是强化关键技术装备创新。该规划提出，要加强关键共性技术攻关，重点攻克农业生产环境、动植物生理体征智能感知与识别关键技术，突破动植物生理生态过程模拟技术，构建动植物表型的数字化表达及模拟模型，突破智能农机装备关键技术。强化战略性前沿性技术超前布局，加强农产品柔性加工、区块链+农业、人工智能、5G等新技术基础研究和攻关，形成一系列数字农业战略技术储备和产品储备。强化技术集成应用与示范，开展3S、智能感知、模型模拟、智能控制等技术及软硬件产品的集成应用和示范，熟化推广一批典型模式和范例。加强数字农业科技创新数据与平台集成与服务。加快农业人工智能研发应用，实施农业机器人发展战略，加强无人机智能化集成与应用示范。

五是加强重大工程设施建设。该规划提出，要实施国家农业农村大数据中心建设工程，重点建设国家农业农村云平台、国家农业农村大数据平台、国家农业农村政务信息系统3类项目，提高农业农村领域管理服务能力和科学决策水平。要实施农业农村天空地一体化观测体系建设工程，重点加强农业农村"天网"（农业农村天基观测网络）、"空网"（农业农村航空观测网络）、"地网"（农业物联网观测网络）建设，实现对农业生产和农村环境等全领域、全过程、全覆盖的实时动态观测。要实施国家数字农业农村创新工程，重点建设国家数字农业农村创新中心及专业分中心、重要农产品全产业链大数据、数字农业试点建设等 3 类项目，打造数字农业农村综合服务平台。

第二节　互联网经济的概述

一、互联网经济的内涵

互联网经济是以互联网技术为平台，以网络为媒介，以应用技术创新为核心的经济活动的总称，是基于互联网所产生的经济活动的总和，在当今发展阶段主要包括电子商务、互联网金融（ITFIN）、即时通讯、搜索引擎和网络游戏五大类型。

互联网经济是信息网络化时代产生的一种崭新的经济现象，具有鲜明的时代特征，主要是指以互联网基础将生产生活中的基本要素进行整合处理，将具有网络特性的发展成果融于社会经济发展之中，进而对国民经济起到重要的影响和促进作用，"互联网＋"这一新型的发展模式，于十二届全国人大三次会议上由李克强总理在政府工作报告中提出，通过积极有效的政策引导和扶植，加强信息技术、数据发展、移动网络与我国产业的紧密联系，进而形成新的经济增长点，为我国第一、二、三产业的可持续化发展提供良好的社会环境，引导其朝着智能化和产业化的方向发展，促进我国国民经济的高效化发展。

在互联网经济时代，经济主体的生产、交换、分配、消费等经济活动，以及金融机构和政府职能部门等主体的经济行为，都越来越多地依赖信息网络，不但要从网络上获取大量经济信息，依靠网络进行预测和决策，而且许多交易行为也直接在信息网络上进行。

互联网经济是建立在国民经济信息化基础之上,各类企业利用信息和网络技术整合各式各样的信息资源,并依托企业内部和外部的信息网络进行动态的商务活动,研发、制造、销售和管理活动所产生的经济。它建立在信息流、物流和资金流的基础之上,依靠网络实现经济。网络经济改变了企业的传统经营模式、经营理念。

互联网经济有两个基本要素:经济行为主体的"集"和经济链的"集"。网络经济与其说是由经济行为主体构成,还不如说是由经济行为主体之间的特殊经济联系组成。经济行为主体以及他们之间的联系链可以是同质的,也可以是异质的。换言之,经济行为主体以及他们之间的联系链可以是同行业的,也可以是不同行业的。对网络经济可以从狭义和广义两个方面来理解:狭义而言,网络经济主要是指以信息和计算机网络为核心的信息和通信技术的产业群体;广义而言,网络经济主要是指电信、电力、能源、交通运输等网状运行行业构成的产业群体。网络经济学者认为,网络经济已经成为规模经济或范围经济,其经济运作往往涉及一个国家的范围,甚至跨越国界,把几个国家或一个巨大的区域联结在一起。

二、互联网平台经济运作原理

互联网平台经济,是伴随互联网公司发展而流行起来的,根据双边市场(Two-Sided Market)理论,平台是一种导致或者促成多方客户交易、并且通过收取恰当费用而努力召集和吸引交易各方使用的现实或者虚拟的空间。相应的,借助平台促成双边(或多边)客户间交易的商业模式就是一种平台经济。以网络金融平台为例,平台搭建的生态圈往往囊括了用户群体、场景方、技术服务商等多方参与主体,即多边市场。

同时,平台模式建立与发展的一个基础,是网络效应,即用户数量可以不断突破,流量快速增加。这是"互联网+"时代下的一种全新业态,加速我国数字化、移动化发展速度,从而逐步形成了"数字中国"这一国家级战略。

第三节 利用互联网经济提高农民收入的方法

一、"互联网＋农业"的概述

"互联网＋农业"是我国农业发展的重要变革,通过互联网的创新驱动和结构重塑,将农业资源进行高效整合,实现农业结构的产业化、农业产品的创新化和产业链发展的智能化,进而达到农业生产模式的跨越式发展。"互联网＋农业"发展模式主要有三种类型:第一,生产智能化类型,以互联网为手段对农业生产要素及各项资源进行优化合理配置,保证农业资源的技术化发展;第二,农业电子商务类型,通过网络营销模式实现农产品的线上线下交易,有效地扩宽了农产品的营销渠道和途径;第三,信息化发展模式,建立共享式的信息交流平台,加强农业生产者和经营者之间的联动,提高农产品的市场竞争力。

"互联网＋农业"发展模式是农业产业化发展的必然选择。目前,我国正处于社会主义改革的攻坚阶段,国家重视农业在我国经济发展过程中的基础地位,采取一系列积极有效的政策加强对其扶持,进而巩固农业的基础地位,提高人民的生活水平,实现共同富裕的根本目标。农业产业化以市场发展为导向,重视市场在资源配置中的基础性作用,以提高经济效益为中心,对农业资源进行优化整合,实行专业化、科技化和综合化的管理手段,促进农业的现代化发展,将互联网发展与农业发展紧密结合,是提高农业科学技术水平的重要手段,是实现传统农业向现代农业转型的有效途径。

"互联网＋农业"是信息化时代下农业可持续发展的必由之路,是贯彻和落实以人为本可续发展观的重要举措。随着信息全球化的快速发展和互联网应用的广泛普及,农业发展应朝着信息化的方向前进,加快以互联网为基础的农业信息化建设是我国社会主义新农村建设的重要内容,是我国全面建成小康社会的重要任务,历年来,农业发展备受我国党和政府的重视,加快信息化建设能够有效地提高农业的生产效率、提高农业生产的综合能力,实现城乡均衡发展的重要目标,同时,信息化时代发展下的农业要求我国农业要不断与时俱进,紧跟时代的发展潮流,通过强有力的农业信息建设加快农业改革进程。

二、"互联网+"推动农业经济发展的有效措施

(一)以互联网为手段高效整合农业发展资源

农业经济的可持续发展要牢牢抓住互联网这一时代契机,以互联网为手段高效整合农业发展资源。在发展和建设过程中,要将以人为本科学发展观和可持续发展理念作为农业发展的指导思想,从地区发展的实际情况出发,制定有针对性的互联网农业发展策略,通过现代信息技术对农业地区的土壤、气候、水文、肥力等资源进行综合性的分析,通过大数据分析对地区农业的发展提供相应的解决方案。此外,要加强对农业市场资源的有效整合,以互联网为途径快速获取市场信息的速度和效率,对价格、行情、结构等要素进行及时有效的分析,评估预期农产品市场的发展走势,进行有针对性的农业生产和经营,实现农业的针对性发展。

(二)大力发展农业电子商务

农业在发展过程中,要以互联网为平台,大力发展电子商务。首先,国家要对农业的发展进行积极有效的政策扶持和鼓励,采取一系列的扶农、惠农措施,大力支持和培养相应的农业电子商务企业,积极借鉴国内外企业电商企业的先进管理经验,鼓励其构建以农业为主的电子商务发展模式,提高农产品流通的专业性。其次,相关政府要积极鼓励涉农企业建立自主农业电子商务平台,加强与其他物流企业的合作交流,扩大农产品流通的途径和范围,以互联网技术为依托,对农产品电子商务实

行精细化管理,加强信息网络技术在物流、管理、包装、营销等环节的全面化应用。最后,加快区域电子商务平台发展进程,实行模块化管理,加强超市、服务社、企业、村党支部之间的联动,构建完整化的网络体系,加快农业经济发展。

(三)加快农村互联网基础设施建设进程

加快农业互联网基础设施建设,为农业经济的稳定发展奠定重要基础。在发展和建设过程中,要对农村的整体发展进行优化布局,重点解决农村网络通讯问题,逐步扩大网络的应用范围,同时,相关科研人员要加强技术创新,研发适合于农民应用的智能网络服务设施,对与农业发展有关的资源要进行深入开发,加深研究的深度和广度,建立农村信息化网络服务中心,完善农业信息化建设发展体系,提高农业信息发展的效率和水平,利用大数据时代,将农业发展的各项信息进行有效的分析和处理,实现农村互联网基础实施的无缝化连接。

(四)增加农业生产经营的智能化含量

在农业发展过程中,要逐渐增加农业生产经营的智能化含量,提高农产品的核心竞争力。第一,加强农业各结构之间的有效衔接,保证农业生产经营各环节之间的高效联动,大力推动互联网、物联网、农业智能装备等资源在农业生产领域的科学化应用,鼓励农民转变生产经营方式,加强创新,形成以互联网应用为核心,自主创新、合作交流和专业生产的发展模式,使其朝着集约化、专业化、精准化的方向发展。第二,以互联网技术为中心,推行农业标准化生产,建立健全服务和应用体系,对农产品生产过程中的农药标准进行明确的对顶,成立不同项目的专业示范基地,提高农产品的质量设水平。

(五)以互联网为平台培育新型职业农民

在农业经济发展过程中,要重视农民的主体地位,尊重并充分发挥农民的生产积极和主动性,以互联网为平台迫于新型职业农业,为我国农业的可持续发展提供重要的人才支持。首先,地方政府要充分挥发自身的调控功能,逐步完善农民培训机制,加快对农民的教育培养、规范管理,形成立体化、全方位的教育体系;其次,加强对农民的生产经营在教育,建立以公益为核心的农民培养制度,保证农民在教育制度的实效性和针对性,实现农民再教育体系的有效落实。最后,成立专门的"互联网+农业"专家团队,对农民在生产经营中存在的问题进行及时有效的解决,提高农民的互联网应用意识,促进农业的可持续发展。

第四节　案例展示与分析

一、尤溪县现代农业区域性聚合新模式

(一)案例分析

尤溪县是山区大县,农产品资源丰富,已形成"两叶两柑两竹一油一稻一菌"(烟叶、茶叶、金柑、芦柑、毛竹、绿竹、茶籽油、优质稻、食用菌)九大特色产业,拥有金柑、绿竹、竹子、油茶四个"中国之乡","尤溪绿笋""尤溪绿茶""尤溪茶籽油"获国家地理标志集体商标,是全国十大生态产茶县、全国 11 个食用菌产值超亿元县之一,杂交水稻超高产制种和超级稻等配套技术全国领先,亩产量多次刷新世界纪录。

近年来,尤溪县紧紧抓住被列为福建省首批 9 个省级农民创业园建设契机,通过重规划、抓项目、兴基础、强产业,全力推进现代农业发展,促进农业增效、农民增收。同时以列入第三批国家现代农业示范区为契机,围绕重点产业发展升级,集中力量规划建设一批集技术研发、生产示范、加工流通、科普展示、旅游观光、休闲体验于一体的核心区和示范基地,力争建成闽中现代农业的示范窗口和标杆。

但在尤溪县"互联网＋"现代农业发展的过程中需要面临几个问题：

1. 农业信息技术创新能力不足，产业化程度低。

2. 农业与互联网电子商务的融合需要创造新局面。

3. 信息服务针对性不强，信息资源的开发利用有待完善。

针对以上情况，再结合当地的信息化现状，提出了"一个中心，七大板块"的建设理念，充分把尤溪所涉及到的现代农业囊括在内。

一个中心：智慧农业信息综合服务中心。

七大板块：农业物联网、农业信息服务、农村经济经营管理、农产品质量安全、美丽乡村建设、农村电子商务、精准扶贫。

通过坚持不断的探索，形成和突出了特有的区域性聚合式的"互联网＋"现代农业发展模式：

（1）农业生产管理向智能化推进

农情与农事信息采集产品化、模块化，提供了易用、低成本的信息采集产品；建设示范基地，推进了农业物联网在各区县延伸，在种植业、养殖业等领域做了示范与应用；探索信息技术服务生产的商业模式，完善了农业物联网云平台服务功能；加强对农业生产过程的安全监管。加深普及设施农业在农业种植、养殖中的重要性，加快了农业基础设施、装备与物联网信息化的深度融合；

（2）聚合信息大平台，农业信息服务向灵活便捷转变

以尤溪农业信息网门户为依托，丰富了信息服务内容、延伸信息服务范围，创新服务手段，提高了农业信息服务成效。拓展基于服务终端的服务模式，建设专属的农业信息服务板块，进一步提升农业信息服务质量。由粗放式服务向精准投放转变，做到信息服务到人，推动信息服务体系与基层农业服务体系融合。

通过智慧农业信息综合服务中心，有效整合了涉农信息资源，拓宽农民致富信息渠道，让农民适时掌握和使用农业先进适用技术，及时调整产业结构，实现产销对路，进一步增加农民收入，帮助农民开辟农产品

网上交易新模式,实现农产品产销快速连接,拓展国内外农产品市场,积极推动尤溪县特色农业,全面打造优质农产品品牌。

(3)加快电子商务与智慧农业信息服务的融合,推动精准扶贫

智慧农业信息服务的介入,可以从信息化的角度来提升精准扶贫的基础工作效率,从直观的角度实时显示和动态监测,并以信息化手段达到扶贫链条的完整性和实效性,同时对扶贫工作进行综合评估及成效评价。

在尤溪县通过电子商务与智慧农业的结合,实行了电商+合作社(企业)+贫困户的"三位一体",电商企业与合作社(企业)建立合作关系,给合作社(企业)提供信息和策划产品,帮助合作社(企业)解决产品销售难问题,促进生产发展;合作社(企业)帮助指导扶持贫困户进行标准化生产,提高产品质量,有效解决贫困户生产缺技术和产品销路难的问题,带动贫困户增收致富,实现电商、合作社(企业)和贫困户三者共同受益。

(二)经验效果

通过本模式的实施,使尤溪县农业信息化建设跃上一个新台阶,农业信息化将渗透到农场的农业生产、加工、流通、技术推广、消费等各个方面。工作外延扩大,内涵丰富,与各产业结合紧密,小到一个农户,大到企业,都将充分享受到方便、快捷的农业信息服务。农业信息和现代农业将共同产生"倍增效应",其产生的经济效益是一个不可量化的数字。同时,尤溪县农业信息化建设对于缩小城乡"数字鸿沟",消除城乡差别,构建和谐社会和建设社会主义新农村,产生巨大的社会效益:一是有利于加快农业科技推广,推动现代农业发展;二是有利于提高农场产品质量,减少直接经济损失;三是有利于促进农产品产销衔接,增加农民收入。

尤溪县政府表示,引进并发挥三明智慧农业科技有限公司计算机系统集成领域内的技术优势,共同建设"尤溪智慧农业信息综合服务中

心",推进县域互联网经济"互联网＋农产品及农业生产资料＋农业物联网＋农业大数据＋农村信息化服务"的新格局,集成并展示农产品质量安全监管、物联网、12316 信息服务、农村经济管理、农资监管、尤溪现代农业成果、精准扶贫等平台的文字、图片、视频等农业大数据信息,实现"互联网＋现代农业"的信息调度和指挥。

目前在尤溪县主要农产品例如菌菇及金柑等领域均实行了现代化农业的管理,可实时观测生长进度及生产环境,结合优质的电商平台,利用产业融合的模式打通安全生产的产业链条,在县域内完全实现了"互联网＋"现代农业的生产模式,消费者可通过这种模式的对外窗口实时了解生产情况,当地农民更可以通过服务中心对自身的权益加深了解及监督,在食品安全、电子商务、安全生产、精准扶贫这几个目前最热领域的融合方面起了关键性的作用。

在当前信息化手段不断推陈出新的年代,迫切需要在区域范围内快速形成一套产业融合、多领域合作的新模式,结合本地化农业优势,迅速使模式转化成效益,提高产出投入比,这样才可以使这种区域性聚合新模式得以快速复制,使现代农业的步伐进一步加大。

二、电子商务助力团场主导产业健康发展

(一)案例分析

八十三团垦区位于新疆西北边陲,地理位置优越。这里地处天山北麓,阳光充沛,地肥水美,昼夜温差大,非常适宜农作物种植。同时,垦区毗邻边境,位于阿拉山口和霍尔果斯两大国际通商口岸之间,两条国际铁路线在垦区境内穿过,有便利的交通运输条件。基于此,八十三团将果蔬种植作为支柱产业,从 2001 年开始大面积推广鲜食葡萄种植,团场现有园艺职工 2300 余人,种植鲜食葡萄面积 25 000 亩,2015 年实现鲜食葡萄总产 3.2 万吨,成为国内知名的红提葡萄之乡。除此之外,团场还按照"公司＋基地＋农户"的产业化经营模式,大力发展大棚种植基地,

建成了374栋设施大棚,葡萄、蔬菜、冬枣、鲜桃等农产品错季上市,形成了鲜明的地域特色。根据兵团全面实施"西果东送"战略要求,我团积极调整农产品产业布局,计划3～5年后将鲜食葡萄发展到5万亩,设施农业大棚蔬菜发展到500座,使新疆金沙山绿缘电子商务有限公司成为带动产业发展的龙头企业,让八十三团成为国内知名的果蔬生产基地。

在果蔬种植产业稳定发展的同时,农产品销售渠道不畅,种植户收益不能保障的问题也始终困扰着团场各级领导和农户。为了破解这个难题,八十三团领导审时度势,决定开拓电子商务领域,助力团场经济转型。

1. 以资源优势助推电商经济,壮大团场电子商务发展规模

2015年9月,团场金沙山绿缘电商与淘宝1688、新疆大唐丝路、博乐雪狼电商合作,联合举办"汇聚新疆"第三季网络营销活动,首次采用网上重点区域预售(北京、上海、广州、成都、武汉)模式,与高端消费群体对接销售,三天时间销售鲜食红提近60吨,销售额近200万元,收到用户好评2000多条,创造了网络销售红提葡萄的先例,也通过网络树立了"八十三团"牌红提葡萄的品牌形象。同时,成功举办八十三团第一届红提葡萄节,邀请2014年销售前50名客商参与,并对其表彰,对八十三团葡萄销售起到重要意义。建立了新疆金沙山有限公司网站和微信平台,利用金沙山果业网站和微信平台,定时更新公司新闻和发布销售信息,进行网上宣传和销售,提高八十三团葡萄知名度。在市场低迷的情况下,2015年销售果蔬23 987吨(红提、夏黑、克瑞森、冬枣、蟠桃、大棚蔬菜、红提葡萄干、夏黑葡萄干、枸杞),销售额25 100万元。国内销售主要为疆外市场,重点批发销售区域主要有北京、上海、浙江、江西、河南、湖北、海南、云南、宁夏等。国外销售有泰国、缅甸、越南、俄罗斯、哈萨克斯坦、菲律宾等。

加强合作,线上线下齐头并进。为了建立和扩大营销平台,团场与淘宝网、新疆大唐丝路电子商务有限公司、博乐市雪狼电子商务有限公

司等建立了合作关系,通过线上线下联动拓宽销售渠道。线上方面,依托淘宝网"汇聚新疆""新疆巴扎网"等第三方电商平台,带动本地农产品"触网"。线下方面,形成了八十三团电子商务运营中心、疆内外营销网络体系联动网络体系服务平台,与国内知名水果市场如江南水果市场、江门水果市场、汕头水果市场、漳州水果市场、泉州水果市场,厦门水果市场等建立了销售合作关系,与沃尔玛、家乐福、中百连锁超市等重点农超对接市场合作,产品销售辐射国内区域市场,国外重点出口东南亚市场。

截至 2016 年 8 月 6 日,八十三团举办"互联网＋电商实战培训班"4 期、入驻八十三团创业孵化园区企业 32 户培训 3 期,人员 550 人。通过实战培训,使职工和职工子女通过网络平台销售团场农副产品,入驻企业促进了企业转型发展理念、品牌意识和发展思路的转变。

八十三团举办首届"网上红提葡萄节",借助互联网经济,全面提升八十三团红提葡萄的品牌影响力,扩大电子商务对团场支柱产业的支持力度。

2. 建立健全工作机制,保障电商快速发展

一是建立了组织领导和项目实施机构。成立了以团场主要领导为组长,多部门和单位联动的团场电子商务工作领导小组,高位推动解决团场电子商务发展中的问题。同时组建专业团队——新疆金沙山绿缘电子商务有限公司,建成了八十三团电子商务运营服务(孵化)中心,推动团场电商健康发展。二是建立了工作机制。从团场实际出发,制定了八十三团电子商务发展实施方案,与博乐市雪狼电子商务有限公司签署了《八十三团区域电子商务系统工程实施协议》,引进了专业运营团队。三是 2016 年,投资建成了"八十三团创业孵化园区"。创业孵化园区主要分为企业入驻管理中心、电子商务运营中心、电子商务培训中心、电子商务协会、O2O 体验中心、电商物流配送中心、电商人才孵化中心。主要职能是针对八十三团农牧产品和一些传统工艺、小品牌、特色品牌,负责

对其进行品牌包装、定位、推广和销售等多方位服务,包括产品加工生产、品牌进驻。对入驻企业自身有 APP 销售线上商城,可以代理品牌的电商销售,或者为自身有网上商城的企业提供各种电商服务。同时,引进电商培训体系,实施电商人才培训计划,帮助入住企业的商品存储、销售商品包装及配送,聚合整合当地电子商务快递,集约化管理,降低物流成本。

3.破解要素制约,构建电商发展环境

把人才作为电商经济发展的最核心支撑,通过"请进来、走出去"的方式,大力开展"互联网＋电子商务""互联网＋商务"创业就业及电子商务业务技能提升等普及、提高、精英、孵化培训班,及专题培训会,并建立了从技能培训到店铺设计装修,从货源组织到开店创业的一条龙培训创业体系,重点针对大学毕业生、返乡创业者、残疾人等进行电商业务培训和开店创业支持。截至目前,通过"请进来、走出去",指导企业和个人开设网店达 300 户。

团场制定出台了支持电商发展的政策。在认真贯彻国家、兵团支持电商发展优惠政策的同时,开通网络创业"绿色通道",为创业者提供零成本、一站式服务,团场免费提供办公场所,配备办公桌椅、电脑等物品,免费注册,免费使用宽带及 Wi-Fi 全覆盖,免费提供信息资源和上传信息,免费培训等"五免"政策及大学生从事电商创业优惠政策。

(二)经验总结

下一步,八十三团将全面提升电子商务应用的广度和深度,在鼓励电子商务创业就业、借助网络营销平台提升团场品牌效应、推动线上线下联动体系建设、构建团场、连队物流配送服务体系等方面进行探索和实践,让电子商务深入团场,影响并改变传统生产方式和经营模式,促进团场经济健康快速发展。

三、中国农民丰收节促销农产品助力农民增收

日前,阿里巴巴举办的首届"丰收购物节"上,山西省阳曲县县长裴耀军通过网络直播平台宣传推介阳曲小米,居然在不经意间制造了当日活动中销售额最高、成交量最大的单子。

裴耀军感慨:"如果搁在往年,这 2.3 万单的生意可是一个半月的销量! 今年丰收节,我们线上销售突破 70 万元,线下销售突破 30 万元。中国农民丰收节真的让我们的农产品在价值上实现了'丰收'!"

感到不可思议的可不光裴耀军。丰收节期间,线上线下的购物节活动全面引爆了农产品的销售热潮,让亿万农民真正尝到了丰收的甜头。这就表明,中国农民丰收节有巨大的市场空间。农民丰收节不应只是一场演出,一个庆典,而是要通过培育节日市场扩大丰收节社会影响,利用市场的力量帮助农民丰产增收,而电商,就是一个便捷的平台。

今年的中秋节刚好也是咱们的农民丰收节,双节共度,当然是喜气洋洋。而这样一个节日背后,现在已经有不少朋友发现了背后的巨大商机。

从最近这些年的情况来讲,大家的消费水平越来越高,而各种节庆活动,都是吸引大家消费的原因,从传统的春节、端午、中秋,到情人节、万圣节,甚至是"双十一""618"这样的电商庆典,都能够吸引大量的关注。这些节日,已成为购物的高峰期。

农业电商,大家可能听过见过,实践过,也思考过。而在眼下,农业电商是不是已经完善了呢?

从一个角度来看,说到商业模式的完善,那是一定的。随着互联网不断渗透到农业生产的各个层面,农业＋电商的模式已经越来越实用,而日趋完善的物流体系也给咱们利用网络做生意提供了基础性的支撑。所以在很多地方,咱们农民也可以做到"人在家中坐,生意遍全国"。

而从另外一个角度来看,电商的体系并不是封闭的,种类和方式丰

富,是题中之义。从一开始的农产品网上销售,到现在的各种定制化、个性化的销售模式,农业电商已经有了明显的进步。而更多的销售方式,还在不断涌现。

比方说,现在有抖音,有视频直播,这些新奇好玩的模式被加入农业电商的体系。有媒体报道,在浙江舟山,就有一位叫做钱迪的小伙子在网上通过直播的方式卖海鲜。就在丰收节前夕,他一个小时就卖出了1000多斤梭子蟹。这样的热销,一方面是直播这种销售方式更有吸引力,同时需要看到,丰收节这个热点给大家的生意带来了大促进。

全面地利用电商平台已经成为大家的共识,某种程度上成了做生意的一种基础性技能。利用节日来拉动消费,则是电商销售模式当中的一个课题。而随着丰收节内涵的不断丰富,农民可以充分地培育这个节日,享受这个节日,利用这个节日,让丰收节不仅是咱们庆祝丰收的日子,同时是咱们庆祝增收的日子。

第八章 农村休闲旅游与提高农民收入

第一节 有关农村休闲旅游的政策解读

一、政策频发促农业产业链深度融合

从 2015 年的中央一号文件开始,我国对休闲农业和乡村旅游的扶持政策频发。2017、2018 年中央一号文件强调要构建农村一二三产业融合发展体系,大力发展休闲农业和乡村旅游产业,实施休闲农业和乡村旅游精品工程,建设一批设施完备、功能多样的休闲观光园区、森林人家、康养基地、乡村民宿、特色小镇。

利用闲置农房发展民宿、养老等项目,发展乡村共享经济、创意农业、特色文化产业。积极开发观光农业、游憩休闲、健康养生、生态教育等服务。

2019 年中央一号文件强调要发展壮大乡村产业,拓宽农民增收渠道。充分发挥乡村资源、生态和文化优势,发展适应城乡居民需要的休闲旅游、餐饮民宿、文化体验、健康养生、养老服务等产业。加强乡村旅游基础设施建设,改善卫生、交通、信息、邮政等公共服务设施。

2020 年的休闲农业和乡村旅游政策从原有的重旅游转换为重农业,2020 年中央一号文指出重点培育家庭农场、农民合作社等新型农业经营主体,培育农业产业化联合体,通过订单农业、入股分红、托管服务等方式,将小农户融入农业产业链。

2020 年 1 月,农业农村部、中央网络安全和信息化委员会办公室印发《数字农业农村发展规划(2019－2025 年)》(下文简称"数字农业规划")的通知,在数字农业规划中,对休闲农业和乡村旅游的政策主要有四大方向:一是"农业旅游互联网＋",创新发展共享农业、云农场等网络经营模式;二是"智慧休闲农业平台",完善休闲农业数字地图,引导乡村旅游示范县、美丽休闲乡村(渔村、农庄)等开展在线经营,推广大众参与式评价、数字创意漫游、沉浸式体验等经营新模式;三是"农产品销售渠道多元化",鼓励农产品出村进城工程,推动人工智能、大数据赋能农村实体店,全面打通农产品线上线下营销通道;四是"农民就业数字化",建设一批农民创业创新中心,开展农产品、农村工艺品、乡村旅游、民宿餐饮等在线展示和交易撮合,实时采集发布和精准推送农村劳动力就业创业信息。

2020 年 2 月,农业农村部办公厅印发《2020 年乡村产业工作要点》的通知,积极发展乡村休闲旅游:一是建设休闲农业重点县;二是培育休闲旅游精品;三是推介休闲旅游精品景点线路。

二、建立五年发展目标

2020 年 7 月,农业农村部印发《全国乡村产业发展规划(2020－2025 年)》(农产发〔2020〕4 号)的通知,到 2025 年,乡村产业体系健全完备,乡村产业质量效益明显提升,乡村就业结构更加优化,产业融合发展水平显著提高,农民增收渠道持续拓宽,乡村产业发展内生动力持续增强。

针对于休闲农业和乡村旅游,该规划也奠定了五年的发展基础,即聚焦重点区域、注重品质提升、打造精品工程和提升服务。乡村休闲旅游业是农业功能拓展、乡村价值发掘、业态类型创新的新产业,横跨一二三产业、兼容生产生活生态、融通工农城乡,发展前景广阔。2019 年,休闲农业接待游客 32 亿人次,营业收入超过 8500 亿元,建设了一批休闲旅游精品景点,推介了一批休闲旅游精品线路。到 2025 年,乡村休闲旅游业优化升级,农业多种功能和乡村多重价值深度发掘,业态类型不断丰富,服务水平不断提升。建设300个休闲农业重点县,推介1500个中国美丽休闲乡村,推介1000个全国休闲农业精品景点线路,年接待游客人数超过40亿人次,经营收入超过1.2万亿元。

(一)聚焦重点区域

依据自然风貌、人文环境、乡土文化等资源禀赋,建设特色鲜明、功能完备、内涵丰富的乡村休闲旅游重点区。

建设城市周边乡村休闲旅游区。依托都市农业生产生态资源和城郊区位优势,发展田园观光、农耕体验、文化休闲、科普教育、健康养生等业态,建设综合性休闲农业园区、农业主题公园、观光采摘园、垂钓园、乡村民宿和休闲农庄,满足城市居民消费需求。

建设自然风景区周边乡村休闲旅游区。依托秀美山川、湖泊河流、草原湿地等地区,在严格保护生态环境的前提下,统筹山水林田湖草系统,发展以农业生态游、农业景观游、特色农(牧、渔)业游为主的休闲农(牧、渔)园和农(牧、渔)家乐等,以及森林人家、健康氧吧、生态体验等业态,建设特色乡村休闲旅游功能区。

建设民俗民族风情乡村休闲旅游区。发掘深厚的民族文化底蕴、欢庆的民俗节日活动、多样的民族特色美食和绚丽的民族服饰,发展民族风情游、民俗体验游、村落风光游等业态,开发民族民俗特色产品。

建设传统农区乡村休闲旅游景点。依托稻田、花海、梯田、茶园、养殖池塘、湖泊水库等大水面、海洋牧场等田园渔场风光,发展景观农业、农事体验、观光采摘、特色动植物观赏、休闲垂钓等业态,开发"后备箱""伴手礼"等旅游产品。

(二)注重品质提升

乡村休闲旅游要坚持个性化、特色化发展方向,以农耕文化为魂、美丽田园为韵、生态农业为基、古朴村落为形、创新创意为径,开发形式多样、独具特色、个性突出的乡村休闲旅游业态和产品。

突出特色化。注重特色是乡村休闲旅游业保持持久吸引力的前提。开发特色资源,发掘农业多种功能和乡村多重价值,发展特色突出、主题鲜明的乡村休闲旅游项目。开发特色文化,发掘民族村落、古村古镇、乡土文化,发展具有历史特征、地域特点、民族特色的乡村休闲旅游项目。开发特色产品,发掘地方风味、民族特色、传统工艺等资源,创制独特、稀缺的乡村休闲旅游服务和产品。

突出差异化。乡村休闲旅游要保持持久竞争力,必须差异竞争、错位发展。把握定位差异,依据不同区位、不同资源和不同文化,发展具有城乡间、区域间、景区间主题差异的乡村休闲旅游项目。瞄准市场差异,依据各类消费群体的不同消费需求,细分目标市场,发展研学教育、田园养生、亲子体验、拓展训练等乡村休闲旅游项目。顺应老龄化社会的到来,发展民宿康养、游憩康养等乡村休闲旅游项目。彰显功能差异,依据消费者在吃住行、游购娱方面的不同需求,发展采摘园、垂钓园、农家宴、民俗村、风情街等乡村休闲旅游项目。

突出多样化。乡村休闲旅游要保持持久生命力,要走多轮驱动、多轨运行的发展之路。推进业态多样,统筹发展农家乐、休闲园区、生态园、乡村休闲旅游聚集村等业态,形成竞相发展、精彩纷呈的格局。推进模式多样,跨界配置乡村休闲旅游与文化教育、健康养生、信息技术等产业要素,发展共享农庄、康体养老、线上云游等模式。推进主体多样,引导农户、村集体经济组织、农业企业、文旅企业及社会资本等建设乡村休闲旅游项目。

(三)打造精品工程

实施乡村休闲旅游精品工程,加强引导,加大投入,建设一批休闲旅游精品景点。

建设休闲农业重点县。以县域为单元,依托独特自然资源、文化资源,建设一批设施完备、业态丰富、功能完善,在区域、全国乃至世界有知名度和影响力的休闲农业重点县。

建设美丽休闲乡村。依托种养业、田园风光、绿水青山、村落建筑、乡土文化、民俗风情和人居环境等资源优势，建设一批天蓝、地绿、水净、安居、乐业的美丽休闲乡村，实现产村融合发展。鼓励有条件的地区依托美丽休闲乡村，建设健康养生养老基地。

建设休闲农业园区。根据休闲旅游消费升级的需要，促进休闲农业提档升级，建设一批功能齐全、布局合理、机制完善、带动力强的休闲农业精品园区，推介一批视觉美丽、体验美妙、内涵美好的乡村休闲旅游精品景点线路。引导有条件的休闲农业园建设中小学生实践教育基地。

（四）提升服务水平

促进乡村休闲旅游高质量发展，要规范化管理、标准化服务，让消费者玩得开心、吃得放心、买得舒心。

健全标准体系。制定修订乡村休闲旅游业标准，完善公共卫生安全、食品安全、服务规范等标准，促进管理服务水平提升。

完善配套设施。加强乡村休闲旅游点水、电、路、讯、网等设施建设，完善餐饮、住宿、休闲、体验、购物、停车、厕所等设施条件。开展垃圾污水等废弃物综合治理，实现资源节约、环境友好。

规范管理服务。引导和支持乡村休闲旅游经营主体加强从业人员培训，提高综合素质，规范服务流程，为消费者提供热情周到、贴心细致的服务。

第二节　农村休闲旅游概述

一、农村休闲旅游引论

农村休闲旅游是 20 世纪 80 年代兴起的一种生态旅游活动,而且是农业与旅游产业彼此协调的旅游方式,为休闲旅游业与农业产业的开发打开了全新的发展途径。农村休闲旅游不仅能够体现出农业的价值,而且还能维护好当地的生态环境,为当地群众提供较好的休闲空间,促进农业经济得到持续发展。通过发展农村休闲旅游,能够改进旅游业的结构,从而为农村经济的发展提供相应的岗位,还有利于农民群众回乡去就业,能够部分解决留守儿童以及空巢老人等相关的社会问题。同时,农村休闲旅游还能实现农村与城市在经济、文化等相关内容的交流,促进城乡的一体化。来自城市的游客在农村旅游中可以把先进理念和知识等传播至农村,从而间接提高农民群众的素质。

在国家政策的制定过程当中,休闲农业的发展和推动具有一定的指导意义,在改变城市人们生活方式的同时,促进农村的经济发展,改变了城市和农村单一流动的产业结构,推动城市向农村进行消费。在增加农民收入的同时改变农村的基础设施,带动农村的发展,而且休闲农业在城市受欢迎,随着市场经济不断的变化,改变了人民的生活和工作状态,城市人口的压力在逐年增加,因此这种休闲农业的旅游度假适当缓解了他们的压力。

休闲农业和乡村旅游作为农村一、二、三产业的融合体,在促进农业提质增效、带动农民就业增收、扩大居民消费需求、传承农耕文明、建设美丽乡村、推动城乡一体化发展等方面发挥了重要作用。为方便城乡居民体验农耕乐趣、品味农业情怀、享受田园生活、感知民俗风情,农业部向社会推介一批休闲农业和乡村旅游精品景点线路,让城乡居民游"绿水青山",寻"快乐老家",忆"游子乡愁",乐享吃、住、行、游、购、学、观、教、娱的高品质乡村休闲旅游体验。

休闲旅游活动是我国农村地区实施旅游开发的重要资源。发展农村休闲旅游产业,不仅能提高农民群众的实际生活质量,还能提升农民群众的热情,从而能够推动本地文化事业的发展。如今我国的农村休闲旅游产业不但具备了单一化的生产价值,而且具备了改进生态质量的功能和观光休闲等价值。就国家层面上的战略导向而言,开发农村地区休闲旅游产业,能够很好地提升农民群众的经济收入,带动这一群体文化水平的提高,促进城乡一体化的实施,还能推动我国旅游业向多元化、特色化的方向加以发展,真正实现休闲旅游产业的转型和升级。

二、休闲农业在我国的发展情况

对于我们国家而言,进入 21 世纪后才有了休闲农业的概念,和发达国家相比我们的发展步伐缓慢了很多。当中原因,一是我们本身与西方发达国家发展的步子就不一致,西方发达国家比我们的发展要早得多,因此很多的概念是由西方引进的;二是我们的经济落后,在很长的一段时间里我们自己埋头苦干,发展经济,追赶落后的经济局面,不过值得高兴的是,这些年我们与西方的差距越来越小,人们手里的财富越来越多,随着国家的经济发展和改革,才有了休闲农业的概念。

根据我们国家的发展规律和政策,总是先有试点再逐步放开,休闲农业走的也是这样的路子,先是从经济发达的地区开始,不断地改变经营思路和布局,寻找休闲农业发展的新思路,将休闲农业中的观光旅游、科技兴农、生态环保、农家乐、采摘垂钓等一系列的经营特色进行融合,根据每一个地方的不同特点进行布局,建立各省市的农业旅游示范区,不断扩大休闲农业的地区,让休闲农业不断的为农村创造财富,带动大家共同富裕。

随着经济不断的提升,人民的生活在不断地改善和提高,休闲农业发展并不断壮大,由最早的示范、探索到目前的全面开花,很多省市和地区都在积极推进农村的休闲农业旅游项目,而且在我国已具有一定的发展特点。这些特点和当地的发展情况、经济实力、农村特色是分不开的,下面我们就简单阐述一下。

首先是东南部地区。因为改革开放较早,因此经济发展速度快,人们手里的资金相对而言多,接触外部世界的先进经验和理念早,他们对于休闲农业的认识早,所以发展起来的速度快,而且这部分地区有浓郁的文化底蕴,山山水水比较多,相对而言比较符合休闲农业发展的基本条件,总体而言是休闲农业的发展最好的地区。

其次就是比较有地方特色的休闲农业,在云贵川、东北以及陕甘宁都如火如荼地进行发展。每个地方都有自己的特色,而且发展的方式和特色能够有机融合。如内蒙的蒙古包、山西的采摘园、东北的农家乐等等,这些休闲农业很好地利用了自己的地域特色,将其他的旅游景色和休闲农业有机结合,形成有自己地方特点的产业结构,把娱乐、休闲、消费等各种方式进行全面整合,形成最大的经济发展推动力。

最后,有一些地方会利用自己的科技优势进行休闲农业的发展,形成比较具有特色的休闲农业科技示范园区,形成以现代科技为主的农业旅游休闲模式,为过来观光的游客讲解无土栽培、育苗嫁接和一些新鲜的有机蔬菜的种植等等,让大家在品尝美味佳肴的同时感受国家科技兴农发展带来的农业革命。

在休闲农业发展的过程中还有这样的特征:越是发达地区的城市居民越喜欢去农村感受休闲农业的快乐,最典型的就是北上广。这些城市人口体量非常巨大,每个城市都是上千万人的市场,而且这些地方工资待遇高,人们手里的资金富余度很大,所以会带动休闲农业的发展,他们也愿意利用周末到乡村感受一下农村的生活气息,成为我们国家休闲农业发展最重要的地区。

　　相关数据表明,每年都会有将近四亿人次的城市人员向农村流动,这些人口极大丰富了农村的经济发展,带动了农村的村民收入,按照每人一百元的消费水平进行计算的话,就是 400 亿人民币的流动,为整个农村的经济发展注入了活力,不仅增加了农村的收入,还带动了农村的就业人口,帮助很多家庭从贫穷走向富裕,从落后走向现代。因此休闲农业在我国一个时期内会长期存在的,它为我们国家的经济增长、地域发展的平衡贡献了巨大的能量。

第三节　利用农村休闲旅游提高农民收入的方法

一、我国农村休闲旅游产业面临的问题

　　一是基础设施尚未得到改善。目前我国的农业休闲开发地点主要是在城郊地区,即便是处于农村,也是经济状况相对较好的村庄,对于相关基础设施均需提出要求,休闲所在区域一定要配备相关数量的洗手间,住宿的条件、平时的水电供应等均应加以完善与提升。要想留下游客,前提条件就是一定要有相应的硬件设施、良好的卫生保障等。然而当下在相当多的农村地区尚未能够难到这一要求,以致部分地区的农村休闲消费成了一次性消费,无法推动当地经济的持续发展。

　　二是农村休闲旅游产品过于雷同化,未能形成自身的特色化品牌。由于缺乏统一规划,各旅游项目相互间并未得到密切配合,以致产品趋同问题非常多。许多地区的农村休闲游只停留于普通旅游之中,未能体现出本地的特色化旅游开发资源。同时,由于我国的农村休闲游项目往往是散户式开发的,其资金并不多,无法集中起来,其后果是相当多地方

的农村休闲游成了单一的果菜采摘类活动,缺乏叫得响的特色化品牌。

三是农村休闲游传统体验缺乏足够的味道。自然之味可以说是农村休闲旅游开发的基础,但有大量农村休闲旅游企业在目前的农村资源前提下无法加以变动,或是千篇一律地接待广大游客,并未在传统意义上的农植、服装、手工业以及特色音乐等内容上下功夫。部分地方在看到其他地方的休闲旅游产业热闹非凡,便一时兴起把农家小院改成高大上的星级宾馆,将原来的乡间小路改为千篇一律的水泥路,这就是急功近利的表现,觉得能够吸引到更多的客源,殊不知这样做的效果会适得其反。城市游客热衷于农村休闲游,青睐的就是农村特有的韵味,如果其体验的效果与呆在城市中并无分别,那就不会再对休闲游产生兴趣。

四是技术含量不高缺少创新思维能力。农村休闲农业产业的发展必须有极高的技术含量与创新思维能力。现代农业产业在取得新的发展之后,推动传统农业文化被赋予了全新的含义。然而,当前我国农业产业所常见的无土栽培、立体种植、反季节种植、嫁接以及杂交育种等新型技术在农村休闲产业中的应用还不够,以致休闲农业无法很好地满足广大游客对于农业景观之需求。目前的农业休闲旅游区还普遍缺少新的创意,以致难以跟上现代农业产业发展的步伐。

二、发展我国农村休闲旅游产业的措施

(一)强化农村地区旅游基础设施创建,提高农村休闲旅游产业整体水平

强化农村地区休闲旅游基础设施的创建工作,是提高农村地区休闲旅游产业整体水平的重要保证。我国相当多的农村地区休闲旅游由于存在脏、乱、差等问题,导致城市游客对此不够满意。因此,要着力强化休闲旅游基础设施的建设,把重点放在将资金投放至交通畅通、路灯明亮、垃圾处理规范、公厕整洁、村容村貌良好等领域。在交通基础设施建设之中要依据实际道路情况确保符合各项道路交通硬指标;在道路建设

之中应当明确路灯、主干道招牌以及标识；在垃圾处理过程中要保障集中化、分类化处置，确保农村地区保持环境良好；在重点路段还应当安排人员提供咨询；在村内景点附近还要创建医疗、银行、通讯等服务站点。为推进农村休闲旅游产业的进一步发展，还应当区分好旅游者的不同消费档次，为具有不同需求的旅游人士分别者提供不同档次的旅游服务设施。

（二）突出休闲旅游产业发展中的特色化，强化农村休闲旅游品牌建设

农村休闲旅游产业的发展一定要有自身的鲜明特色，其中不仅包含了产品、地域等特色，还应当突出自身特色，如此才能提升旅游产业的吸引力。在体现本区域之中的农村旅游特色之时，应当形成独特化的鲜明品牌，形成让人一看就忘不了的宣传口号，持续健全品牌建设内容，全力维护好现有的客户，并运用品牌化效应来推进农村休闲旅游得到持续推进与发展。因此，我国农村休闲旅游类产品推广之中应当树立多元化销售对策，做到持续推陈出新，在愈来愈激烈的市场竞争之中维护好自身品牌化形象。

（三）推动农村休闲旅游走生态化之路，实现生态经济社会效益共同提升

如今，我国某些地方注重农村休闲旅游为当地群众带来收入之提升，从而更加有效地驱动当地区域经济取得新的发展。然而，其他国家和地区在开发农村休闲旅游过程中，更为注重保护当地文化传统以及生态环境，觉得这是农村休闲游保持长期稳定发展的重要课题。因此，我国的农村休闲旅游为了可持续、生态化发展，一定要做到同时顾及生态、社会等各类因素。为了实现农村休闲旅游的有序化与生态化开发，一定要有当地人文、自然环境的支持。如果缺少了这一联系，就会导致农村休闲旅游行业缺少足够的依存。农村休闲游最大的闪光点就是创设了非常好的自然环境与农业景观。那种悠然自得、舒适安静是农村休闲旅

游产业发展的重要内容。因此,有必要把可持续发展视为推动农村休闲旅游产业发展的重要基础,在规范化运作之下实施有限度的开发。农村休闲旅游组织者一定要注重民众对于本土民俗文化的强烈自豪感,积极支持农民群众传承祖传手艺等,以此来提升自己的收入,并且保护好自身的生活与饮食、宗教等习俗,推动当地农村休闲旅游资源的长久传承,进而实现生态、社会和经济效益的提升。

(四)积极引入时尚创意元素,引导农村休闲旅游产业不断升级

当前我国农村休闲农业产业的时尚创意元素主要有产业发展、养生、时尚化、特色化设施等。因此,笔者觉得可以尝试运用农业产业与加工业的相互联结,在推动产业化发展中加入各类时尚元素,从而推动我国农村产业结构实现新的升级,而且能够实现休闲旅游农业体验趋向于最优化。当代人注重健康生活观,在旅行中融入健身,在健身中结合旅行,这是如今旅游者们追求的目标。因此,农村休闲旅游产业应当向这一方向加以发展,从而更好地满足城市游客的实际需求。可以尝试在静态化农村休闲景观之中融入新奇、动态的体验性活动,切实提升对新事物的体验,从而更好地体现农村本土文化的特有魅力。要结合本地具有的景观,精心设计以户外休闲、娱乐、健身或者特色餐饮为重点的休闲旅游新产品,从而吸引更多的年轻人前来消费。也就是说,引入时尚创意元素主要就是为了推动休闲农业从以往的传统模式转为更加有时尚味的新型休闲模式。

第四节 案例展示与分析

一、"花海经济"助力乡村振兴

乡村振兴,规划先行。威海经技区桥头镇因村制宜、分类施策,统筹考虑镇驻地开发与 12 个拆迁安置村庄建设,用"一盘棋"思维对 3.8 平方公里的镇村进行东扩,按照先建后拆原则,提升镇村建设品质,打造精致城镇。全力推动总投资 20 亿元的度假休闲镇建设项目落地,吸引周边市民前来游玩。对 30 个保留提升型的村庄,坚持成片打造、整体提升、示范带动,让群众看得见乡愁,让游客感受青山绿水的自然魅力。

以花为媒,桥头镇将花卉产业与乡村旅游、文旅产业有机结合,重点发展国际鲜花港、恩特千亩杜鹃园、绿苑千亩梅园等重点项目,打造"七园一带"花卉产业空间格局,形成育种、种植、展示、销售、创意设计的花卉产业链。通过举办千亩杜鹃游园赏花节、冰雪梅花节和文艺演出等活动,打响"花海桥头"文旅品牌,同时依托七彩生物科技智能温室大棚和绿苑梅园梅花种质资源库等高技术花卉产业项目,打造花卉产业产学研示范基地,着力将桥头镇打造为花都小镇、婚庆花园、花海营地、养生花乡。打造乡村振兴核心景观带,让广大农民真正享受到全产业链增值收益,带动贫困人口脱贫致富。

桥头镇以千亩现代果园、500 亩新品种甘薯种植基地为试点,探索集体经济发展、精准扶贫、群众增收的新路径。夯实线下实体经营基础,成立农业"一站式"服务窗口,充分发挥威海市苹果行业协会、甘薯合作社作用,建设新型农业经营主体人才库,强化新品种新技术推广和农村休闲旅游推广等特色服务。激发三昌食品、喜盈门乳业等涉农龙头企业的引领带动作用,通过"龙头企业＋社会化服务中心＋农户"模式,探索菜单式、保姆式服务,巩固提升脱贫成效,真正把企业与农民的利益统一起来,带动农业增效、农民增收。

"桥头镇依山傍水,绿水青山是我们发展最大的特色,也是最大的财富。"桥头镇党委书记刘志伟说。立足资源优势,桥头镇发挥规划统筹引领作用,推动产城乡融合发展,全力打造乡村振兴桥头特色,为打造乡村振兴齐鲁贡献力量。

二、体验农事与星空露营的新农村休闲模式

澄迈县福山镇保良村是一座有 300 年建村历史的古村,原始住户 89户 500 多人。进入 21 世纪后,随着经济发展和村民生产生活需要,村民陆续外迁,在距离镇墟 3 公里处组建了新村。2010 年以后,保良古村只剩下寥寥数户"老弱病残",以及百年的榕树和几十间火山岩老宅、古井,成为名副其实的"空心村"。

如何让"空心"的保良古村焕发生机? 首先要从改善村容村貌着手。2017 年,周家经当选为保良村村民小组长。他一边带领新村村民发展生产,一边从改善村容村貌入手,改变保良古村的命运。他多次组织新村村民在农忙之余回到保良古村清理垃圾杂物,铲除杂树野草,修缮老房子。村民们在房前屋后、村道旁边和空闲地上种植咖啡、椰子等果木,绿化 100 多亩。很快,保良古村恢复了青砖黛瓦,池塘淤泥、杂草被清理了,遍布禽畜粪便的村道变成整洁的石板路,古村老宅尽显琼北建筑质朴灵秀之气。澄迈县旅文局在保良古村投建了一座旅游厕所。

提升村容村貌是第一步,治理"空心村",发展产业是根本。2018 年,原本在福山镇片区做了十多年农资生意的福山人符策华住进了保良古村,启动"保良咖啡古村"项目,计划发展咖啡产业。"这些年,在当地政府推动下,福山咖啡品牌出了名,而保良古村就有许多咖啡老树长势正好,荒废下去实在可惜,何不好好利用起来?"符策华说。自 2005 年起,他开始做农资服务,近则跑遍福山片区以及省内一些美丽乡村,远则至

瑞典、挪威等西欧国家。在考察及旅游过程中,他发现乡村不再只有被岁月淹没的命运,只要因地制宜,利用好资源,就能成为寄予乡愁、放松休闲的新天地。在他看来,只要能发挥保良古村的区位优势和利用好现有古树老屋等资源,保良村焕发生机不是难事。

2018年,在周家经的协调下,符策华从村民手中流转出100亩空闲土地,又拉着一起做农资的6个伙伴,在保良村种上咖啡树苗,开设咖啡厅,还依托福山镇周边采摘游,打造四季果园,做起农家乐。经过一年的付出,保良村有了旅游接待能力,一波波游客走进古村吃农家饭,体验水果采摘,欣赏田园风光。看到团队干得有声有色,原先搬离的部分村民回到老村,在撂荒地种上福橙、咖啡、石榴、木瓜等作物。于是,符策华牵头成立农村合作社,拉村民入股,并带领村民去各地考察学习,邀请农技专家来到村里进行咖啡种植技术培训。目前,62户农户在保良村种植咖啡及果树超过500亩。符策华的团队注册成立咖啡加工坊,实现咖啡种植、生产、销售一体化。

随着人气回流,"蝶变"后的保良古村仍在寻求突破。凭借文化创意,看似寻常的乡村资源不断被开掘和盘活,让早已熟悉保良古村之美的人们时时有耳目一新的感觉。"因为现场演绎古法咖啡冲泡,普及咖啡文化,不少游客成了我的忠实粉丝,离开后还会在网上购买。"符策华说,为了丰富游客旅游体验,团队有专人为游客讲解古法咖啡冲泡方式,帮助游客了解咖啡的"前世今生"。这种方式给团队带来意外收获,卖掉约4000斤咖啡豆,配合保良咖啡设计的保良帆布包、保良咖啡杯等文创产品也受到游客欢迎。活力充盈的保良村也吸引着外来创业者。他们以新鲜、前沿的目光打量这片土地,从当地司空见惯的乡村资源中发掘出更多价值。

2020年国庆期间,海南本土的"大海先生"团队联合"觅岛"文创团队携手保良古村,共同打造"大地的诗意"——首届海南(澄迈)乡村文化艺术旅游季,在保良古村设置乡野星空露营、古村生态良集(扶贫市集)、童年野趣乐园、大自然魔法师（亲子艺术研学）、古法咖啡品鉴沙龙、稻田音乐会、古村摄影展等七大系列活动，为游客带来不一样的乡村旅游新玩法。"当大家都在'讲'故事的时候，我们更多的是在'做'故事，我们希望通过深挖海南乡土文化，集社会青年力量，利用文创的思维、共创的方式，打造澄迈乡村旅游新 IP，激活乡村闲置资源，助力乡村振兴！"觅岛文创负责人李慧说。目前，该团队正在将村中老房子翻新装修成青年旅社，为前来研学的学子提供住宿。

"无论从省内旅游业发展前景看，还是出于个人乡土情结，我都觉得乡村大有可为。"符策华说。这些年来，他眼看着保良古村正一点点变成理想中乡村的模样，感到十分欣慰。

第九章　社会组织与提高农民收入

第一节　社会组织参与乡村振兴的政策解读

《中华人民共和国乡村振兴促进法》自 2021 年 6 月 1 日起施行。该法总则第十一条明确规定,各级人民政府要鼓励、支持人民团体、社会组织、企事业单位等社会各方面参与乡村振兴促进相关活动,明确将社会组织视作促进乡村振兴的重要参与者。

乡村振兴是一项艰巨复杂的战略工程,以社会团体、社会服务机构（民办非企业单位）和基金会为主体的社会组织可以发挥各自优势,在促进乡村振兴过程中大显身手。

（一）社会组织可助力乡村产业发展

行业协会商会可利用自己的行业影响力,为乡村发展汇聚能量;或者推动会员就农民专业合作社、家庭农场的融资、技改、销售等开展对口帮扶服务,助力农民共享全产业链增值收益;或者推动会员在农村打造特色产业,提高农业产业的发展质量、效益和竞争力;或者推动会员在农村建立产业发展基地,助力农村地区新产业、新业态、新模式和新经营主体的快速培育,切实促进农业产业的转型升级和高质量发展。

（二）社会组织可助力乡村人才培养

社会服务机构可发挥自己的专业优势,参与并融入乡村社会工作和志愿服务平台的搭建与运营,助推法律服务、社工服务、志愿服务、技改服务等多种人才扎根乡村、赋能乡村。基金会和科技类学术类社会组织可借助自己的资金优势、技术优势,支持农技培训、返乡创业就业培训和职业技能培训的内涵式发展,助力高素质农民和农村实用人才、创新创业带头人的有效培育。

（三）社会组织可助力乡村生态保护

社会组织是乡村生态保护和绿色发展的新生力量,可为绿色生产、绿色生活、绿色消费行动提供组织和资金支持,使节约适度、绿色低碳、文明健康理念真正深入人心,转化为常态的生产生活和消费行为;宣传环境保护理念和保护政策,推广节水、节肥、节药、节能的农业产业;监督污染行为、开展环保公益诉讼,构建共建共管共享的生态系统保护机制,为统筹实现农村地区的生产发展、生活富裕和生态良好注入新动能。

（四）社会组织可助力乡村社会治理

政府与社会组织合作联动、协同共治,是治理现代化的基本指标。以多层制度化的方式,将社会组织纳入乡村治理体系,承担具体的服务生产与递送工作,不仅可以拓展治理资源来源、扩充治理力量,还可以使政府部门专心承担远景规划、顶层设计、资源支持、考核督促等宏观职责,实现各取所长、优势互补。另外,社会组织既是团结群众、联系群众的基层治理单元,又是自我组织、互助服务和互惠合作的重要载体。

（五）社会组织可助力城乡融合发展

城乡融合发展需要提升乡村基本公共服务水平,推进城乡基本公共服务均等化。对于公共服务,党和政府在愿景形成、政策引导、资金支持等方面具有优势。但是,对于涉及农村困境人群的关爱服务,如心理调适、资源链接、社会融入、生活护理、能力提升等,社会组织在生产和递送方面更具效率。因此,通过健全政府购买服务机制、财政奖补机制等,能够更有效、更节能地面向乡村提供服务。同时,通过培育乡村社会组织,可以为互助养老、互助救济、互助合作等提供固化的组织载体。

第二节　社会组织概述

一、社会组织的定义

社会组织又叫公益组织,一般是指非政府的、不把利润最大化当作首要目标,而是以社会公益事业为主要追求目标的社会服务机构。早先的社会组织主要从事人道主义救援和贫民救济活动,很多社会组织起源于慈善机构。

公益组织是过去民间和公众常用的称谓。社会组织是在 2006 年中国共产党十六届六中全会后开始使用的概念,是伴随党和政府将公益组织纳入社会治理创新中产生的。目前我国已全面使用"社会组织"这一称谓替代"公益组织"。此外,有几个类似的概念,如"民间组织""非政府组织""免税组织""第三部门"等,都是从不同的特点来阐述社会组织。

二、社会组织从事的公益

目前在媒体上看到的公益主要是资金救济、捐款捐物等,但实际上社会组织可以做的公益涉及的领域很多,包括儿童保护、教育、健康医疗、环境保护、社区发展、扶贫救灾、性别平等等。从实现/做事形式上,公益也不仅是对有需要的群体提供直接的帮助,更需要分析和探究造成困境的原因,尝试从源头上解决这些问题,并在解决问题中注意尊重和激发被帮助者自己的力量,使其成为解决问题的主人。这正是公益所需具备的专业性所在。

公益和慈善是有区别的。"公益"和"慈善"的终极价值都指向对人类幸福的终极关怀。慈善偏向怜悯、同情等个人情感的释放和个体性行为。公益强调社会性。只有把众多个人慈善行为通过组织化的途径转为一种强大的公众慈善行为时,才变成一种社会性的公益行为。所以,并不是所有的慈善都是公益,公益包含慈善,源于慈善。

非营利和公益是有区别的。非营利不是指不能获得盈利/赢利,而是指经营获得的超出经营总成本的剩余收入不能被当成利润在成员、股东间进行分配,只能重新投入事业的发展或者组织本身的持续发展。所以公益组织可以有经营性收入和收入剩余,这也是公益组织能得以持续发展的基础。

个人可以选择去做志愿者,尤其是在互联网时代,个人公益成功的典型项目有很多。但如果想要长久、专业地做下去,通常需要持续的团队和组织,他们可以提高做事的效率,并且调动起更多的志愿者和其他资源。

社会组织职业人是指在社会组织/机构领取薪资的全职或兼职从业者。由于社会问题的复杂性,公益行动需要持续性、策略性和专业性,所以职业化成为公益事业发展的重要组成部分。职业公益人是调动和发挥志愿者力量的重要人员。

三、社会组织的公益资金

社会组织的资金通常由多种来源组成,包括社会公众、企业、基金会的捐款,政府的服务购买资金。有的社会组织有针对服务对象的收费或其他营收项目。不同公益组织因其解决社会问题的性质、自身采取的业务模式不同,其资金来源的构成比例不同。

社会组织没有政府和事业单位当中的编制。但所有社会组织只要是全职人员都和所在社会组织是劳动契约关系,应该按照法律要求为其签订劳动合同,购买社保等。

在工作上,社会组织同样讲求目标和成效,对人的要求并不比企业低。事实上,大部分优秀的社会组织的工作具有挑战性,一个人常常要肩负多个角色和职能,对人的综合素质能力要求高。这是很多人选择以此为业的原因。

社会组织职业人是有工资的。薪酬的水平方面,基层员工的收入与企业相比差距不大,差距主要体现在中高层员工的工资收入上。但社会组织在管理上比较人性化,强调平等、包容、多元价值,比较尊重个人的意愿和发展。社会组织员工比较善良,大部分人敢于坚持自己的理想,有点我行我素。他们有富足的心态和安全感,很多人都是向上流动的典型。他们喜欢默默地关心他人。所需具备的通用素质能力与企业无异,甚至某些方面要求更高。

社会组织筹资是筹集资金用于社会组织的项目或其他事项,以便社会组织有资源去解决社会问题。它与销售的工作有类似之处,都需要从别人的口袋里拿出钱来。但不同之处在于:在进行筹资的过程中要讲究公益伦理,在筹款过程中要尊重服务对象、捐赠人的感受和意愿。使捐款人通过捐赠获得价值感,在筹资的过程中传递社会问题和公益事业,使捐款人成为社会问题的关注者。社会组织筹资既是筹钱又是筹人、筹心。

第三节　社会组织提高农民收入的方法

社会组织是提高农民收入的新动能。社会组织进入增收领域是社会组织发展到一定阶段必然要出现的一种治理现象,这是社会组织发展的一个普遍规律,也是社会发展的必然要求,将推动乡村振兴进入一个新的发展时期。

社会组织参与农民增收,从经济上看,有利于发展现代生态农业、克服市场缺陷。中国农业分散的、小规模农户经营迫切需要规模化强、组织化程度高的社会组织,将他们像串珍珠般地串联起来,形成组织优势和力量优势,克服农村中一家一户分散经营、缺乏有效沟通的弊端,建立一个能够互相切磋、交流技术和信息,为其生产、经营和治理提供服务的场所。

一、链接农民增收所需资源

社会组织在对增收对象的需求进行充分评估的基础上,通过在受助对象与社会资源占有者之间搭建桥梁,可以帮助救助对象链接生活、就学、就业、医疗等方面的政府资源与社会资源,组织其他专业力量和志愿者为救助对象提供服务,避免传统扶贫增收容易导致的扶贫资源和需求的错配,实现精准扶贫。广州市荔湾区萤火虫社会工作服务中心设立萤火虫公益建设"幸福小屋",协调城市志愿者入村服务,这些来源广泛的志愿者发挥了积极扶贫的作用。该中心还组建了慈善农园,成为留守儿童与入村志愿者的互动平台,成为城市志愿者采购农产品、认购"亲子菜地"的农村休闲旅游、农产品电商线下的体验平台。

二、提供农民增收所需服务

社会组织扶贫有其专业优势,扶贫的需求评估、生计发展、能力提升、精神关爱、心理疏导等服务,帮助困难群众建构支持网络、享受保障措施、改善生活境况、阻断贫困代际传递,都是社会组织可以提供的服务。2017 年 3 月,广州市荔湾区萤火虫社会工作服务中心建立了面向村中长者服务的公益饭堂,为困难长者或高龄长者提供无偿或低偿的膳食服务;组建了七境村低龄长者义工队,为高龄长者、行动不便的长者提供义务送餐服务和邻里照料;组建了留守妇女义工队,为项目开展提供后勤服务。从化区社会工作协会还引导社工进农村,通过专业社工开展儿童与青少年成长服务、妇女互助服务、家庭社会工作服务、困难老年人互助等系列服务,为民分忧,预防和化解社会矛盾。

三、建设农民增收所需能力

社会组织可以通过开展增收项目和活动,帮助贫困人群及其家庭转变思想观念,发掘自身潜能,开发生计项目,学习谋生技能,消除救助依赖。通过帮助贫困对象调节社会关系,重构社会支持网络,更好地适应社区和社会环境。从化区社会工作协会在良口镇石明村搭建了"农村生活体验营+社工站"治理平台,而且体验营由该村的妇女创业互助组负责日常运行,有力地提升了村民的管理能力、致富能力,提高了村民的互助及参与意识,逐步提升了村民的自我管理、自我服务能力,促进了村社自治格局的形成。

四、倡导农民增收所需行动

社会组织可以发掘经济落后地区的优秀传统文化资源、优良农副产品资源和优越的生态资源,倡导居民以积极的态度和行动面对贫困,走出困境。推动低收入农民从价值观念、思维方式到行为习惯等方面进行更新改造;助推其文化意识、主人翁意识、法治意识、合作协助意识和科技文化素质以及契约精神经受锻炼和提高。从化区社会工作协会重视挖掘农村传统文化在扶贫中的独特作用。良口镇石明村下湾工作站重视山歌的传承和保护,组织村民挖掘整理北部的山区民歌,整理编制《东明民歌》,收录对歌歌词,建成对歌亭,为对歌提供了一个平台。还致力于村史的挖掘,通过发动村民、鼓励长者乡贤共同整理、编纂、撰写了《石明故事》,收录了石明村的历史传说故事,还建立村史文化陈列室。这些都有力推动了村民重拾自信心,建立了传统文化的保护体制,提升了村民的传统文化保护意识。

社会组织带动农民增收实践,注重"输血",更注重"造血",为农村经济发展创造了和谐稳定的良好社会环境,使农村增收走上了快车道和可持续发展之路。

第四节　案例展示与分析

广州市越秀区创意产业协会承接了第七届广州市社会组织公益创投项目,该项目的名称为"打造农副产品品牌助力脱贫攻坚",是一个公益项目。旨在打造农副产品品牌化经营的全新商业模式,助力农户规范农副产品的产业链,包含塑造农副产品品牌,借助平台优势联合知名动漫IP,为农副产品赋能,变现流量;建立多渠道推广方式等解决农副产品滞销的困境,以此建立符合市场的体系。改变以往零散的帮扶做法,建立战略清晰、定位清楚、目标明确的恒建帮扶体系,开阔精准增收空间,为打造农副产品品牌夯实基础,助力农民增收。

一、项目实施概述

(一)项目介绍

增收产业中的农副产品所占比例巨大。农副产品作为日常生活的必需品,是与消费者关系密切的商品之一,市场交易量巨大。现阶段中国的农副产品产业链规范度差、整合度低,各大媒体平台上各地农产品滞销的新闻屡屡出现,农民农副产品的品牌意识薄弱。因此为了实现农户的利益最大化和满足消费者的需求,"×动漫"品牌授权公共服务与动漫产业促进平台打造农副产品品牌化经营的全新商业模式,助力农户规范农副产品的产业链,包含塑造农副产品品牌,借助平台优势联合知名动漫IP,为农副产品赋能,变现流量;同时,建立多渠道推广方式,携手"阳光溯源平台""超链电商平台"等解决农副产品滞销的困境,以此建立符合市场的体系。改变以往零散的帮扶做法,建立战略清晰、定位清楚、目标明确的恒建帮扶体系,开阔精准增收空间,为打造农副产品品牌夯实基础,助力增收攻坚。

项目的服务对象类型有:农户,村集体、合作社、涉农企业。服务措施:挑选扶贫农户特色的 5 个农副产品品类,结合产品自有属性,塑造产品品牌,实现产品标识统一化;匹配优质 IP 提高产品价值,获得市场销售溢价的砝码;联合各销售渠道商业网点和电商平台,助力品牌化农副产品销售推广。

(二)项目实施情况

1.第一阶段:走访调,确定服务对象范围调研走访广州市从化低收入种植地

广州市越秀区创意产业协会链接广东中达励展文化产业有限公司,于 2020 年 5 月至 10 月走访调研从化西塘童话小镇、柑橘星球、从化区上罗村、从化区鳌头镇等地进行实地市场考察。广州市超级 IP 符号战略设计导师陈东森、广州市越秀区创意产业协会秘书长丘玉梅、"×动漫"品牌授权公共服务与动漫产业促进平台负责人曾伟光等走访广州市从化贫困种植地及探讨项目服务对象范围以及农副产品品牌的初步阶段性规划。

2.第二阶段:打造计划,品牌雏形;IP 赋能,品牌助力产品

(1)品牌标识与形象打造

与广州吉占开物文化科技有限公司、广东中达励展文化产业有限公司等为农副产品品牌打造农副产品品牌的全新标识和形象。组织超级 IP 符号战略设计导师陈东森、GZEN 吉占文化科技公司合伙人 & 狮泰隆 IP 主笔 & 创作总监邓伟聪、"×动漫"品牌授权公共服务与动漫产业促进平台负责人曾伟光等召开"品牌标识 VIS 系统与形象打造"研讨会议,对于农副产品品牌顶层战略规划和品牌标识 VIS 系统与形象打造进行研讨,通过会议,大家对于农副产品品牌的品牌标识 VIS 系统与形象打造有了初步的想法,认为品牌形象的统一性原则,打造具有独特性的形象对于品牌的塑造至关重要,为项目的后续带来强有力的保障。

（2）树立个性化服务理念，建立顾问团队

组织超级 IP 符号战略设计导师陈东森、GZEN 吉占文化科技公司合伙人 & 狮泰隆 IP 主笔 & 创作总监邓伟聪等为品牌塑造顾问团队，为农副产品品牌打造提供专业的知识解答，为村集体、涉农企业等农副产品种植户解读品牌对于产品到来的附加值，鼓励农户对产品品牌化的信心。让农户了解到线上线下双渠道的辅助，了解信息时代对产品销量提高的帮助。

（3）建立品牌规划体系和组织保障

顾问团队针对品牌的独特性，深入探究农副产品，扶持项目的实施，打造社会价值的品牌观念，为项目的后续带来强有力的保障。

（4）引入 IP 合作，实行产品跨界赋能

通过亮相 2020 亚洲乐园及景点博览会、2020"×动漫"时尚创意嘉年华和微信公众号等展会活动和媒体宣传，受到动漫 IP 企业的广泛关注。让动漫 IP 企业了解该公益项目，并对于动漫 IP 授权农副产品表示感兴趣，愿对农副产品进行 IP 授权，为农副产品价值赋能。团队根据农副产品的特色精准匹配动漫 IP"我系狮泰隆"等，对农副产品进行 IP 授权，为农副产品的品牌赋能。

3. 第三阶段：嫁接平台组织，渠道助力推广

（1）销售渠道搭建—帝隆科技研讨座谈会（平台上线前期筹备会议）

5 月 17 日与帝隆科技负责人对于项目的销售渠道搭建以及推广进行研讨。通过本次会议，开拓了项目的推广渠道，帝隆科技平台"溯源码"，用一物一码的方式让消费者扫码即可了解产品的来源地、生产、加工、流通等信息一览表，安全又省心。"阳光溯源"线上商城，足不出户就可采购到放心地道的农副产品。联合各种社交平台，整合资源将流量变现，借助渠道推广形成自家独特品牌标识，打造农副产品品牌。

（2）销售渠道搭建—走访调研"超链"平台

7 月 16 日走访"超链平台"，沟通"超链电商平台"上线及操作执行的

相关事项,了解到"超链电商平台"专注整合全网分散的各类型局域流量,全信息渠道实现消费者与农副产品的直接互通。平台专业的运营模式,结合团队的配合运营及精细化的管理,对于项目销售渠道的拓宽是一个优势资源。

(3)选定"鸭脚木冬蜜"农副产品,上线"喵好物"电商平台

从化"鸭脚木冬蜜"落于从化温泉风景区内这一天然氧吧,每一滴都是蜂蜜原本的味道。从化冬蜜无任何添加,自然成熟并形成洁白细腻的结晶状态,长期保持着鸭脚木蜜特有的芳香郁甜的天然味感且耐留不易变质。经常饮用有很好的食疗效果,适合一年四季饮用。深受消费者喜爱。蜜中极品,扶贫从化。经过对"鸭脚木冬蜜"进行品牌定位,于2020年9月19日上线"喵好物"电商平台,截至2020年9月29日,平台团购1383份,累计54 628.5元。

(4)公益线上直播

鸡心柿、荔枝酒、鸭稻米、鸭脚木冬蜜、迟菜心等农副产品,在北京路茉莉传媒直播间及口袋直播进行线上直播,借助直播平台的优势对项目成果进行展示,为农副产品搭建平台,减少了中间的流通环节,降低了中间成本,让消费者可以得到新鲜优质实惠的农副产品,助推农副产品的销量增长。通过线上与线下共同销售,达到双管齐下的效果,整合流量,让更多社会各界人士关心关注农副产品,为打造农副产品品牌夯实基础,促进农副产品品牌可持续发展。

(三)项目宣传推广

为宣传公益,扩大项目影响力,广州市越秀区创意产业协会携"打造农副产品品牌助力脱贫攻坚"公益项目亮相2020年亚洲乐园及景点博览会、2020年世界文旅大会,旨在整合社会优势资源,吸引社会人士共同关注与参与农副产品品牌塑造。展览圆满落幕,引来了参会人员的关注与咨询,尽一份绵薄之力献爱心。益路同行,汇聚爱心,"×动漫"品牌授权公共服务与动漫产业促进平台携恒信东方儿童、圆梦域、惊奇和睿、易

腾动漫、嘉嘉动漫、瑜源文化、中恒文化、中达励展将"文旅×动漫"授权展展位费 11 904.00 元捐赠"打造农副产品品牌助力脱贫攻坚"公益项目，为打造农副产品品牌夯实基础。

由广州市慈善服务中心、广州市慈善会联合《信息时报》开展的 2020 年"善城汇爱"大型公益慈善活动于 2020 年 9 月 7 日至 9 日举行，"打造农副产品品牌助力脱贫攻坚"公益项目参与其中，参与"善城汇爱"大型公益慈善活动的分会场进行线下宣传推广。这是很好的一次宣传展示机会，能让更多的社会人士了解到公益项目并献出自己的爱心，积小爱成大善。

人民号（人民日报新媒体平台）、央视频移动网、广州电视台、触电新闻、网易新闻、信息时报等大众媒体，善城广州、广州市社会组织联合会、广州市越秀区创意产业协会、X 授权等微信公众号，广为宣传，扩大项目影响力，吸引爱心企业和社会人士的关注，共同参与公益项目，积小善成大爱。

二、目标计划完成情况

广州市越秀区创意产业协会依据《广州市第七届社会组织公益创投项目实施指引》，在广州市民政局、广州市社会组织联合会的指导下，按预定的项目实施计划有序扎实地开展。自 5 月份启动以来，期间开展了 7 场调研走访、4 场项目执行阶段座谈研讨会议、1 场展会、2 个线上公益募捐、6 场线下公益宣传推广。

三、项目财务情况概述

"打造农副产品品牌助力脱贫攻坚"项目总预算 31.95 万元，其中 15 万元由广州市民政局资助，16.95 万元由协会自筹，协会严格按照项目协议要求来执行，对资金的使用和管理，认真执行《民间非营利组织会计制度》，按照《民间非营利组织会计制度》的规定，进行会计核算，并配置出纳人员 1 人，会计 1 人，监管项目财务。

四、资金使用与管理情况

协会对承接项目服务资金的服务经费支出分项目独立核算,严格按照项目的要求进行科目设置和经费使用。明确规划了协议期内的收入和支出预算计划,项目参照协会财务管理制度执行,所有业务支出财务人员须严格进行审核,经费支出有经办人、证明人、审核人签名。

项目截至 2020 年 12 月,资金到位情况如下:已收到广州市民政局资助资金 120 000.00 元,协会自筹资金 169 500.00 元。资金的使用情况:项目支出合计 321 136.88 元,其中财政资助资金支出 150 000 元,自筹资金支出 171 136.9 元。

五、项目成效

（一）社会影响

在广州市民政局、广州市社会组织联合会耐心指导下,由协会作为创投主体单位发起的"打造农副产品品牌助力脱贫攻坚"项目是一项针对广州市贫困种植地的农户,村集体、合作社、涉农企业（业务主要针对扶贫对象的涉农企业）作为帮扶对象的公益活动,得到了广大群众的认可,同时得到了协会的会员企业和广大热心人士的大力支持。

1. 媒体宣传影响

"打造农副产品品牌助力脱贫攻坚"公益项目自立项以来,在人民日报、央视频移动网、广州电视台、触电新闻、网易新闻、信息时报等大众媒体,善城广州、广州市越秀区创意产业协会、X 授权、广州市社会组织联合会等微信公众号的报道下受到了持续热捧,媒体报道累计阅读量达到62 455 人次。

2. 线下展会推广

为宣传公益,扩大项目影响力,广州市越秀区创意产业协会携"打造农副产品品牌助力脱贫攻坚"公益项目亮相 2020 年亚洲乐园及景点博览会、2020年世界文旅大会,旨在整合社会优势资源,吸引社会人士共同关注与参与农副产品品牌塑造,助力脱贫攻坚。

3.线下活动推广

2020年"善城汇爱"大型公益慈善活动。

"×动漫"时尚创意嘉年华。

"打造农副产品品牌助力脱贫攻坚"公益线上线下双渠道。

遴选动漫形象狮泰隆作为项目形象代言人。

线上募捐。

(二)帮扶7个农副产品品类

1.上罗村鸡心柿

上罗村种植红柿已有300年的历史,由于之前的老树已基本没有了,如今眼前所见的是20世纪80年代种下的果树。这里家家户户都种有红柿,少的有一百多棵,多则五六百棵。一般一棵树有好几百斤的产量,多的有上千斤产量。上罗的红柿较尖、长,形状像鸡心且无核,因此也叫"无核鸡心红柿"。在这里种植的红柿,果实大、果肉鲜嫩多汁且无核,是从化的"一村一品"。项目执行团队接触了上罗村后"网红村官"邱国健的故事及向当地村集体了解了鸡心柿的市场发展和需求后,联合吉占开物为"邱校长"个人形象创作了漫画角色作为其个人形象IP,与"我系狮泰隆"IP联合代言,讲品牌故事,塑造罗溪香村的鸡心柿的品牌。

2.上罗村砂糖桔

砂糖桔是过年应节水果,上罗村是从化区种植砂糖桔生产基地之一,村里的砂糖桔产量收成每年预计700多万斤。上罗村环山而建,大部分砂糖桔种植在山上,因山上光照充足、排水方便、土壤肥力高,为砂糖桔的种植带来天然优势,结出的果实"味正样靓"。作为从化上罗的特色产品,也同"我系狮泰隆"IP进行联名代言,塑造从化上罗村的品牌。采用"我系狮泰隆"IP吉祥的理念以及包装色彩等地设计,也符合砂糖桔过年应节水果的特性,助推农副产品的销售。

3. 顺昌源果酒

广州市从化顺昌源绿色食品有限公司是一家拥有 24 年酿酒经验的专业酒类生产企业,公司拥有年产 6000 吨的现代化果酒专业加工生产线,3000 吨米酒加工生产线,3000 吨其他酒灌装线,目前是广东省拥有酒类品种最多的生产企业。荣获省市区三级农业龙头企业,致力于中国果酒产业发展,酿造绿色生态果酒。作为省市区三级农业产业化龙头企业,顺昌源公司近年来,一直在服务地方经济,帮扶助困从化区良口镇、联群、仙溪、高沙等地,为地方经济做出应有的贡献。公司在从化区龙岗中田建立了 1000 亩优质高山荔枝种植地,地处高山、土地肥沃、气候温和、川流纵横、水资源非常丰富,种植出来的荔枝个大饱满、晶透爽甜,顺昌源生产的荔枝酒已经成为岭南地区一张鲜活的城市名片。联合吉占开物团队进行品牌规划,进行包装设计,为荔枝酒进行品牌塑造,打造"从礼"品牌,致力于打造成为从化礼品的新名片。

4. 从化鸭稻米

养殖青头鸭利用稻田生态系统物质与能量,以稻养鸭、以鸭种稻。鸭粪取代化肥;鸭子走动防止病害发生;鸭子吃食福寿螺代替了使用农药;鸭子走动并啄食杂草替代了除草剂;鸭群田间活动,更有助于植物对土壤营养吸收。形成一种以鸭群为主导的生物与水稻、昆虫、水生物、杂草等构成的食物生态圈。原包装设计较为简答以及没有好的品牌规划,同我们品牌规划团队沟通后,进行了品牌的初步设想和规划,与"我系狮泰隆"IP 进行联名设计,体现从化的鸭稻米特色,塑造从化的特色品牌。

5. 鸭脚木冬蜜

从化"鸭脚木冬蜜"落于从化温泉风景区内这一天然氧吧,每一滴都是蜂蜜原本的味道。从化冬蜜无任何添加,自然成熟并形成洁白细腻的结晶状态,长期保持着鸭脚木蜜特有的芳香郁甜的天然味感且耐留不易变质。经常饮用有很好的食疗效果,适合一年四季饮用。深受消费者喜爱。蜜中极品,扶贫从化。经过对"鸭脚木冬蜜"进行品牌定位,于 2020

年 9 月 19 日上线"喵好物"电商平台,截止 2020 年 9 月 29 日平台团购 1383 份,累计 54 628.5 元。下一步将匹配适宜的动漫 IP 跨界联合,再推向市场,提升销量。

6. 迟菜心

连州菜心已有千年种植历史,拥有鲜、甜、脆、爽、无渣等特点,并获"国家地理标志保护产品"认证,是连州农业产业中最为闪亮的名片。连州菜心已经成为连州人民名副其实的脱贫菜、增收菜、富民菜。将连州菜心与动漫 IP 结合,打造独具特色的农副产品品牌,扩大品牌宣传效应,助力提高连州菜心知名度,增强连州菜心产品市场竞争力,以产业扶贫和消费扶贫为重要抓手,让更多的农副产品走进粤港澳大湾区,冲向省外市场,使脱贫攻坚战果质量更高、成色更足。

7. 初生蛋

在泥巴乐园的 140 亩大自然环境里还养着一群尽情奔跑、身强力壮、活力满满,拒绝喂养饲料,拒绝使用抗生素的田园走地鸡。"无抗鸡"以及初生蛋,作为泥巴田园里的特色农副产品,每月特供,数量有限。"无抗鸡"和初生蛋也首次与动漫 IP 进行跨界结合。这次的跨界结合不仅可以为农副产品塑造品牌,同时与泥巴乐园深入沟通,后续继续推进发展泥巴乐园×动漫的结合为品牌形象带来提升,与同类产品形成差异化,提高市场竞争力,与品牌影响力。

(三)获得品牌授权

目前"×动漫"平台已成功与 200 余个国内外知名 IP 签署非独家授权代理。在产业融合背景下,2020 年首创农副产品与动漫跨界结合,借助动漫文创的高渗透力和强辐射力,从多远、创新、可持续等多方面助推农副产品品牌塑造。通过联合品牌塑造团队,为农副产品建立特色鲜明、品牌创新、产品创新、发展融合的新理念、新发展。

(四)架接平台拓销售推广渠道

持续沟通广州市肉菜市场协会等,联合现有的农贸市场,实行农贸市场体验模式,从而让品牌走入大众视角,定期定点的输入品牌化产品,检验项目的成果。

借助协会平台优势,在广州北京路步行街组织策划的"粤动漫·越魔力"漫潮汇、广州北京路粤港澳大湾区文化 IP 秀、"×动漫"时尚创意嘉年华等动漫品牌活动上将农副产品进行成果展示及销售。

嫁接电商平台,利用互联网优势,帮助农副产品实现网上平台搭建与交易完成,通过线上线下双向结合,为农副产品的品牌化打造口碑,助力乡村振兴。

参考文献

[1]常艳花.新形势下增加农民收入研究[M].徐州:中国矿业大学出版社,
2018.

[2]王灏威,陈思,郭建新.农户收入现状及影响因素研究[J].合作经济与
科技,2020(24):54-56.

[3]孙思.农民工资性收入增长的制度创新研究[D].信阳师范学院,2010.

[4]农业农村部新闻办公室."十三五"期间农民收入持续较快增长[J].山
西农经,2021(06):5.

[5]李廷荣.提高农民收入方法探索[M].北京:中国农业出版社,2001.

[6]李德荃.金融支持农民收入增长研究[M].北京:人民出版社,2020

[7]刘乃安.基于职业分化视角的农民收入问题研究[M].北京:中国社会
科学出版社,2019.

[8]羊文辉.投入品补贴政策调整对农业生产和农民收入的影响分析[M].
南京:南京农业大学出版社,2002.

[9]张正飞.农村"互联网+"时代的创业突围[M].北京:中国农业科学技术
出版社,2018.

[10]胥付生,秦关召,陈勇.互联网+现代农业[M].北京:中国农业科学技
术出版社,2016.

[11]宗颖生,王河魁.中国农民手册[M].北京:中国社会出版社,2005.

[12]李海金.脱贫攻坚与乡村振兴衔接人才[M].北京:人民出版社,2020.

[13]顾保国,崔友平.人才振兴构建满足乡村振兴需要的人才体系[M].郑
州:中原农民出版社,2019.

[14]李晓明.新时期增加农民收入要有新思路[J].安徽农学通报,2002(1):

7-8,15.

[15]农业部.五方面举措促进农业竞争力、农民收入双提升[N/OL]. https://baijiahao.baidu.com/s? id = 1588121929512125750&wfr = spider&for=pc,2017.

[16]辛勇飞.深入推进"互联网+社会服务"持续增进人民福祉[J].中国战略新兴产业,2020(3):28-31.

[17]杨洋,李刚.电子商务进农村助力精准脱贫[J].中国名牌,2020(8):20-21.

[18]唐珂.搭上互联网快车助力农产品营销——关于实施"互联网+"农产品出村进城工程的指导意见政策解读[J].农产品市场,2020(4):20-21.

[19]唐珂.解读:农产品出村进城,着重抓好哪五个关键环节? [J].农业工程技术,2020(12):11-12.

[20]刘麟,姜艳文,杨梦迪,等.互联网+与农民收入新常态[J].农村经济与科技,2016(13):115-116.

[21]赵亚珠.当前我国农村休闲旅游产业现状及其开发前景[J].知识经济,2019(3):32-33.

[22]赵承华.我国乡村旅游产业链整合研究[J].农业经济,2007(5):18-19.

[23]丁培卫.近30年中国乡村旅游产业发展现状与路径选择[J].东岳论丛,2011(7):114-118.

[24]魏有广,孙赫.基于产业转型视角的农村休闲旅游产业发展研究[J].农业经济,2015(4):22-23.